DICIONÁRIO DA ANTIGUIDADE AFRICANA

NEI LOPES

DICIONÁRIO DA ANTIGUIDADE AFRICANA

2ª edição revista

Civilização
Brasileira

Rio de Janeiro
2021

Copyright © Nei Lopes, 2011

PROJETO GRÁFICO E COMPOSIÇÃO DE MIOLO:
editoriârte

CIP-BRASIL. CATALOGAÇÃO-NA-FONTE
SINDICATO NACIONAL DOS EDITORES DE LIVROS, RJ.

L854d
2. ed

Lopes, Nei, 1942-
Dicionário da antiguidade africana/Nei Lopes. – 2. ed, rev. – Rio de Janeiro: Civilização Brasileira, 2021.

ISBN 978-65-5802-025-7

1. África – História – Dicionários. 2. África – Civilização – Dicionários. I. Título.

21-68939

CDD: 960.03
CDU: 94(680)(038)

Todos os direitos reservados. Proibida a reprodução, armazenamento ou transmissão de partes deste livro, através de quaisquer meios, sem prévia autorização por escrito.

EDITORA AFILIADA

Texto revisado segundo o novo Acordo Ortográfico da Língua Portuguesa.

Direitos desta edição adquiridos pela
EDITORA CIVILIZAÇÃO BRASILEIRA

Um selo da
EDITORA JOSÉ OLYMPIO LTDA.
Rua Argentina, 171 – Rio de Janeiro, RJ – 20921-380
Tel.: (21) 2585-2000.

Seja um leitor preferencial Record.
Cadastre-se no site ww.record.com.br e receba informações sobre nossos lançamentos e nossas promoções.

Atendimento e venda direta ao leitor:
sac@record.com.br

Impresso no Brasil
2021

Aos Guerreiros, Benfeitores e Ancestrais que inspiraram esta obra.

À memória de meu irmão Ismar Braz Lopes, o "Mavilis", operário gráfico que, nos anos 1950, ao presentear-me com meus primeiros livros, inoculou em mim o amor pelas ciências da humanidade.

"Muitos eurocentristas acreditam que os afro-americanos devem apenas escrever sobre a escravidão e deixar a História Antiga para estudiosos mais 'qualificados'. [...] O problema central é que os historiadores fizeram da escravidão sua única preocupação, e persuadiram os estudantes a fazer o mesmo. O dano que isso causou é incalculável, pois os negros passaram a ter de enxergar a sua História e a da África apenas pela ótica da escravidão."

CLYDE A. WINTERS

"Não se trata de fabricar, para a África, um passado que ela não tem, e sim de pesquisar o passado que ela na realidade teve, qualquer que seja ele."

R. MAUNY

INTRODUÇÃO/

COM A EDIÇÃO, NO BRASIL, em 1980, de *História geral da África* em dois volumes, organizados pelo historiador burquinense Joseph Ki-Zerbo e publicados pela Unesco, inaugurava-se um novo capítulo dos estudos africanos em nosso país. Mais tarde, com *A enxada e a lança*, do diplomata e acadêmico Alberto da Costa e Silva, dava-se outro salto de qualidade. Entretanto, do nosso ponto de vista, sentíamo-nos ainda carentes de uma obra que popularizasse esse conhecimento, tornando-o acessível a um público diversificado. Então, num momento em que as publicações acadêmicas ainda abordam a África preferencialmente por meio de suas relações com a Europa, no contexto da escravidão, tomamos para nós, de acordo com nossas possibilidades, a tarefa de difundir parte desse conhecimento, apresentando-o segundo uma perspectiva africana, inclusive ressaltando a anterioridade das civilizações egípcia e cuxita em relação à greco-latina.

A forma que elegemos foi a de um dicionário. Porque o conjunto de informações que este livro traz a público tem finalidade essencialmente didática. Um dicionário, com informações organizadas em verbetes que remetam com a máxima exatidão possível a outros que os completem, é, a nosso ver, a forma didática por excelência para a transmissão de conceitos que rematem uma ideia-mãe, um conceito axial. Essa ideia é a construção de uma nova visão da História africana, baseada na revisão de axiomas como os que definem "civilização", "tecnologia", "conhecimento científico", "escrita", "literatura" etc., a partir do que se produziu, antes da chegada de europeus e asiáticos, em várias regiões do continente africano, notadamente no Vale do Nilo, nas proximidades do Lago Chade, e até mesmo na floresta densa, durante as milenares e sucessivas migrações dos ancestrais dos atuais povos bantos. Assim, a seleção dos verbetes, tornando visíveis lugares, povos, eventos e heróis cuja importância jamais foi evidenciada ou avaliada, objetivou mostrar o continente africano não só como o "berço da humanidade", mas também como o lugar onde a civilização humana deu seus primeiros passos, certamente antes das contribuições advindas do contexto indo-europeu.

A antropologia física eurocentrada povoa o passado africano de "raças" e "sub-raças" irreais. Assim — conforme o antropólogo, linguista, historiador e físico senegalês Cheikh Anta Diop (1923-86) —, a história que se escreveu sobre a África está repleta de referências a "negroides", hamitas, camitas, etiopídeos, nilóticos, em nenhuma parte constando a palavra "negro". Busca-se sempre uma origem externa para os aportes civilizadores que fecundaram o continente, restando apenas aos povos coletores e caçadores — pigmeus, bosquímanos, hotentotes etc. —, até hoje congelados em seus ambientes naturais, a condição de autóctones. Daí, a abordagem escolhida para este trabalho.

Como premissa básica do *Dicionário*, procuramos estabelecer o real significado de nomes como Axum, Cuxe, Etiópia, Querma, Meroe, Napata, Núbia, Punt, Sabá, e mesmo Egito. Para tanto, partimos do princípio de que o nome "Núbia" se referiria, como ainda hoje, a uma vasta região; de que Cuxe teria sido um território delimitado geográfica, social e politicamente, ou seja, um país dentro dessa região, a qual abrigou também os reinos da Etiópia (sub-região também chamada Abissínia); de que Querma, Napata e Meroe foram capitais cuxitas — a última sediando mais tarde um poderoso Estado imperial que acabou por tomar-lhe o nome, e que, finalmente, a sub-região da Etiópia viu surgir em seu seio, nas proximidades do antigo reino conhecido como Punt, a cidade-Estado de Axum, fundada por migrantes de Sabá, no atual Iêmen (ou no próprio território africano, como querem alguns historiadores), mais tarde também expandida a dimensões imperiais.

Outra premissa, sabendo-se que o nome "Etiópia" foi concebido pelos gregos provavelmente a partir do século XIII a.C. e que o nome "Abissínia" tem origem árabe, foi procurar conhecer a denominação vernácula de cada uma dessas unidades talvez a partir do Egito, berço da mais antiga civilização no nordeste africano.

Os antigos egípcios chamavam de "Ta-Seti" ("o país do arco") a Núbia, e de "Ta-Neter" ("o país do sagrado") a Etiópia. Já "Querma", também de provável origem egípcia, seria a denominação do Egito (ou Quemet, seu nome vernáculo) para o país de Cuxe — por sua vez, uma nomeação originariamente hebraica. Já o nome "Abissínia" tem origem, segundo consta, no sul da Arábia, sendo utilizado, então, a partir de 1000 a.C., com a chegada de migrantes sabeus à região; esses migrantes, aliás, tanto poderiam ter partido do atual Iêmen, a *Arabia Felix* dos romanos, quanto de algum lugar mais próximo, uma vez que o nome Sabá, como veremos neste *Dicionário*, parece designar duas regiões distintas.

Desse modo, com essas premissas — estabelecimento do real significado desses topônimos — esclarecemos sobre a cronologia adotada nesta obra, a partir de M. K. Asante, além de Baines & Malek, conforme explicado no verbete "dinastias egípcias". As datações foram cotejadas com outras tábuas cronológicas, como a de Cazelles para a História de Israel.

Sobre a grafia de antropônimos e topônimos, diante da dificuldade de adaptá-los buscando fidelidade às sonoridades originais ou partindo das suas versões europeias (gregas, no caso do Egito), optamos por utilizar a regra da ortografia geral, mantendo, no entanto, a fidelidade às grafias tradicionais já consagradas pelo uso em língua portuguesa.

Quanto ao âmbito temporal do *Dicionário*, adotamos o conceito de "Antiguidade expandida" — não mais limitada no tempo nem no espaço — proposto pelo historiador Pedro Paulo Funari (*ver* verbete "Antiguidade"). Assim, todas as sociedades africanas que floresceram e se desenvolveram fora do contexto islâmico, a partir do século VII d.C., ou do católico, a partir do século XV, são por nós consideradas sociedades arcaicas (de *arkhê*), tendo vivido cada uma, em seu contexto histórico, uma "idade antiga" do continente.

Finalmente, na defesa dos princípios que norteiam este livro — com o qual nos opomos às teorias que colocam os africanos à margem do pensamento racional e da experiência humana —, damos a palavra ao historiador e filósofo congolês Théophile Obenga, que assim escreveu, em 2002:

> É necessária uma grande coragem intelectual, da parte dos egiptólogos e africanistas, para colocar a história dos negros africanos em sua dimensão real e verdadeira. É preciso também, e sobretudo, que os jovens pesquisadores africanos sejam lúcidos, desembaraçando-se das fórmulas escolares, evitem os caminhos já percorridos e se recusem a contar as mesmas histórias já sabidas. Essa história é nossa e deve ser abordada com seriedade: ela encerra um panorama da história da Humanidade.

AAQUEPERRÉ SETEPENRÉ. Título dinástico e religioso do faraó Osorcon I. *Ver* FARAÓ: nomes e títulos.

ABALE. Personagem da história de Cuxe, mãe do faraó Taharca. No sexto ano de seu reinado, em regozijo por uma benfazeja cheia do Nilo, o faraó mandou trazê-la de Napata para Tanis, a fim de que ela o reconhecesse coroado, tal como a deusa Ísis, segundo a tradição egípcia, vira seu filho Hórus no trono do pai, Osíris.

ABASCE. O mesmo que Abissínia. *Ver* HABBASHAT.

ABEXIM. O mesmo que abissínio, habitante da Abissínia.

ABIDOS. Cidade egípcia, localizada na Tebaida, às margens do Nilo e a 560 km ao sul da atual Cairo. Abrigou a importante necrópole dos faraós desde a época arcaica ou tinita. Cidade sagrada do deus Osíris, lá foram encontrados, além de túmulos e cenotáfios como o de Seti I, as chamadas "tábuas de Abidos", listagens enumerativas dos 76 primeiros faraós desde Narmer.

ABILA. Primitivo nome de Ceuta, cidade e porto na costa setentrional do atual Marrocos, em frente a Gibraltar. Sob o domínio grego, foi chamada Heptadelfos. Pertenceu a Cartago e, sob tutela romana – quando teve seu nome traduzido para Septem Fratres, reduzido para Septa e corrompido em Ceuta –, tornou-se capital da Mauritânia Tingitana.

ABISSÍNIA. Antigo nome da Etiópia, mais especificamente da região planaltina do maciço da Etiópia, no nordeste da África. Deriva provavelmente do nome árabe *Habash* ou *Habbashat*, de uma das tribos iemenitas tidas, pela tradição, como fundadoras do país. Outras versões apresentam o nome como originário de um vocábulo cujo significado é "mistura de povos".

ABRAÃO. Patriarca hebreu. Segundo o Gênesis, premido pela seca em Canaã, ao tempo em que seu nome era ainda Abrão, foi morar no Egito, onde sua mulher, ainda chamada Sarai, e não Sara, se viu forçada a casar-se com o faraó, que a imaginava solteira. Situando-se a existência histórica de Abraão por volta de 1850 a.C., esse faraó provavelmente seria Senusret III ou Amenemat III. Entretanto, alguns textos rabínicos narram esse episódio de modo diferente. Alguns historiadores negam até mesmo a real existência de Abraão.

ABU SIMBEL. Região da Núbia, no atual Sudão, abaixo de Cartum. Sítio sagrado, era dominado por duas grandes colinas rochosas. Nelas, no século XIII a.C., Ramsés II, concluindo obra iniciada por seu antecessor Seti I, fez erigir dois templos escavados na rocha, nos quais se ergueram, em meio a paredes naturais, decoradas com belíssimos relevos, gigantescas estátuas encravadas na montanha. Segundo algumas interpretações, o gigantismo dessas estátuas tinha a intenção de intimidar os núbios, potenciais inimigos do Egito, pela propaganda ostensiva do poder e da grandiosidade do faraó.

ABUSIR. Cidade egípcia influenciada pelo clero de Heliópolis. Nela, boa parte dos faraós construiu seus complexos funerários, numa tradição rompida por Djedkaré Isesi, que construiu o seu em Sacara, mais próximo a Mênfis, sob cuja influência se colocou.

ABUTRE. Ave símbolo do Alto Egito. Em geral estigmatizados na cultura ocidental, os abutres são, em algumas culturas africanas, devido à altura que atingem em seus voos, considerados espécies de mensageiros dos humanos junto às altas potências do Universo. Assim é, por exemplo, o papel da *Aura tiñosa* (urubu) no culto de Ifá, introduzido pelos iorubanos em Cuba.

ACÃ (AKAN). Denominação geral sob a qual se reúnem vários povos do oeste africano. Unidos pela cultura e pela língua, os povos acã, dos quais fazem parte, entre outros, axantis, fantis, baúles, agnis e tuís, ocupam principalmente as florestas do centro e as regiões mais temperadas da antiga Costa do Ouro. Os ancestrais desses povos teriam vindo de terras que se situam entre as atuais fronteiras de Gana e Costa do Marfim, na bacia do rio Volta Negro. Segundo antigas tradições locais, entretanto, eles teriam migrado originalmente da Etiópia, passando por Egito e Líbia, chegando ao Antigo Gana e depois às bacias do Benuê e do Chade. Por volta do início da Era Cristã, eles teriam caminhado até a confluência dos rios Pra e Ofin, evitando as partes ao norte da floresta. Nessa região, teriam conquistado os povos nativos e se misturado a eles, dando origem à língua tuí e a instituições sociais que perduram até nossos dias. Por volta do século XII d.C., movimentando-se para o sul e para o norte, organizaram, na orla da floresta, pequenos principados, os quais foram o germe do império axanti, no norte, e do Estado Fanti ou Fante, no sul. Segundo Asante, as concepções dos povos acã sobre o universo se revestem do mesmo holismo e da mesma harmonia encontrados na concepção quemética do Maat.

ADAMAUA. Planalto elevado da atual República dos Camarões, entre a Nigéria e a República Centro-Africana. Foi, em tempos remotos, berço e núcleo de dispersão dos povos bantos.

ADEQUETALI. Rei cuxita em Meroe, aproximadamente entre 134 e 140 d.C. *Ver* CUXE.

ADJIB. Faraó egípcio da I dinastia, à época tinita ou arcaica. Seu governo foi breve, após o de Den.

ADULIS. Porto fundado em Axum por Ptolomeu Filadelfo (c. 250 a.C.) Situado no golfo de Zula, próximo a Massauá, na Etiópia.

ÁFRICA. Ligado à Ásia pelo istmo de Suez e pelo estreito de Bab-el--Mandeb, e separado da Europa apenas pelo estreito de Gibraltar, o continente africano — em contraste com a impenetrabilidade de suas densas florestas e regiões de grande altitude — teve nas águas do rio Nilo sua via natural de comunicação com as outras partes do mundo antigo, através do mar Mediterrâneo. Uma das regiões mais férteis do mundo, o vale do Nilo foi o berço das primeiras civilizações africanas, e do contato dessas civilizações com o mundo exterior nasceram os nomes pelos quais o continente africano – conforme Dapper, citado por Parreira – seria conhecido ao longo dos tempos: Olímpia, Oceânia, Herféri, Etiópia etc., entre os gregos; Feruch, para os fenícios; Afar, entre os hebreus; Bezecath, entre os indianos; e Líbia, entre os romanos. O nome "África" deriva de Afer, personagem mitológico, filho de Hércules e mencionado como "o líbio". **Berço da Humanidade** – Os primeiros hominídeos, ancestrais do homem moderno, surgiram há aproximadamente 120 mil anos, na porção oriental do continente africano. De lá, cerca de 50 mil anos depois, os representantes do *Homo sapiens* foram-se dispersando paulatinamente, em várias direções, até alcançar todos os outros continentes. Em 2001, uma equipe de cientistas norte-americanos apresentou, no congresso da Organização do Genoma Humano, conclusão de pesquisa segundo a qual os europeus modernos descendem de um grupo de africanos que há cerca de 25 mil anos migrou de seu sítio de origem para a direção norte. Essa conclusão colocou por terra a ideia de que os humanos teriam evoluído, em grupos de origem distinta, simultaneamente na África, na Ásia e na Europa. **África Profunda** – As recentes descobertas científicas tornaram sem sentido a denominação "África Negra", usada para qualificar a África Subsaariana em contraposição ao norte do continente. Assim, preferimos vê-la substituída por outra menos arbitrária, como "África Profunda", por exemplo. E isso porque, na contramão de autores como Delafosse e Laffont, a moderna antropologia afirma a origem autóctone das populações denominadas "negro-africanas". As novas aquisições da ciência afastam cada vez mais as hipóteses de o continente africano ter sido originalmente povoado por populações imigrantes. Consoante essas antigas hipóteses, todas as aquisições culturais observadas no continente teriam sido trazidas por ondas migratórias provenientes da Ásia. Entretanto, já na primeira metade do século XX se constatava que a África – como lembra Dimitri Olderogge – é o único continente no qual se encontram, numa linha evolutiva ininterrupta, todos os estágios do desenvolvimento humano, do *Australopithecus* ao *Homo sapiens*. Polo de difusão de homens e técnicas num período decisivo da História humana, só muito depois a África recebeu correntes migratórias retornadas do exterior. Segundo Cheikh Anta Diop, no início da pré-história, um importante movimento do sul para o norte levou grandes contingentes populacionais da região dos Grandes Lagos para a bacia do Nilo, onde viveram durante milênios. Foram descendentes desses migrantes que criaram a civilização nilótica sudanesa e o que conhecemos como Quemet ou Egito. Ainda segundo Diop, essas primitivas populações negras constituíram as primeiras civilizações do mundo, visto que o desenvolvimento da Europa ficara estagnado, desde a última Era Glacial, por aproximadamente cem mil anos. A partir do século VI a.C., com a ocupação do Egito pelos persas, os povos africanos até então atraídos como por magnetismo para o vale do Nilo espalharam-se por todo o continente. Alguns séculos mais tarde, já na Era Cristã – como provaram os métodos de datação por radiocarbono –, esses migrantes fundaram as primeiras civilizações continentais no oeste e no sul: Gana, Nok-Ifé, Zimbábue e outras. **Os Africanos na Ásia** – Segundo a concepção estabelecida da História, a civilização teria surgido na extremidade sul da Mesopotâmia, com os sumérios, povo tido como construtor das primeiras cidades do mundo, por volta de 3500 a.C. Durante muito tempo obscura, a origem desse povo parece ter sido, entretanto, estabelecida por John Baldwin, que, no século XIX, escreveu: "Os povos descritos nas escrituras hebraicas como de Cuxe foram os civilizadores primordiais do sudoeste asiático, e na mais remota Antiguidade sua influência se estendeu a todas as regiões litorâneas, desde o extremo leste até o extremo oeste do Mundo Antigo" (cf. Elisa Larkin Nascimento). Defensores dessa ideia de que povos cuxitas ou etíopes teriam sido os primeiros civilizadores e construtores em toda a Ásia ocidental, os seguidores de Baldwin, entre eles os cientistas contemporâneos Ivan Van Sertima e Runoko Rashidi, baseiam-se, segundo Larkin Nascimento, em evidências linguísticas e arquitetônicas encontradas nos dois lados do Mediterrâneo, na África Oriental e no vale do rio Nilo, bem como no Hindustão e nas ilhas do oceano Índico. A Suméria, segundo essas evidências, seria uma das várias colônias de Cuxe — sua capital tinha por nome "Kish" —, de população e cultura originárias do vale do Nilo. Os próprios sumérios, segundo Larkin Nascimento, denominavam-se "cabeças pretas", numa autoidentificação que os distinguia dos demais povos da região. Observe-se que os zigurates, pirâmides em forma de escada, criadas na Suméria, apresentavam um estilo idêntico ao que caracterizava os monumentos núbios. A arqueologia estabeleceu também grandes semelhanças entre a antiga cultura persa do Elam e as do Nilo. Historicamente, Susa, capital do Elam, foi inclusive o palco da saga heroica de Mêmnon, o Etíope. Filho de Titono, governador da Pérsia, Mêmnon, que viveu por volta de 1250 a.C., aliou-se a Troia, liderando uma força de dez mil susianos e dez mil etíopes. Louvado por Homero, Virgílio e Deodoro da Sicília, era, segundo alguns contemporâneos, "preto como ébano".

Segundo Larkin Nascimento, o Beluquistão, região que hoje compreende partes do Irã e do Paquistão, foi conhecida como Gedrosia, "o país dos escuros", concluindo alguns historiadores que o país teria sido originalmente povoado por "negros, conhecidos pelos gregos como Anacarioi". E mais: a autora, baseada em fontes seguras, associa o topônimo inglês "Khuzistan" (região do sudoeste do Irã no alto do golfo Pérsico) ao topônimo Kush ou Cuxe, traduzindo-o como "terra de Khuz ou Cush". Sobre a Arábia, lembra Larkin Nascimento ter sido a península arábica povoada originalmente por populações negras, chamadas "veddoids". Da Arábia, esses primitivos africanos teriam migrado para a Índia, através do Irã e do Beluquistão, para formar a "nação etíope" que Heródoto observou em Sind, região correspondente a partes dos atuais territórios da Índia e do Paquistão. Já na China, segundo Larkin Nascimento, a presença do negro africano dataria do período pleistoceno; e teria sido responsável inclusive pelo florescimento da cultura funan, disseminada até o Camboja. Veja-se, também na China, que os soberanos da dinastia chinesa Shang, tida como de origem africana por Winters, foram conhecidos por nomes iniciados pelo elemento *shuan*, traduzido como "preto". **Multietnicidade e multiculturalidade** – Porção do continente africano que compreende os atuais territórios de Quênia, Uganda, Eritreia, Djibuti, Etiópia, Somália, Ruanda, Burundi, Tanzânia, Comores, Moçambique e Madagascar, a África Oriental, por sua situação física e suas condições ambientais, teve grande importância nos primeiros tempos da Humanidade. Aí se situa o berço da espécie humana e, segundo Bernal, o núcleo de difusão da grande família de línguas afro-asiáticas, outrora conhecidas como hamito-semíticas, ou seja, as línguas cuxitas orientais, centrais e meridionais; as chadianas, berberes; egípcias e semíticas. Essa presença asiática deriva, certamente, dos contatos que se estabeleceram, em época já avançada, através do estreito de Bab-el-Mandeb, e não de uma diferença original das populações do leste-nordeste africano em relação aos "verdadeiros negros" da África Ocidental. A África, então, como bem salienta Ali A. Mazrui, não é um "continente negro" e sim um todo multiétnico e multicultural. Sua fronteira setentrional não é o Saara, mas o Mediterrâneo, os povos hamitas do norte sendo também e inegavelmente africanos. A multietnicidade do continente resultou da convivência, nele, desde os tempos mais remotos, de africanos de aparências diversas, de acordo com as seguintes procedências: do norte do continente, indivíduos de pele amorenada, semelhantes ao tipo predominante entre os hoje fixados no Mediterrâneo; do centro e do oeste, indivíduos de pele bastante pigmentada e cabelos crespos, entre eles os negritos ou pigmeus, e em boa parte do restante do continente, os ancestrais dos atuais bosquímanos, de baixa estatura, cabelos acentuadamente crespos e pele amarelada – tidos hoje como os descendentes diretos dos primeiros representantes da espécie humana. Na Antiguidade, o deslocamento de diversos povos em várias direções do continente deu origem a contatos e miscigenações. Mas nada leva a crer que, no período compreendido entre o alvorecer da civilização egípcia e a conquista árabe do norte do continente, as populações africanas fossem tão diferentes entre si a ponto de acreditar-se na existência de uma África "negra" e outra "branca", da mesma forma que não se distingue, por exemplo, a Europa escandinava da ibérica. As distinções existem sim, mas do ponto de vista físico e geográfico, como, por exemplo, a que, na Antiguidade, destacava a África Mediterrânea (Cartago, Cirenaica, Líbia, Numídia e Egito), de Etiópia, Núbia e Punt, do país dos nigritas e da porção então desconhecida do continente. *Ver* EGÍPCIOS, ETNICIDADE; MESTIÇAGEM; NEGRO; NEGRO-AFRICANO.

ÁFRICA OCIDENTAL, Reinos da. *Ver* GUINÉ.

ÁFRICA ROMANA. Do século II a.C. até o colapso final do Império, a costa mediterrânea do norte da África e partes do interior estiveram incorporadas ao império Romano. Quando, em 146 a.C., Roma destruiu Cartago, o império tomou toda a região que os cartagineses controlavam, a partir do território da atual Tunísia, e a denominou "África". Muitos comerciantes e agricultores romanos se estabeleceram na região, e a influência romana estendeu-se até a Numídia, mais tarde também invadida e ocupada por Roma e transformada na província romana de África Nova. Num clima de grande insatisfação, no ano 17 a.C. o chefe númida Tacfarinate liderou uma revolta contra o domínio romano. Depois de dez anos de luta, os revoltosos foram subjugados e o império estendeu seu poder ainda mais. A região de Alexandria caiu sob o controle romano no século I a.C., após a morte de Cleópatra, a legendária rainha grega do Egito. Por volta de 20 d.C., os romanos conquistaram boa parte do que hoje é o litoral da Líbia, chamado por eles de Tripolitânia, "a terra das três cidades" – Sabratha, Oea (a Trípoli atual) e Leptis Magna. No oeste, o reino de Mauritânia, no atual Marrocos, foi fortemente influenciado por Roma, permanecendo, porém, independente até o ano 40 d.C., quando seu rei foi executado por ordem do imperador. Os mauritânios, então, declararam guerra aos romanos, mas, derrotados, tiveram seu território anexado. Do século I ao III d.C., o norte da África foi governado diretamente por Roma, e o Império Romano se expandiu para o sul, experimentando grande desenvolvimento material. A África Romana, com sua rica agricultura, tornou-se o celeiro de Roma, assim como recebia, da metrópole, bens de consumo e artigos de luxo.

Nos séculos III e IV, quando o império começou a ruir sob o ataque dos inimigos, as províncias africanas perderam sua conexão com Roma. Entre 428 e 442, o nordeste do continente cai sob o poder dos vândalos de Genserico, mas o território é retomado em 553 pelos bizantinos, comandados por Belisário, general do imperador Justiniano. A partir de 640, os árabes se apoderam do Egito, da Cirenaica, da Tripolitânia e do Magreb.

AFRO-ASIÁTICA. Grande família linguística, expandida a partir da Núbia para dar origem às línguas cuxitas centrais, orientais e meridionais, bem como às chadianas, berberes, bejas, semitas e iemenitas, além do egípcio antigo. A denominação substitui a antiga qualificação "camito-semítica".

AGAR. Serva egípcia de Sara, mulher do patriarca hebreu Abraão, segundo a Bíblia. Grávida do amo, deu à luz Ismael.

AGBONMIREGUM. Líder do povo de Ilê-Ifé, tido como anterior a Odudua. Segundo Adèkòyà, portava também o nome Setilu e é considerado o pai de Ifá. Com efeito, na tradição religiosa iorubana, inclusive nas Américas, Agbonmiregum é um dos títulos de Ifá ou Orumilá, orixá da adivinhação e do saber. *Ver* IORUBÁS; MITOS E LENDAS.

AGIZIMBA. Região africana misteriosa "onde viviam os rinocerontes", referida por Ptolomeu em seu *Tratado de Geografia*, conforme Coquery--Vidrovitch.

AGNIS. Povo do grupo Acã, localizado nas atuais repúblicas de Costa do Marfim e Gana. Segundo Ki-Zerbo, suas construções funerárias evocam, pela semelhança, as do vale do Nilo na Antiguidade.

AGRACAMANI. Rei cuxita em Meroe aproximadamente entre 132 e 137 d.C. *Ver* CUXE.

AGRICULTURA. A agricultura surge a partir do momento em que o ser humano aprende a utilidade das plantas. Não mais obrigado a percorrer grandes distâncias em busca de alimento, ele passa a criar habitações permanentes. A vida sedentária faz nascer a divisão social do trabalho e surgem as primeiras sociedades de governo centralizado. Segundo G.

Lema, nas antigas sociedades africanas, a agricultura era apenas parte do sistema global de alimentação, no centro de uma cadeia produtiva que abrangia a caça e a captura de animais, a colheita e a pesca. As plantas úteis eram consideradas dádivas: sua abundância era vista como prêmio, e sua escassez, como castigo. Assim, na África Antiga — onde a expansão da agricultura se deu aproximadamente entre 3000 e 2500 a.C. —, tal como nas sociedades tradicionais posteriores do continente, a ligação da personalidade dos reis sagrados com a agricultura resultava de sua relação com a natureza em geral. Isso se explicitava no costume de o soberano ter de percorrer todos os anos seus territórios. Durante a viagem, ele recolhia tributos, alimentava seu séquito e, pela presença física, reforçava seu poder entre os súditos. Os faraós do Egito, os soberanos de Cuxe, os vice-reis da Núbia e, mais tarde, os reis de Meroe e Axum procediam desse modo. O significado sacral dessas inspeções, conforme A. A. Gromiko, consistia no fato de se acreditar que o rei sacro, ao visitar seus domínios, fortalecia seu poder nos santuários e a fertilidade dos campos. Ainda no Egito, durante boa parte dos tempos faraônicos, as terras, todas pertencentes ao rei, eram cultivadas em grupo pelos habitantes dos campos, sob as ordens do chefe da comunidade e auxiliados por escravos. A produção integral era, segundo informação da *Enciclopédia Brasileira Globo* (*ver* bibliografia), entregue aos armazéns gerais de cada nomo, de onde 75% reverteriam ao Estado e aos templos, restando 25% para os agricultores, o que teria sido, muitas vezes, motivo de inquietação e revolta.

Ver REALEZA DIVINA.

AHA. Nome pelo qual passou à História um dos faraós egípcios da I dinastia. É provavelmente o mesmo Narmer ou Menés.

AHMARAS. *Ver* AMARAS.

AHMÉS. Uma das transliterações do nome Amósis.

AÍ (AY). Faraó da XVIII dinastia egípcia, durante o Império Novo. Antigo funcionário da corte e já idoso, ocupou o trono por pouco tempo, na falta de um herdeiro de Tutancamon. Para legitimar sua autoridade real, casou-se com Anquesenamon, viúva do antecessor e sua sobrinha.

Após sua morte, também sem deixar herdeiro direto, assumiu o trono o general Horemheb. Uma gravura reproduzida em Obenga (1988), apresenta-o como um homem de cor preta, coberto com uma pele de leopardo. *Ver* PANTERA.

AIGYPTOS. *Ver* EGIPTOS.

AKH. Entre os antigos egípcios ao lado do *ka* e do *ba* — um dos três princípios constituintes da identidade humana. Refere-se à essência da imortalidade, a qual, quando da morte, levaria o corpo ao espaço infinito, para juntar-se às estrelas. O *akh* era representado pela íbis com crista. O elemento "akh" está na origem de nomes como Aquenaton e Aquetaton.

AKHET-ATON. *Ver* AQUETATON.

AKSUM. Antiga transliteração do nome Axum.

AL-BAHR AL-ABYAD. *Ver* NILO BRANCO.

AL-BAHR AL-AZRAQ. *Ver* NILO AZUL.

AL-NIL. *Ver* NILO.

ALAMEDA. O mesmo que Ella Amida.

ALARA. Soberano de Cuxe em Napata, aproximadamente, no período 790-760 a.C. Fundador da linhagem que deu origem à XXV dinastia faraônica.

ALBERTO, Lago. Antigo nome do lago Rutanzige.

ALEXANDRIA. Cidade do Egito. Fundada por Alexandre Magno em 331 a.C. e capturada pelos árabes em 642 d.C., foi a capital mundial do pensamento em sua época. Sua famosa biblioteca abrigou grande quantidade de textos do pensamento quemético, até sua destruição por dois incêndios, o último em 391 d.C. Lourdes Bacha chama atenção para o fato de que, no afã de helenizar o país, os gregos instituíram seu idioma como oficial na cidade, proibiram os naturais da terra de frequentar o museu e a biblioteca (cujos acervos eram majoritariamente constituídos de textos egípcios vertidos para o grego) e de exercer atividade comercial, o que fez com que os egípcios deixassem a cidade.

ALFABETO. Conjunto das letras de um sistema de escrita. Segundo Pedrals, o primeiro alfabeto africano, constituído de 12 caracteres hieroglíficos, foi transmitido por Meroe ao Egito e transformado, mais tarde, em um sistema novo: demótico-meroítico. *Ver* ESCRITA.

ALMÍSCAR. Substância aromática extraída do almiscareiro (*Moschus moschiferus*), mamífero natural da Ásia e da África. Muito apreciado por sua característica de fixador de perfumes, foi na Antiguidade africana objeto de intenso comércio, constituindo-se, inclusive, em valioso item de exportação.

ALMORÁVIDAS. *Ver* GUINÉ.

ALOA. *Ver* ALODIA.

ALODIA (ALOA). Reino cristão da Núbia. Localizado ao sul da sexta catarata, sua capital era Soba, sobre o Nilo Azul, a 5 km ao sul da atual Cartum. *Ver* NÚBIA CRISTÃ.

ALOUQA. Divindade de origem árabe relacionada à Lua, cultuada em um templo na localidade etíope de Yeha, em época pré-axumita, entre 500 e 100 a.C. *Ver* AXUM.

ALQUIMIA. A química dos antigos. Os egípcios eram conhecidos pela capacidade de manipular metais, produzindo um pó preto, associado a Osíris e tido como a essência de todas as coisas. Esse processo, em copta denominado *khem* (o que está oculto; magia, sabedoria), foi chamado pelos gregos de *khemeia*. Com os árabes, acrescentou-se o artigo *al*, o que fez nascer a palavra "alquimia".

ALTA NÚBIA. *Ver* NÚBIA.

ALTO NILO. Região do vale do Nilo nas proximidades do Faium e até Assuã, na altura da primeira catarata.

ALUA. O mesmo que Alodia.

AMALEQUITAS. Tribo de nômades, descendentes do hebreu Amaleque, neto de Esaú e bisneto de Isaac. Fixaram-se na África, seu território estendendo-se até Havilã, no atual Djibuti.

AMANETE IERIQUI (AMAN-NETELERIK). *Ver* AMANI-NETE-IERIQUE.

AMANI. Elemento presente nos nomes pelos quais passaram à História diversos soberanos e soberanas do antigo reino núbio de Cuxe. Tal elemento relaciona-se, provavelmente, ao nome do deus Amon ou Amen.

AMANIASTABARCA. Rei de Cuxe, 510-487 a.C. aproximadamente.

AMANIBAQUI. Rei de Cuxe, 340-335 a.C. aproximadamente.

AMANICATAXAN. Rei de Cuxe em Meroe, 62-85 d.C. aproximadamente.

AMANICABALE. Rei de Cuxe em Meroe, 50-40 a.C., aproximadamente. Durante seu reinado, provavelmente dividiu o poder com uma dinastia reinante em Napata.

AMANICALICA. *Ver* AMANIKHLAITA.

AMANICAREQUEREM. Rei de Cuxe em Meroe, 190-200 d.C. aproximadamente).

AMANIKHLAITA (AMANICALICA). Rei de Cuxe em Meroe, 170-175 d.C. aproximadamente.

AMANI-NATAQUI-LEBTE. Rei de Cuxe, 538-519 a.C. aproximadamente.

AMANI-NETE-IERIQUE ou **IRIQUE-AMANNOTE.** Rei de Cuxe, 431-405 a.C. aproximadamente. Ainda recebendo a coroa no templo de Amon em Napata, antes de Meroe tornar-se o local privilegiado dessas solenidades, durante seu reinado restaurou o templo de Taharca, também na antiga capital de Cuxe.

AMANIRENAS. Rei de Cuxe, 40-10 a.C. Segundo Brissaud, teria reinado em Napata, em uma dinastia paralela à de Amanicabale, reinante em Meroe.

AMANISLO. Rei de Cuxe em Meroe, 260-250 a.C. aproximadamente.

AMANITARAQUIDE. Rei de Cuxe em Meroe, 40-50 d.C. Segundo Brissaud, durante seu reinado provavelmente outra dinastia reinou em Napata.

AMANITARE ou **AMANITÉRÉ.** Rainha de Cuxe, reinante em Meroe, juntamente com o marido, o rei Netecamani, entre 20 a.C. e 12 d.C., que foi, segundo Leclant, genro e sucessor de Amani-Xaquete. Segundo algumas hipóteses, seria ela a "rainha Candace" mencionada na Bíblia, no livro dos Atos dos Apóstolos, no episódio entre Felipe e o eunuco "etíope".

A cronologia disponível, porém, parece não confirmar essa hipótese. *Ver* CUXE; JEN DARABA.

AMANITECA. Governante de Cuxe em Meroe provavelmente após Amanislo.

AMANITENMEMIDE. Rei de Cuxe em Meroe, 50-62 d.C.

AMANITÉRÉ. *Ver* AMANITARE.

AMANI-XAQUETE. Rainha de Cuxe, reinante em Meroe, 35-20 a.C. Mãe de Amanitare, que a sucedeu, é muito provavelmente a "rainha Candace", referida pelo historiador grego Estrabão, a qual, por volta do ano 20 a.C., teria oposto longa resistência às tropas do general romano Petrônio. A resistência terminou com uma embaixada enviada pela soberana até o imperador Augusto, que se encontrava na ilha de Samos, no mar Egeu. Segundo Davidson, seu palácio, situado às margens do Nilo, era um belo edifício de dois andares, ricamente decorado com estuque pintado e incrustações de ouro e outros metais. Sua aparência, consoante escultura encontrada nas ruínas desse palácio e reproduzida em Davidson (1978), era efetivamente a de uma mulher negra, de nariz largo e lábios grossos. *Ver* CANDACE.

AMARAS (AHMARAS). Grupo étnico da Etiópia. *Ver* AMHARA.

AMÁRICO. Língua falada na parte central do planalto abissínio. Foi a língua da aristocracia pelo menos desde o século XII d.C.

AMARNA. Forma reduzida de Tel-el-Amarna, região no centro do Egito, à margem direita do Nilo, a qual abrigou a cidade de Aquetaton.

AMÁSIS. *Ver* AMÓSIS.

AMBUNDOS (MBUNDU). Grupo etnolinguístico do centro-norte de Angola, falante do quimbundo, cuja diáspora se estende pelas regiões de Lengue, Songo, Mbondo, Ndongo, Pende, Hungu e Libolo. O antigo reino dos ambundos, chamado Ndongo, formou-se no vale do Cuanza, na atual Angola, antes do século XV d.C. *Ver* BAIXO CONGO; BANTOS.

AMEN. *Ver* AMON.

AMEN ASERO. Nome de um soberano etíope da dinastia de Meneliq, provavelmente relacionado a Amanislo. *Ver* ETIÓPIA.

AMEN-HOTEP. *Ver* AMENHOTEP.

AMENEMAT (AMENEMHAT). Nome comum a provavelmente seis faraós egípcios da XII à XIV dinastias. **Amenemat I** – Filho de mãe núbia segundo Ki-Zerbo, era vizir de Mentuhotep IV antes de assumir o trono. Iniciador da XII dinastia, construiu em Hawara, no Faium, um templo funerário tão amplo que se dividia em 3 mil compartimentos, distribuí- dos por dois andares. Essa construção ainda existia por volta de 600 a.C. Conquistador, seus exércitos reabriram as rotas caravaneiras do sul da Núbia, submeteram tribos locais e alcançaram a região entre Assuã e Bouhen, onde ergueu uma estela comemorativa de sua vitória. Fez um governo forte, fundou uma nova capital no Médio Egito, Ititavi, estra- tegicamente distante de Tebas e Heracleópolis, levou a efeito importante reforma administrativa e associou ao trono seu filho Senusret (Sesóstris) I, o que significava apontá-lo previamente como seu sucessor, o que de fato ocorreu. Homem sábio, Amenemat I foi, segundo M. K. Asante, o primeiro filósofo quemético a expressar a visão cínica, no sentido filo- sófico, antecedendo o grego Diógenes (413-327 a.C.) na formulação da moral ascética que prega o desdém absoluto em relação às convenções sociais. **Amenemat II** – Reinou dando continuidade à obra de seu pai e antecessor. Segundo Bernal, até o século XVIII, foi sempre referido pe- los historiadores como um faraó negro, assim como seu pai, Senusret I. **Amenemat III** – Filho e corregente de Senusret III, deu continuidade ao esplêndido reinado de seu pai e antecessor. Com inteligência e habi- lidade, levou a bom termo grandiosos empreendimentos, como as obras de represamento do lago Moeris, no Faium. **Amenemat IV** – Filho de Amenemat III, reinou primeiro ao lado do pai. Morrendo durante o reinado, foi sucedido por sua irmã e esposa Sobeqnefru. **Amenemat V e VI** – Segundo alguns autores, teriam reinado durante o Segundo Perío- do Intermediário, paralelamente a outros governantes, numa época de grande divisão do poder.

AMENEMÉS (AMENMSÉS). Faraó egípcio da XIX dinastia, tido como usur- pador do trono de Seti II.

AMENEMEPT. Vice-rei da Núbia à época de Seti I.

AMENEMNESU. Segundo faraó egípcio da XXI dinastia, tanita.

AMENEMOPE. Faraó egípcio em Tânis, durante o Terceiro Período Intermediário. Foi sucessor de Psusenes I e antecessor de Osorcon I ou Aaqueperrê Setepenré.

AMENEMOPE, filho de Kanakht. Sábio filósofo e alto sacerdote egípcio do templo de Amon-Ra em Tebas durante a XIX dinastia. Promoveu a filosofia das boas maneiras, da etiqueta e do sucesso na vida. Acreditava que, sem um provérbio para guiar e instruir, desprovido de experiência e saber, o ser humano não poderia propriamente aprender, e que uma boa sociedade se baseava na valorização apropriada dos ancestrais, já que foram eles que estabeleceram o saber proverbial. Sua filosofia é apresentada por meio de uma coletânea de provérbios, máximas e aforismos denominada Seboyet, que encerram o conhecimento e o saber do seu tempo e que foram de grande influência na sabedoria proverbial antiga. Segundo Asante, como Confúcio na China, Amenemope legou aos egípcios um saber exemplificado por seu próprio comportamento.

AMENHOTEP (AMEN-HOTEP), filho de Hapu. Sábio egípcio. Foi, depois de Imhotep, com o qual seu nome é às vezes confundido, o mais respeitado e reverenciado dos antigos filósofos queméticos. Por causa de sua diligência e seu zelo em ensinar o maat, tornou-se o segundo mestre, depois de Imhotep, a ser deificado. Foi o arquiteto de muitos reis e o mais reconhecido de todos os filósofos de seu tempo. Funcionário do Estado, serviu durante a XVIII dinastia, à época de Amenhotep III. Ainda em vida, recebeu uma grande homenagem: o faraó mandou construir uma estátua em sua honra no templo de Amon, em Carnac.

AMENHOTEP (AMENÓFIS). Nome de quatro faraós egípcios da XVIII dinastia, Império Novo. **Amenhotep I** – Sucedeu Amósis ou Ahmés I, seu pai. Assumindo o trono por volta de 1525 a.C., aos 10 anos, teve como regente a mãe, a rainha Ahmés-Nefertari. Após a morte da regente, governou com brilho, elevando o Egito à condição de grande potência. Esse faraó aparece representado como um homem negro de cabelos crespos em uma prancha reproduzida em Obenga, (1973). Em outra prancha, na mesma obra, o mesmo ocorre com sua mãe. **Amenhotep II** – Filho e corregente de Tutmés III, reinou ao lado do pai. Em guerra contra povos asiáticos, aprisionou 36.390 habitantes de Hurru, 15.120 de Shosu e 3.600 de Aperu, entre os quais muitos reis e príncipes (cf. Cazelles). **Amenhotep III** – Filho de Tutmés IV, seu governo foi marcado pela paz. Inclusive, consolidou a aliança com Mitani, por meio de seu casamento, em momentos diversos, com duas princesas desse reino. **Amenhotep IV** – *Ver* AQUENATON.

AMENIRDIS. *Ver* DIVINAS ADORADORAS.

AMENÓFIS. Uma das transliterações do nome AMENHOTEP.

AMHARA. Antiga província do norte da Etiópia, localizada na bacia do rio Atbara e às margens do lago Tana. A origem dos amharas ou amaras ainda é objeto de especulação. Estudos arqueológicos sugerem que por volta do ano 500 a.C. um povo de língua afro-asiática, de que os amharas seriam descendentes, migrou do atual Iêmen para a região do norte da Etiópia, que mais tarde se chamou Axum. Denominados *hymarites*, eles miscigenaram-se com populações locais de língua cuxita, como os agaw, e gradativamente expandiram-se na direção sul, para o território dos atuais amharas. Seus descendentes falavam gueês; e, segundo o Kebra Nagast, os amharas originaram-se com Menelik I, sendo portanto considerados descendentes do rei Salomão. Por volta de 1500 a.C., a civilização amárica, misto, então, de antigas culturas sabeias com elementos da ancestral civilização cuxita, erigiu o Império de Axum. As ruínas da antiga cidade de Axum são ainda hoje visíveis na atual província de Tigré.

AMÍLCAR BARCA. General cartaginês (c. 290-229 a.C.), pai de Aníbal. Combateu os romanos na Sicília e dominou a Espanha entre 237 e 229 a.C. Seu cognome "Barca", traduzido como "raio", parece relacionar-se com o suaíle *baraka*, originário do árabe *barka*, e ligado à ideia de energia, força vital.

AMIRTEUS (AMIRTEE). Príncipe saíta, contratou mercenários gregos para defender-se contra os persas. Morto Dario II, proclamou-se faraó do Egito, sendo o fundador e único soberano da efêmera XVIII dinastia.

AMON (AMEN, AMUN, MON). Uma das manifestações do deus-sol dos egípcios, cultuado principalmente em Tebas. Segundo alguns autores, o deus manifestava-se de três formas, correspondentes às posições do sol: Amon ou Amen, na aurora; Set no crepúsculo e Re ou Ra no ocaso. Seus animais votivos eram o carneiro e o ganso; às vezes, era simbolizado por um falo. Segundo Bernal, em torno do mar Egeu, os cultos dos deuses-carneiros eram baseados tanto no culto de Amon quanto no do carneiro Mendes, no Baixo Egito; e Amon, como Osíris, era também representado como um negro.

AMÔNIOS. Povo africano descrito por Heródoto. Provavelmente, o nome se refere aos adoradores de Amon, ao tempo de Cambises.

AMON-RA. Amálgama de Amon, divindade tutelar de Tebas, e Ra numa mesma divindade, feita no Segundo Império egípcio. Amon-Ra tornou-se, então, o protetor do país, símbolo da justiça, da verdade, da retidão e da ordem moral. *Ver* MAAT.

AMÓSIS [1]. Nome comum a dois faraós egípcios. **Amósis (Ahmés) I** – Fundador da XVIII dinastia, expulsou os hicsos, reunificou novamente o Egito dividido e deu início ao Novo Império, reorganizando o país, que rapidamente recuperou a prosperidade. Casando-se com sua irmã Nefertari, assim denominada Ahmés-Nefertari ("a Nefertari de Amósis") com ela teve um filho, Amenhotep I, seu sucessor. **Amósis (Ahmés) II** – Penúltimo soberano da XXVI dinastia, ao fim do Terceiro Período Intermediário. Por volta de 570 a.C., ainda general do exército egípcio em guerra contra os babilônios, aliou-se a estes e depôs o faraó Apriés ou Hofra, assumindo o poder. Segundo Cazelles, respeitou a dominação babilônica no continente, limitando as ações de conquista no Mediterrâneo, chegando até mesmo a Chipre. Sob sua liderança, o Egito converteu-se em grande potência marítima, até ser conquistado pelos persas em 525 a.C.

AMÓSIS [2]. Escultor egípcio da corte de Aquenaton. A ele é atribuída a criação da célebre cabeça da rainha Nefertite, hoje no Museu de Berlim.

AMRACIANO (AMRATENSE). Relativo ao sítio arqueológico de El-Amra.

AMRATENSE. *Ver* AMRACIANO.

AMTALQUA ou ARAMATELCO. Rei de Cuxe em Meroe, c. 568-555 a.C., sucessor de Aspelta. É também referido como Altalca.

AMUN. *Ver* AMON.

ANALMAIE. Rei de Cuxe em Meroe, c. 542-538 a.C.

ANCATIFY. Nomarca de Hieracômpolis, contemporâneo e adversário de Antef I. Pensador, legou à posteridade importante texto quemético.

ANCOLE. Reino florescido na região dos Grandes Lagos entre os séculos XIII e XV d.C. Um dos tradicionais reinos da antiga Uganda, localizava-se no norte do atual território do país, a oeste do lago Edward.

ANDRÔMEDA. Personagem da mitologia grega, filha de Cefeu, rei da Etiópia. Segundo o mito, Cassiopeia, sua mãe, ao proclamar a superioridade de sua beleza sobre a das nereidas (as "alvas filhas de Nereu", do verso camoniano em *Os Lusíadas*), provocou a ira de Poseidon. *Ver* MITOS E LENDAS.

ANGOLA. País contemporâneo, localizado no sudoeste africano, banhado pelo Atlântico. Segundo o conhecimento geral, pequenos grupos autóctones de caçadores coletores khoi-khoi ou khoi-san (bosquímanos) foram os primeiros a habitar o território da atual Angola, mas sempre em caráter nômade, deslocando-se em busca da sobrevivência. Segundo David W. Phillipson, citado por Obenga (1985), as primeiras populações sedentárias locais se fixaram, por volta de 100 a.C., com as migrações de povos falantes de línguas do grupo banto, provenientes da região do Baixo Congo, as quais foram deslocando alguns grupos autóctones, desses khoi-san, para o sul e assimilando outros. A origem básica da Angola atual é o antigo reino ambundo do Ndongo, entre os rios Cuanza e Dande, governado por soberanos que ostentavam o título *ngola*. *Ver* AMBUNDOS; IMBANGALAS; LUNDA; MATAMAN; MATAMBA; OVIMBUNDO.

ANÍBAL. General e estadista cartaginês (247-183 a.C.), mencionado por Don Luke (*ver* bibliografia) como um general negro-africano. *Ver* AMÍLCAR BARCA; CARTAGO; PÚNICAS, Guerras.

ANLAMANI. Rei de Cuxe em Napata, c. 623-593 a.C., sucessor de Sencamanisquen e antecessor de Aspelta.

ANQUESENAMON. *Ver* ANQUESENPAAMON.

ANQUESENPAAMON (ANQUESENAMON). Nome adotado pela princesa Anquesepaaton depois que seu marido e meio-irmão Tutancamon reviveu o culto de Amon. Era uma das filhas de Aquenaton. Com a morte de Tutancamon, sem herdeiros, teria tentado aliança, por meio de casamento, com o rei dos hititas. Com a hesitação deste e sua não chegada ao país dentro do prazo protocolar, os sacerdotes de Amon teriam indicado Aí ou Eje, ex-conselheiro de Aquenaton, como consorte. Segundo Brissaud, após a morte de Tutancamon, ela teria confiado o poder a Aí, de 60 anos, seu tio, o qual, para legitimar sua autoridade real, casou-se com ela.

ANQUESENPAATON. *Ver* ANQUESEPAAMON.

ANTEF (INTEF). Nome de sete governantes do Egito faraônico. Os três primeiros governaram durante o período tebano da XI dinastia. **Antef I** – Nomarca de Tebas durante a X dinastia, aliou-se à cidade de Coptos contra Nequen (Hieracômpolis), proclamando-se "rei do Alto e do Baixo Egito" e "filho de Ra". Ao derrotar Anqtify, consolidou seu poder, governando, como faraó, de Coptos a Dendera. **Antef II** – Faraó do Alto Egito, sucessor de Antef I, provavelmente seu irmão, continuou na luta contra Nequen, governada por Quety III. **Antef III** – Sucedeu o precedente em um curto período e é, em alguns registros, citado não como um faraó, mas como um nobre de alta hierarquia. **Antef IV** – Referido em algumas fontes como fundador da XIII dinastia. **Antef V a Antef VII** – Reinaram em Tebas como integrantes da XVII dinastia, sendo que o último deles, contemporâneo do rei hicso Apépi ou Apófis I, teria reinado em Querma, sucedendo a Nedjeh e aliando-se aos hicsos contra Tebas.

ANTIGO IMPÉRIO. *Ver* IMPÉRIO, ANTIGO.

ANTIGUIDADE. Comumente estudado como o período transcorrido do fim da pré-história à queda do Império Romano, segundo Pedro Paulo Funari, atualmente o conceito de "Antiguidade" é bastante amplo. Como existiram civilizações elaboradas em outras partes do mundo fora do Oriente Médio e do Mediterrâneo (o mundo greco-romano); e como em outras regiões, como na África, surgiram sociedades também elaboradas, apesar de ágrafas, todas essas culturas passaram a ser consideradas parte de uma Antiguidade expandida, não mais limitada no tempo nem no espaço. Segundo Funari, todos os povos antigos (sociedades de *arkhé*) possuem características comuns ou, ao menos, comparáveis.

ANU. População neolítica do vale do Nilo, tida como autóctone, segundo Obenga. Denominação de um dos povos negros do Egito pré-dinástico, segundo Cheikh Anta Diop. Segundo Larkin Nascimento, o vocábulo "anu" originou-se no Egito, onde designava o negro e a cor preta, tendo se espalhado através do mundo antigo com essa mesma conotação. A mesma autora, a partir de Ivan Van Sertima e Runoko Rashidi, identifica um povo negro chamado "ainu" presente na Antiguidade chinesa e também no Japão.

ANÚBIS. Divindade egípcia, patrono dos embalsamadores, curadores e cirurgiões, "senhor da necrópole", deus dos mortos, condutor das almas, representado como um homem preto com cabeça de chacal. Segundo Moacir Elias Santos em *Divindades egípcias* (*ver* bibliografia), a cor preta com que esse deus é representado se deveria sua relação com a escuridão do mundo dos mortos, à cor da pele das múmias e à da terra fértil do Nilo. Seria, então, um símbolo da regeneração, da vida após a morte, que ele representava. Entretanto, na mesma obra, a cor também preta com que o deus Seth é representado não é explicada. Enquanto isso, Ali O. M. Sali, no verbete "Núbia" da enciclopédia *Africana*, organizada por Gates e Apiah (*ver* bibliografia), defende a ideia de que o elemento *nub*, presente no vocábulo, conota com a ideia de pretidão e negritude. Anúbis carregava o epíteto de "senhor do país da aurora". Seu culto, originário do XVII nomo do Alto Egito, difundia-se por todo o país, sendo provavelmente mais antigo que o de Osíris. Um de seus epítetos era "o senhor da Núbia", o que talvez explique sua representação antropomórfica. Ver ANU; NÚBIA.

ANUQUET. *Ver* SATIS.

APEDEMAQ. Divindade de Meroe, representada como um homem com cabeça de leão. Os deuses cuxitas, durante algum tempo confundidos com outros do panteão egípcio, teriam, segundo algumas versões, adquirido feição autônoma a partir do reinado de Aspelta.

APÉPI. Nome de dois reis hicsos, reinantes no Egito, no ramo que alguns consideram impropriamente chamado de XVI dinastia, eis que contemporâneo da XV. O primeiro estabeleceu seu palácio em Avaris, delegando poderes a um soberano vassalo, que governava o Egito, exceto a parte leste do delta do Nilo. O segundo reinou após Antef VII e lutou abertamente contra Tebas, governada por Tao I. O nome Apépi parece referir-se também ao soberano ou soberanos conhecidos como Apópi ou Apófis.

ÁPIS. Em Mênfis, denominação do touro sagrado, tido como encarnação do deus Ptah e, por isso, objeto de culto. Distinguia-se por sinais especiais, relacionados à divindade, que apresentava no corpo. Enquanto vivo, recebia oferendas e sacrifícios e, depois de morto, tinha seu corpo mumificado, sendo substituído por outro com características idênticas. No século VI a.C., o persa Cambises II, invadindo o Egito, matou um desses animais, sobrevindo-lhe então uma série de insucessos que o teriam levado à loucura, ao assassinato da própria irmã e ao suicídio.

APÓFIS. *Ver* APÉPI.

APÓPI. *Ver* APÉPI.

APRIÉS. Faraó egípcio, integrante da XXVI dinastia, saíta. O mesmo que Hofra.

AQUARATAN. Rei de Cuxe, c. 350-335 a.C.

AQUENATON. Nome adotado por Amenhotep IV, décimo faraó da XVIII dinastia egípcia, depois que impôs o culto a Aton, divindade solar, sobre o culto a Amon. Entronizado no Novo Império, em meados do século XIV a.C., logo no início do seu reinado casou-se com a princesa Nefertite, provavelmente sua irmã. Impondo o novo culto, mudou sua capital para a região da atual Tel-el-Amarna, dando-lhe o nome de Aquetaton. Aí, destacou-se como reformador religioso, ao instituir o culto a um deus único – Aton –, e devido à sua apurada sensibilidade artística. Sua atuação religiosa é extremamente valorizada pela implantação, embora efêmera, do monoteísmo entre os egípcios. Quanto à aparência física, ao contrário do que afirmaram diversos egiptologistas com base nas representações de sua figura, cientistas como Asante concluíram que o faraó não tinha qualquer traço destoante da aparência dos africanos de seu tempo.

AQUETATON. Cidade construída por Aquenaton para substituir Tebas como capital do Egito. Situava-se na atual Tel-el-Amarna, e seu nome significava "horizonte de Aton".

AQUINIDAD. Soberano de Cuxe. Reinou, provavelmente em Napata, por volta de 18-3 a.C., numa dinastia paralela à de Amanicabale, após o rei Teritecas e a rainha Amanirenas, dos quais seria filho.

AQUITISANES. Governante de Cuxe após Nastasen, provavelmente em uma dinastia paralela, reinante em Napata.

ARÁBIA PRÉ-ISLÂMICA. Região compreendida entre o mar Vermelho e o golfo Pérsico, a Arábia apresenta três aspectos distintos: ao norte, uma vasta porção desértica; ao sul, uma parte rica em vegetação, distinguida pelos romanos como *Arabia Felix* (Arábia feliz); e uma faixa costeira, no mar Vermelho, através da qual se estendia uma longa rota de caravanas ligando a região à Etiópia, através do estreito Bal-el-Mandeb, e ao Egito através do Sinai. Dessa forma, a Arábia desenvolveu relações com a África desde épocas remotas, inclusive estando sob domínio egípcio e etíope ou cuxita em algumas ocasiões. A partir, provavelmente, do primeiro milênio anterior à Era Cristã, essas relações se intensificaram, tanto no Mediterrâneo quanto nos litorais do mar Vermelho e do oceano Índico. À época do nascimento do profeta Maomé (570 d.C.), os árabes compartilhavam uma língua, mas viviam dispersos — cada tribo reverenciava divindades próprias, reunidas no grande centro religioso de Meca. A essência dessas divindades era bastante diversificada, sendo algumas de natureza astral, como Allat, representação do sol; além delas, os antigos árabes, como os africanos, cultuavam espíritos de antepassados, aos quais ofereciam sacrifícios propiciatórios orientados por oráculos. Por esse tempo a Arábia, segundo Anta Diop, era "uma colônia negro-africana", tendo Meca como capital. Em reforço, Diop cita versículo do Alcorão referente aos 40 mil homens enviados pelo rei da Etiópia para conter a revolta dos árabes, sendo um corpo desse exército constituído por guerreiros montados em elefantes. A *Enciclopédia do Mundo Contemporâneo* informa que "nos séculos V e VI d.C. as sucessivas invasões dos etíopes cristãos", além de outros fatores, provocaram o fracionamento dos Estados da Arábia meridional. A unificação dos árabes em torno de uma religião única só aconteceu em 632, quando da morte de Maomé. *Ver* ETIÓPIA; IÊMEN.

ARAMAS. Antigo povo da África Ocidental, localizado nos atuais territórios de Senegal, Gâmbia e Mali. Sua origem, segundo Raffenel, seria o império de Fassu e um país por eles chamado Sutã (em francês, Souttân). Esse país situar-se-ia ao norte de Missouri (nome pelo qual os habitantes do Saara chamavam o Egito, segundo o autor citado), no Mediterrâneo. Foram dominados e provavelmente assimilados pelos peúles. Baumann cita um povo "Arma", contemporâneo, tido como descendente de "africanos brancos".

ARAMATELCO. *Ver* AMTALQUA.

ARCA DA ALIANÇA. Receptáculo no qual, consoante os relatos bíblicos, o patriarca Moisés guardou as tábuas da Lei, recebidas de Javé no Monte Sinai, e que, por isso, constituía o símbolo mais sagrado dos antigos hebreus. Desaparecida depois de sua transferência para o templo de Salomão, segundo a tradição etíope estaria até hoje na Etiópia, para onde teria sido levada por Meneliq I, filho do rei hebreu com a rainha de Sabá.

ARCACAMANI. *Ver* ARCAMANICO.

ARCAICA, Época. Período da História egípcia, também conhecido como Período Dinástico Primitivo, abrange as três primeiras dinastias. É também mencionado como Época Tinita, em referência à capital Tinis.

ARCAMANI (ARQUAMANI). Rei de Cuxe em Meroe, c. 218-200 a.C., sucessor de Arnecamani, e também referido como Ercamen, Ergamene ou Ergamenes. Reinante em Meroe, rebelou-se contra o poder da casta sacerdotal, dominada pelo clero de Amon, consagrou o templo de Daqué ao deus egípcio Thot e instituiu um novo culto. Segundo Hintze, citando Brissaud, o nome "Arcamani" não deveria ser confundido com "Ergamene", tal como o mencionou o historiador grego Diodoro da Sicília. Entretanto, os períodos de governo de um e outro, bem como as linhas sucessórias citadas, são exatamente os mesmos. *Ver* CUXE – Um Estado Teocrático.

ARCAMANICO (ARCACAMANI). Rei de Cuxe em Meroe, c. 270-260 a.C.

ARETNIDE (TERITNIDE). Rei de Cuxe em Meroe, c. 85-90 d.C.

ARIAMANI. Governante de Cuxe após Nastasen, provavelmente em uma dinastia paralela, reinante em Napata.

ARIESBEQUE. Rei de Cuxe em Meroe, c. 215-225 d.C.

ARICACATANI. Rei de Cuxe em Meroe, c. 1-20 d.C.

ÁRIO. Sacerdote de Alexandria, nascido na Líbia em 235 e falecido em Constantinopla em 336 d.C. Foi o formulador do arianismo, doutrina herética condenada pela Igreja Católica, que, entre outras coisas, negava a divindade de Jesus Cristo.

ARITENIESBEQUE. Rei de Cuxe em Meroe, c. 175-190 d.C.

ARITMÉTICA e ÁLGEBRA. Demonstrando os profundos conhecimentos egípcios no campo da matemática, especialmente nas áreas de aritmética e álgebra, Théophile Obenga informa que, já à época da primeira dinastia faraônica, a numeração utilizada era a decimal, chegando até a casa do milhão, sendo que a adição e a subtração eram perfeitamente conhecidas. A multiplicação expressava a adição de um número a ele mesmo, desdobrando-se, por consequência, em uma série de duplicações. A operação de divisão era o inverso da multiplicação, pela duplicação do divisor, crescendo até o dividendo. Quanto ao cálculo de frações, era o ramo mais desenvolvido da aritmética egípcia. Do ponto de vista algébrico, os antigos egípcios, segundo Obenga, sabiam resolver problemas que conduziam a equações com duas incógnitas. As progressões aritméticas e geométricas também eram conhecidas. Com relação a proporções e medidas proporcionais, a grande pirâmide de Gizé nos ensina muito sobre os conhecimentos egípcios nesse particular. Na maior parte das comunidades tradicionais negro-africanas, segundo Obenga, encontram-se disseminados conhecimentos tais como numeração decimal, duplicação etc., como comprovou, por exemplo, a importante descoberta, no Congo, na década de 1950, de um instrumento de contagem datado de mais de 20 mil anos. *Ver* ARQUITETURA; CONHECIMENTO CIENTÍFICO; ISHANGO; PIRÂMIDES; PITÁGORAS.

ARNECAMANI. Rei de Cuxe em Meroe, c. 235-218 d.C.

ARÓKÒ. Sistema gráfico ou hieroglífico, à base de cordões e búzios, usado pelos antigos iorubás (cf. Obenga, 1973).

ARQUAMANI. *Ver* ARCAMANI.

ARQUITETURA. As civilizações mediterrâneas devem aos habitantes do Egito, segundo Théophile Obenga, a arte de construir edifícios. Champollion, citado em Obenga, reconheceu nos pórticos em Beni-Hassan e nas galerias de Carnac, executados pelos egípcios bem antes da Guerra de Troia, "a origem evidente da arquitetura dórica dos gregos". Em 1836, ele escreveu que "examinando sem prevenção os baixos-relevos históricos da Núbia e de Tebas nos convenceremos que a arte dos gregos tem esculturas egípcias como seus primeiros modelos; que ela de início os imitou servilmente e penetrou na sábia simplicidade de seu estilo"; e que assim enriquecida, ela procurou seus próprios caminhos. Cheikh Anta Diop repetiu, em várias oportunidades, que a arquitetura no singular estilo de Djenée, cidade do atual Mali, tem por protótipo as obras do vale do Nilo. Segundo ele, a arquitetura tradicional africana salvaguardou elementos profundamente egípcios da arte de construir e decorar edifícios, como os pilares e portais monumentais dos templos; pirâmides; inscrições; construções em forma de obuses, como no Chade; além de desenhos murais, como nos bronzes do Benin e entre os axantis. Segundo A. Costa e Silva (2008), no fim do século XV, em Axum, os portugueses encontraram sete obeliscos de mais de 20 metros de altura, construídos, como monumentos funerários, em época anterior à conversão dos axumitas ao cristianismo.

ASMARA. Antiga cidade etíope no território da atual Eritreia.

ASPELTA. Rei de Cuxe, c. 593-568 a.C. Sucessor de seu irmão Anlamani, herdou um reino que se estendia provavelmente de Assuã até as proximidades da atual Cartum, mas reduzido à metade em relação à época de Piye. Esse soberano, provavelmente sobrinho-neto ou bisneto de Taharca, teria sido o último dos reis cuxitas a tentar a reconquista do Egito. Seus planos, entretanto, foram abortados pela invasão das tropas de Psamético II, que, em 593 a.C., derrotaram o exército de Cuxe, saqueando e incendiando Napata. Aspelta refugiou-se em Meroe, fazendo dessa cidade a sua capital. *Ver* CUXE.

ÁSPIDE. Nome comum a várias espécies de serpentes, entre as quais a naja, réptil sagrado, representada em inúmeros monumentos egípcios e também nas coroas dos soberanos do Egito e de Cuxe.

ASSA. Nome pelo qual é referido, em D. P. Pedrals, o faraó egípcio em cujo reinado realizou-se a célebre expedição de Harcufe ao país de Punt.

ASSÍRIOS. Povo guerreiro e conquistador da Antiguidade mesopotâmica. Por volta de 700 a.C., dando curso à sua expansão imperialista, chega às fronteiras de um Egito já debilitado. É temporariamente detido pelos núbios de Piye mas, com Senaquerib e Assurbanipal, no século VII a.C., logra a primeira conquista do país.

ASSUÃ. *Ver* SIENA.

ASSURBANIPAL. Rei da Assíria, conquistou o Baixo Egito em 664 a.C., obrigando Taharca a retirar-se para Napata, e mais tarde bateu Tanutamon. Foi derrotado e expulso por Psamético I, aproximadamente em 652 a.C.

ASTRONOMIA AFRICANA. Conhecimentos astronômicos, adquiridos pela observação simples, são comuns a algumas sociedades africanas antigas, como o povo Dogon do atual Mali, supondo-se, entretanto, que muito desse saber tenha sido herdado do vale do Nilo, onde o estudo dos astros atingiu grande desenvolvimento. O calendário de 365 dias, por exemplo, como o hoje utilizado no mundo ocidental, teria origem em uma criação egípcia, assim como a divisão do dia em duas fases de 12 horas. Segundo Estrabão, os gregos ignoravam a verdadeira duração do ano e outros fatos da mesma natureza até aparecerem as traduções, em língua grega, de estudos dos sacerdotes egípcios, bem como estudos e observações dos caldeus. *Ver* CALENDÁRIO.

ATANÁSIO, Santo. *Ver* SANTO ATANÁSIO.

ATBARA. Rio da Etiópia e do atual Sudão, afluente do Nilo.

ÁTEN. *Ver* ÁTON.

ATENA. Deusa grega do pensamento, das artes, da ciência e da indústria. Segundo Ésquilo, citado por Obenga (1973), seu culto era originário da Líbia.

ATFIH. Nome egípcio da cidade denominada Afroditópolis pelos gregos.

ATLANERSA. Rei de Cuxe em Napata, c. 653-643 a.C. Sobrinho de Tanutamon e filho de Taharca, foi o primeiro soberano cuxita após a saída do Egito. Construiu o templo de Amon no *djebel* Barcal.

ATLANTES. Antigo e lendário povo africano, citado na *História Natural*, do escritor romano Plínio (23-79 d.C.). *Ver* ATLAS, Montanhas.

ATLAS, Montanhas. Conjunto de elevações nos atuais territórios de Marrocos e Argélia. Seu ponto culminante é o *djebel* Tubcal. Ao sul, eleva-se o Atlas saariano e zonas de pastagens utilizadas pelos povos nômades do deserto, provável habitat dos povos que os gregos chamavam "atlantes". *Ver* DJEBEL BARCAL.

ÁTON (ÁTEN). Deus supremo egípcio cujo culto foi criado por Amenófis IV, a partir daí chamado Aquenaton. Era também associado ao disco solar, mas seu culto excluía os outros deuses. Com a morte de Aquenaton, essa tentativa de criação de um monoteísmo egípcio frustrou-se. *Ver* ATUM.

ATUM. Variação de Áton. A ideia subjacente ao nome, segundo Hart, é a de totalidade, o que nos remete, por hipótese, ao iorubá *Orum*, o céu, o infinito, ideia presente no culto aos orixás, modernamente expandidos a partir de Cuba e do Brasil.

AUGILOS. Antigo e lendário povo africano, citado na *História Natural*, do escritor romano Plínio.

AVARIS. Primeira capital do delta egípcio; mais tarde, a capital foi Tanis (cf. Silva, 1996). Por volta de 1780 a.C., os hicsos apoderam-se da região do delta e aí estabelecem sua capital.

AWAWA. Rei cuxita de Querma, c. 1850 a.C., à época de Senusret III.

AXANTIS. Povo da região central da atual República de Gana. *Ver* ACÃ.

AXUM. Cidade localizada no extremo norte da Etiópia, na região de Tigré. No início da Era Cristã, tornou-se a capital de um poderoso Estado, o império axumita, fundado por nobres oriundos da Arábia meridional. Em seu apogeu, foi o centro do comércio entre o vale do Nilo e os portos do mar Vermelho, e, a partir do século IV, provocou a ruína da outrora poderosa Meroe. Entretanto, com a expansão árabe, as rotas de comércio foram modificadas, e o progresso, interrompido, o que, aliado à conversão de sua classe dirigente ao cristianismo, isolando Axum dos países vizinhos, colaborou para o seu declínio. *Ver* ETIÓPIA.

AXUMITA. Relativo a Axum; natural dessa cidade-Estado.

AY. *Ver* AÍ.

AZENATE. Mulher egípcia de José, patriarca hebreu, provavelmente no século XVI a.C.

BA. Entre os egípcios, ao lado do *ka* e do *akh*, um dos três princípios constituintes da identidade humana. O *ba* estava sempre presente na pesagem cerimonial do coração do indivíduo após seu falecimento. Era representado simbolicamente por um pássaro com cabeça humana voando entre a vida e a morte.

BAB-EL-MANDEB. Estreito no mar Vermelho, entre o atual Djibuti e o Iêmen. Com apenas cerca de 30 km, sempre foi a principal via de ligação entre a África Oriental e o sul da Arábia. Segundo Willock, os somalis relatam que seus ancestrais viajaram da Arábia para a África por terra, através do Bab-el-Mandeb; e o Antigo Testamento, retomando essa história, conta como os egípcios, ao perseguir os israelitas, foram surpreendidos e engolfados pelo mar Vermelho, possivelmente, segundo Willock, por um braço local desse mar, então em formação.

BACARE. Um dos títulos do faraó cuxita Tanutamon.

BACHVEZI. Dinastia real do Bunioro-Quitara na atual Uganda, entre os séculos XIV e XV d.C. Possuidores de grandes manadas de uma raça especial de bovinos, com longos chifres curvos, teriam vindo do norte, do vale do Nilo, e imposto seu poder sobre populações locais, sendo, entretanto, batidos por migrantes do povo Luo, originários da mesma região. *Ver* BUNIORO.

BACIA DO CONGO. *Ver* CONGO, Rio.

BACONGOS. Povo da bacia do rio Congo. O mesmo que muxicongos. *Ver* NIMI-A-LUQUENI.

BADARIANO. Relativo ao sítio arqueológico de El-Badari.

BAFUR (BAFOUR). Antigo povo africano mencionado em tradições berberes. Segundo Delafosse, seus membros seriam os ancestrais dos atuais sereres, sonrais, malinquês, bambaras, diúlas. Os saracolês e marcas seriam fruto de miscigenação deles com povos protopeules; e os tuculeres, por sua vez, seriam fruto de casamentos desses protopeules com seus descendentes saracolês (cf. Pedrals).

BAIXA ETIÓPIA. Antiga denominação para Angola.

BAIXA NÚBIA. Região compreendida aproximadamente entre a cidade de Semna ou Siena e a segunda catarata do rio Nilo.

BAIXO CONGO. Denominação da região do curso inferior do rio Congo ou Zaire, que se estende do Atlântico, próximo à fronteira da República do Congo com o enclave angolano de Cabinda, até a vizinhança das cidades de Brazzaville e Kinshasa. Segundo David W. Phillipson, citado por Obenga (1985), as primeiras populações locais fixaram-se com as migrações, entre 1000 e 200 a.C., de povos falantes de línguas do grupo banto, provenientes do território da atual República de Camarões e provavelmente seguindo o curso do rio Chari — a bacia do rio Congo (no qual deságuam os rios Ubangui e Sanga) e seus arredores, incluindo Zaire, Angola, Congo, Gabão e Zâmbia, foi inicialmente povoada por pigmeus, na região das selvas fechadas, e por bosquímanos, na savana. Por força das seguidas vagas migratórias dos povos bantos, essas populações autóctones foram deslocadas, os pigmeus para o interior da selva profunda e os bosquímanos para o sul e o sudoeste do continente. *Ver* BANTOS; CONGO, Rio.

BAIXO EGITO. Designação da região, no antigo território egípcio, que compreendia o delta do Nilo e o Faium.

BÁLTICO, Mar: Africanos no. *Ver* ROTAS DE COMÉRCIO.

BAMBANDIANALO. Sítio histórico no norte do Transvaal, África do Sul. Segundo D.W. Phillipson, citado por Obenga (1985), a povoação local iniciou-se com a chegada, aproximadamente entre 300 e 400 d.C., de povos falantes de idiomas bantos provenientes da região dos Grandes Lagos, através das terras altas a oeste do lago Niassa. *Ver* BANTOS; TRANSVAAL.

BANDIAGARA. Região planáltica no sudeste do atual Mali, local do estabelecimento definitivo do povo Dogon no século XIII d.C.
BANIARUANDA. Nome étnico que engloba os tutsis e hutus de Ruanda.
BANTOS. Grande conjunto de povos agrupados por afinidades etnolinguísticas, localizados nos atuais territórios da África Central, Centro-Ocidental, Austral e parte da África Oriental. Seus antepassados, falantes de uma língua ancestral que se convencionou chamar de "protobanto", empreenderam durante séculos uma das mais impressionantes migrações humanas de que se tem notícia. **Protobantos e Migrações** – Por meio da paleontologia linguística, Théophile Obenga reconstituiu o passado dos primeiros falantes de línguas do grupo banto. Eles viveram num meio natural aparentemente constituído por uma floresta aberta, próxima a grandes cursos de água, habitada por elefantes, leopardos, crocodilos, hipopótamos e antílopes, onde cultivavam milho, feijão, sorgo e bananas, entre baobás e dendezeiros. Desse primitivo ambiente, localizado na região dos montes Adamaua, na atual República de Camarões, por volta do ano 1000 a.C., um grupo migrou em direção ao leste, deslocando-se ao longo da floresta equatorial. Em contato com povos do Sudão central (já na época do domínio cuxita no Egito), passaram a pastorear cabras, carneiros e gado bovino. No mesmo período, outro grupo emigrou para o sul, chegando ao curso inferior do rio Congo, levando consigo utensílios de cerâmica e técnicas agrícolas criadas por seus ancestrais. Entre os anos 400 e 300 a.C., no planalto dos Grandes Lagos, nos atuais territórios de Quênia, Uganda, Ruanda, Burundi e Tanzânia, povos oriundos do Adamaua desenvolveram uma cultura toda peculiar, expressa principalmente pela cerâmica lá encontrada em escavações arqueológicas. Tempos depois, c. 200 a.C., parte desse povo se expandiu pelos flancos da floresta equatorial até as savanas centrais e daí na direção oeste, até o curso inferior do rio Congo. Esses migrantes, já dominando técnicas de metalurgia, levaram seus conhecimentos às populações locais. Por volta de 100 a.C., o mesmo ocorreu na atual Namíbia, através do que

é hoje Angola; e, mais tarde, a partir da região interlacustre, até a costa meridional do Quênia e para o norte da Tanzânia. Finalmente, entre os anos 300 e 400 d.C., outra importante vaga civilizadora, partindo da região interlacustre, chegou até o sul de Moçambique e a região da atual Pretória, na África do Sul. Mas não cessaram aí as grandes migrações dos povos bantos, que perduraram pelo menos até o século X da Era Cristã. Durante esses deslocamentos, esses povos, como os migrantes hebreus, por exemplo, criaram suas técnicas agrícolas e metalúrgicas, suas instituições sociais e suas lideranças. *Ver* BAIXO CONGO; CAMARÕES; GRANDES LAGOS; TRANSVAAL.

BAQUENRENEF. *Ver* BOCORIS.

BARIBAS. Povo moderno do antigo Daomé. Seus membros são tidos como descendentes de populações que vieram do leste, na Antiguidade, para habitar, seguidamente, o norte do atual Benin, o sul de Burquina e o norte da Nigéria. Segundo Pedrals, guardam costumes semelhantes aos dos antigos egípcios. *Ver* BORGU.

BARTARE. Personagem mencionada em Brissaud como rainha de Cuxe em Meroe, c. 260-250 a.C. O período é o do reinado de Amanislo; então, seria provavelmente esposa desse soberano. Ou Amaniteca (Xesep-anqh-n-amani), governante cuxita mencionada em algumas listagens no período que antecede ao de Arnecamani.

BASCAREQUEN. Rei de Cuxe em Meroe, c. 405-404 a.C.

BASTIT. Manifestação doce e serena da deusa Hathor-Tfenis, em contraposição a Seqmet, seu aspecto mais violento e terrível.

BAÚLE. Povo do grupo Acã, localizado na atual Costa do Marfim. Como observa Ki-Zerbo, as máscaras com pendentes de ouro, características de sua apreciada estatuária, mostram uma barba entrançada como a da famosa máscara de ouro do faraó egípcio Tutancamon.

BATEQUE. *Ver* TECHE.

BATN-EL-HAGAR (Ventre de Pedras). Região ao longo do vale do Nilo, acima da segunda Catarata. Constituía-se de um trecho pedregoso, de rochas graníticas que tornavam o Nilo impraticável à navegação por muitos quilômetros. Segundo A. Costa e Silva, abrigava populações aparentadas às de Cartum e núcleos vizinhos.

BEDUÍNOS. Pastores nômades de origem árabe, localizados no Oriente Médio e no norte da África, onde, desde a Antiguidade, desempenham importante papel no controle das caravanas transaarianas. Segundo alguns relatos históricos, grupos de beduínos provenientes da Península Arábica teriam invadido o Egito já no chamado Primeiro Período Intermediário, aproveitando-se do caos resultante do colapso do Antigo Império.

BEJAS. Povo nômade do leste do atual Sudão e do norte da Etiópia. Sem residência fixa, seguem seus rebanhos de camelos pelas montanhas e planícies da região desértica do mar Vermelho. Descendentes de populações localizadas nesse ambiente há provavelmente 5 mil anos, parte de seu povo é também conhecida como Tigré.

BELQUISS. *Ver* MAQUEDA.

BELUQUISTÃO. Região do sudoeste da Ásia, compreendendo partes do Irã e do Paquistão. Na Antiguidade, era conhecido como Gedrosia, "o país dos escuros".

BENI-HASSAN. Aldeia do Baixo Egito, na margem direita do Nilo. Conserva restos de monumentos funerários datados da XI e XII dinastias.

BENI-ISRAEL. Antigo povo judeu da Índia, responsável pela introdução, no leste africano, do zebu, do carneiro lanoso, da criação de gado e da horticultura. A vinda desse povo coincide com as migrações iemenitas, que ocasionaram grandes transformações na região entre as montanhas da Abissínia e os Grandes Lagos.

BENIN. Antigo reino da África Ocidental, situado a oeste do rio Volta, estendendo-se até a foz do rio Níger, na atual Nigéria. Suas primeiras unidades políticas foram criadas pelo povo Edo, aparentado aos iorubás, no primeiro milênio da Era Cristã. O território dos edos, coberto de florestas, viu nascer, ao longo dos séculos, numerosos pequenos Estados, entre eles o dos binis, um subgrupo do povo Edo, aparentado aos equitis iorubanos. Assim como todos os edos, devotam grande respeito ao seu rei, que é o obá de Benin. O grande reino do Benin era, então, no início, apenas um dos numerosos miniestados edos. Seus primeiros chefes, os que mandaram construir as primeiras muralhas, tinham o título de oguissô, "rei do céu". Segundo a tradição, o primeiro deles foi Igodô, cujo filho, Erê, criou a espada cerimonial, o tamborete, o leque redondo de couro, os colares e as tornozeleiras de contas e outros símbolos da realeza local. Trinta e um oguissôs sucederam-se no poder, sendo alguns do sexo feminino. O último deles, Euedô, foi deposto porque teria cometido o sacrilégio de ordenar a execução de uma mulher grávida. Seguiu-se um período de anarquia e turbulência. Então, os senhores em luta recorreram a Odudua, o grande líder de Ifé, pedindo-lhe que mandasse um governante. Odudua não chegou a lhes enviar o príncipe que queriam, pois veio a falecer. Entretanto, conforme instruções do pai, seu filho e sucessor Obalufã enviou Oraniã para assumir e organizar os edos e governá-los. Do século XI ao XV d.C., o Benin desenvolveu-se como um dos maiores centros mercantis da região do golfo da Guiné. Segundo André Berthelot, citado por Obenga (1973), o Estado teria criado e mantido, em tempos bem antigos, um corpo de marinha. Nos séculos XV e XVI d.C., sob os obás Euare e Esigie, o Benin afirmou-se como um grande império.

BENUÊ. Rio da África Ocidental. Nasce na região do Adamaua e penetra em território nigeriano, onde deságua no Níger. Segundo A. Costa e Silva, como indica a glotocronologia, os povos que habitam ao sul, a sudeste e a sudoeste da confluência desses dois rios, como iorubás, edos, nupês, ibos etc., vivem nessa região provavelmente há milhares de anos.

BERBERES. Conjunto de povos de diferentes origens, autodenominados *imaziguenn* — e chamados *líbios* pelos gregos —, habitantes da África Setentrional e falantes de uma língua afro-asiática comum, cujo núcleo é localizado por Martin Bernal (ver bibliografia) na região da Núbia. As tribos berberes compreendem hoje os tuaregues, os cabilas do Marrocos e da Argélia, bem como os habitantes da ilha de Djerba, no sul da Tunísia. Vivendo no norte da África desde, pelo menos, 3000 a.C., na Antiguidade eram principalmente nômades, mas alguns de seus grupos sedentarizaram-se nas savanas do oeste africano e no norte do continente, principalmente entre 900 e 800 a.C., tornando-se especialmente comerciantes. Os do norte relacionaram-se com povos do litoral, desenvolvendo um comércio regular de caravanas e, já no século V a.C., integravam-se paulatinamente na dinâmica do mundo mediterrâneo, por intermédio de Cartago. Através das rotas assim estabelecidas, fizeram circular o ouro, o marfim, o sal e outras riquezas. Como acentua Davidson, os elos comerciais forjados pelos berberes foram de grande valia para muitos outros povos, não só da África como também europeus e asiáticos. Foram eles, por exemplo, que estimularam o crescimento de Cartago, que foi durante muito tempo o mercado mais rico da costa ocidental do Mediterrâneo. Ibn Khaldoun e outros viajantes e historiadores árabes, citados por Boulnois e Hama, afirmaram que berberes dos grupos Lemta e Houara vagavam nômades, muito antes da Hégira, até os confins da África Profunda; e que indivíduos desses grupos contavam-se entre aqueles que, "cobertos com véus", desde tempos imemoriais percorriam as regiões entre o deserto do Saara e a África Tropical. Após a chegada do Islã ao norte da África, já no século VII d.C., muitos grupos berberes, recusando ser confundidos com árabes, adotaram o cristianismo, por meio da corrente donatista, seita local surgida no século IV. *Ver* JUGURTA; LÍBIA; LÍBIOS; NUMÍDIA; ROTAS DE COMÉRCIO.

BERBERIA. Antiga denominação da região setentrional africana, a oeste da Líbia.

BERBERO-LÍBIO. Denominação usada por López-Davalillo para qualificar o grupo populacional surgido no norte da África, como consequência da dessecação da região do Saara, entre 2000 e 1800 a.C. *Ver* BERBERES; LÍBIOS.

BIAS. Um dos "sete sábios da Grécia" (c. 570 a.C.). Segundo Obenga, mantinha correspondência com o faraó Amósis ou Ahmés (c. 569-526 a.C.).

BIGO. Reino florescido no território da atual Uganda no século VI d.C.

BIRIMI. Sítio arqueológico na atual República de Gana, associado à cultura de Quintampo.

BLAMENN. Povo de aparência negra e suposta origem africana presente, segundo D. Luke, na Antiguidade da Europa setentrional. *Ver* BLÊMIOS.

BLÊMIOS. Povo da Antiguidade africana, tido como ancestral dos atuais bejas. Inicialmente nômades, vivendo entre o mar Vermelho e os rios Nilo e Atbara, depois de adotarem vida sedentária, habitaram as cidades de Calabchê ou Talmis; Preminis ou Ibrim; Addeh ou Adua; Faras ou Pachoras; Gamai; Fiska; Saï e Uauí. **Blêmios e romanos** — Após a capitulação de Meroe diante dos romanos (c. 23 a.C.) e do advento do cristianismo, toda a região da Núbia foi palco da luta entre cristãos e povos nativos, bem como objeto da constante ameaça de outros povos, principalmente os nômades do deserto. Com a disseminação do uso do camelo como meio de transporte, no primeiro século da Era Cristã, as caravanas de Meroe puderam chegar ao mar Vermelho, a Axum e ao interior do continente. Mas essas mesmas rotas possibilitaram a chegada, ao coração de Meroe, desses belicosos povos nômades, os quais, no século III, já ocupavam boa parte do decadente império meroítico. Durante o reinado do imperador romano Décio (249-251 d.C.), os blêmios atacam a fronteira do Egito. O imperador seguinte, Treboniano Gallo, recebe um embaixador do rei cuxita Tequerideamani para estabelecer uma possível aliança contra os invasores. Entre 260 e 297, embora vassalos dos reis cuxitas de Meroe, os blêmios, desrespeitando alianças e tratados, fazem várias investidas contra os domínios romanos, invadindo o Egito, a Tebaida e outras regiões. A questão só é resolvida sob o imperador Deocleciano (284-305), que cria um Estado-tampão, instalando os nobatas nas terras setentrionais núbias, ao longo do Nilo, entre o Egito e o território dos blêmios, no centro da Núbia. **Blêmios e cristãos** — Fiéis aos seus deuses, notadamente Ísis, no século V os blêmios aliaram-se aos nobatas, assediando e saqueando os mosteiros cristãos, contando com o apoio dos egípcios fiéis aos deuses de seu passado. Até que, em 453, o general romano Maximiano impõe capitulação a blêmios e nobatas. Morto esse general, os nobatas reiniciam suas hostilidades. Entretanto, não podendo vencer pelas armas, o cristianismo vence pelas ideias, quando, em 543, sob o imperador Justiniano, o rei dos nobatas converte-se à fé cristã. Os blêmios, entretanto, resistem, até serem derrotados por Silco, rei dos nobatas, em 548. **Povo aguerrido** – Blêmios e nobatas são referidos por Brissaud como "raça de mestiços, aparentada com os meroíticos, possuindo uma grande herança negroide". Na guerra, usavam lanças, gládios, machados, arcos e flechas, além de armaduras e escudos de couro. Seus soberanos usavam as coroas e os emblemas reais de Meroe. Citados até mesmo na *História Natural* do romano Plínio, constituíram sempre uma ameaça tanto para os egípcios quanto para os reinos de Meroe e Axum. Tidos como "simples beduínos do deserto", não obstante forçaram o general romano Maximiano a um tratado de paz assinado em 453 a.C. Foram repetidamente descritos como "bárbaros", porque se opuseram tenazmente às tentativas de cristianização. O nome "blêmio" é consignado em Saraiva (2000), como "*blemyi, orum*, povo da Etiópia".

BOCO I (BOCCHUS). Rei da Mauritânia entre 118 e 81 a.C. Aliado de Jugurta, rei da Numídia. Embora fosse genro desse rei, mais tarde o abandonou nas mãos dos romanos, por conta de um tratado de amizade.

BOCORIS (BOCCHORIS) ou **BAQUENRENEF.** Faraó da XIV dinastia saíta. Filho de Tefnacte. Sucedeu-o no trono do Delta quando de sua morte. Foi morto por Xabaca em c. 712.

BORGU. Região planáltica nos territórios dos modernos Benin e Nigéria. Núcleo do povo Bariba, sediou um importante reino. No século XV d.C., a dinastia iorubana governante de Oió aí se exilou, para retomar o poder, fortalecida, algum tempo depois.

BORIBORI IMFANTSI. *Ver* FANTI.

BORNU. Antigo reino situado a oeste e ao sul do lago Chade. Seu território foi local estratégico na instalação dos povos que, na Antiguidade remota, emigraram para a África Ocidental a partir do leste e através do Egito; mas seu nascimento remontaria a 750 ou 800 d.C., cerca de 300 anos antes de suas elites dirigentes abraçarem o Islã, trazido através das rotas de caravanas do Saara. À época de seu apogeu, o reino, chamado Canem-Bornu, estendia-se do Nilo até o Níger. *Ver* CHADE.

BOSQUÍMANOS. Conjunto de povos hoje localizados no deserto do Calaari, no sudoeste africano, e por muitos considerados, com os pigmeus, os mais antigos habitantes do continente. Também chamados San e aparentados aos khoi-khoi (daí a denominação Khoi-san, aplicada a ambos indistintamente), constituíram o principal grupo populacional da África Austral antes da chegada dos bantos. Originalmente estabelecidos na região de planalto da África Oriental, por volta do início da Era Cristã foram empurrados em direção ao sul do continente. No século XVI foram deslocados seguidamente ante a pressão de hotentotes, bantos e europeus para as terras desérticas de sua atual localização. *Ver* SAN.

BRITÂNICAS, (Africanos nas) Ilhas. *Ver* ROTAS DE COMÉRCIO.

BUBASTIS. Cidade egípcia localizada no delta do Nilo. A XXII dinastia de faraós egípcios foi chamada "bubastita", por ter sua capital nessa cidade.

BUCAMA. Localidade histórica na região de Catanga, na atual República Democrática do Congo. Segundo D.W. Phillipson, citado por Obenga (1985), a povoação local iniciou-se com a chegada, entre os séculos VII e VIII d.C., de povos falantes de idiomas bantos provenientes do leste do continente. *Ver* QUITARA.

BUGANDA. Estado florescido na atual Uganda no mesmo contexto do Bunioro. Nasceu e se desenvolveu a partir da incorporação de pequenas unidades políticas, entre os séculos XIII e XV d.C. Segundo a tradição, o iniciador desse processo foi o herói Quintu, reconhecido como primeiro *kabaka* (rei) e grande ancestral do povo Ganda. Depois de Quintu, a autoridade dos *kabakas* era limitada pelo poder dos clãs. Como hipótese de pesquisa, compare-se o título *kabaka* ao nome Xabaca, do soberano cuxita; bem como o nome Xabataca, de outro rei de Cuxe, com o título *ssaabataka*, que designava o chefe dos cabeças de linhagem no Buganda. Tais semelhanças podem, talvez, assinalar uma linha de continuidade, de cerca de 2 mil anos, entre Cuxe e Buganda.

BUNIORO. Império fundado no século XIV d.C. nas terras do sul e do oeste da atual Uganda. Segundo alguns autores, foi o sucessor do legendário império de Quitara, pelo que é também mencionado como "Bunioro-Quitara". Sua maior extensão e sua mais perfeita organização foram alcançadas durante os reinados de Isaza Niaquicooto, último soberano da dinastia Abatembuzi, e Ndaura Quiarubinda, primeiro rei da dinastia Abcvezi, entre 1300 e 1500. Por essa época, diz-se que o império transpôs as fronteiras da moderna Uganda, estendendo seu poder à Etiópia e a partes dos atuais Congo, Quênia e Tanzânia.

BURUNDI. *Ver* RUANDA.

BUTO. Cidade no extremo norte do Egito, chamada pelos locais de Kom El-Fara'in. Foi o centro do culto da deusa Bastet, adorada desde a segunda dinastia faraônica e representada como uma leoa feroz.

CABA (KHABA). Penúltimo faraó egípcio da III dinastia, época menfita.

CABACA. Título do soberano do reino de Buganda, na região dos Grandes Lagos, florescido já no século XVII. O termo parece remeter a Xabaca, nome de um dos reis cuxitas, tornado faraó no Egito.

CACAOURE SENUASRYI. Outro nome (ou transcrição do nome) de Sesóstris III.

CACHTA. Rei de Cuxe e faraó do Egito, também chamado Nimaatre. Soberano em Napata, em c. 770 a.C. chega a Tebas e toma o trono faraônico, iniciando a XXV dinastia egípcia. Antes, num hábil jogo político, convencera a filha do faraó Osorcon III, sacerdotisa "divina adoradora de Amon", a adotar sua filha Amenirdis, preparando-a para sucedê-la, o que ocorre no reinado de Piye, quando a princesa passa a desfrutar do status de rainha e deusa viva (*ver* DIVINAS ADORADORAS). *Ver* CUXE; EGITO.

CACONDA. Herói mencionado como civilizador do povo Ovimbundo. Provavelmente é o mesmo Feti. Em bundo, cf. Alves, o elemento *konda* está ligado à ideia de "fundamento, causa", da mesma forma que *feti* significa "princípio, começo".

CACONGO (KAKONGO). Antigo reino africano formado nas atuais Repúblicas do Congo e de Angola (enclave de Cabinda) antes do século XV d.C. Na atualidade, o nome Cacongo designa um clã e uma povoação do povo Bacongo ou Muxicongo.

CAGEMNI. Sábio egípcio (c. 2300 a.C.). Foi juiz, filósofo e sacerdote. Serviu à administração do faraó Snefru e, provavelmente, à de Huni também. Considerado por alguns o primeiro mestre de ética. Pregou a bondade acima das vantagens pessoais, a compaixão e o respeito por todas as criaturas.

CAIAN. Soberano do Egito durante a XV ou XVI dinastia, período hicso. *Ver* HICSOS.

CALABCHA, Templo de. Monumento arquitetônico núbio, localizado na margem esquerda do Nilo, a cerca de 60 km ao sul da atual Assuã. Dedicado ao deus Mandulis, equivalente núbio do egípcio Hórus, tinha 120 m de comprimento por 70 m de largura, sendo comparável, em dimensões, a uma catedral gótica.

CALAMBO. Sítio arqueológico situado na Zâmbia. Segundo Phillipson, citado por Obenga (1985), a povoação local começou a se estabelecer com a chegada, em c. 300 d.C., de povos bantos vindos do leste do continente.

CALEB. Soberano do império de Axum, no século VI d.C. Conquistou parte da Arábia meridional e mais tarde tornou-se monge. Fundador de uma dinastia, seu período de governo é mencionado em um rol de governantes provavelmente extraído do *Kebra Nagast*, como transcorrido de 501 a 531 d.C. *Ver* ETIÓPIA.

CALENDÁRIO. Um calendário é, em essência, um sistema elaborado por indivíduos humanos para contar, de forma racional, o desenrolar e a passagem do tempo, o que sempre é feito de acordo com os principais fenômenos astronômicos, como a rotação da Terra, percebida por meio das posições do Sol e das fases da Lua. Várias culturas adotam calendários específicos, como é o caso do calendário gregoriano atualmente em vigor no mundo ocidental e datado de 1582, quando substituiu o calendário juliano, criado em Roma à época do imperador Júlio César, bem como do israelita, do muçulmano etc. Na tradição africana, a medida e a contagem do tempo combinam aspectos astronômicos e climáticos com aspectos sociais, segundo os sistemas religiosos ou político-religiosos vigentes nas diversas sociedades. A Lua e as estações do ano são as referências mais usadas; entretanto, outros fatores interferem sobretudo nas savanas secas, onde o céu é quase sempre claro.

Aí, algumas constelações e estrelas específicas servem como elementos fundamentais na contagem do tempo. O povo Dogon, do Mali, os povos pastores do nordeste africano e também os bosquímanos do deserto do Calaari, no sul do continente, são conhecidos por suas formas específicas de contar o tempo com base na observação dos astros no céu. Na Antiguidade africana, segundo Nascimento (1996, vol. I, p. 13), a astronomia egípcia era tão avançada que "desde 4240 anos antes de Cristo" desenvolveu um calendário mais aperfeiçoado que os posteriores, calendário esse em que o ano foi dividido em 365 dias, com 12 meses de 30 dias e mais 5 dias intercalados. E isso muitos séculos antes da criação do calendário gregoriano, em vigor no mundo ocidental. *Ver* ASTRONOMIA AFRICANA.

CAM. Ancestral bíblico, também chamado Cão. Filho de Noé, é tido, segundo a Bíblia, como o pai do povo negro. Os povos da Arábia, de Canaã, do Egito e da Etiópia são, segundo Boyer, em grande parte os descendentes de Cam, o qual, segundo a tradição do Gênesis, foi pai de Cuxe, Mesraim ou Egito; Fut ou Líbia; e Canaã. Os filhos de Cuxe foram Saba ou Sebá; Hévila ou Havilá; Sabata ou Sabtá; Raamá ou Regma; e Sabataca ou Sabteca. Os de Raamá foram Sabá e Dedã. Todos esses nomes designaram, na Antiguidade, regiões da África Oriental e da Arábia, o que poderia indicar, em termos históricos, a existência real desses personagens e seu papel de heróis fundadores. Segundo a mitologia hebraica, Cam foi amaldiçoado e condenado a ser escravo, por ter visto o corpo nu do pai, que dormia embriagado. Essa passagem bíblica serviu, durante anos, como justificativa para a escravização dos negros, tidos como portadores da "maldição de Cam". Entretanto, segundo modernas interpretações, a associação de Cam ao povo negro é uma falácia histórica, usada apenas como justificativa teológica para a escravização e a inferiorização dos africanos.

CAMARÕES. O território da atual República dos Camarões é o centro da dispersão dos povos bantos, principalmente na região dos montes Adamaua, entre os anos 1000 e 400 a.C., segundo Obenga. Por essa época, ao mesmo tempo em que a região viu surgirem, entre 900 e 800 a.c., as primeiras populações sedentárias, contingentes populacionais começaram a se deslocar, em vagas sucessivas, nas direções leste e sul do continente, difundindo a cultura de novas espécies vegetais e a metalurgia do ferro. Os grupos remanescentes desenvolveram, nas áreas de florestas do sul, comunidades importantes, como as dos dualas e fangues; e, nas savanas e nos planaltos do norte, criaram dinastias como as dos bamendas, bamuns e bamilequês. Segundo algumas correntes, a faixa litorânea do atual Camarões teria sido a primeira região africana visitada por navegantes estrangeiros. O célebre relatório atribuído a Hanon, navegante cartaginês do século VI a.C., refere-se a uma "montanha muito alta", de onde se propagava "o ruído das chamas". Essa montanha, que ele denominou "carruagem dos deuses", poderia bem ser, como propõe Jean Imbert, o atual monte Camarões, cuja atividade vulcânica ainda se manifesta, em intervalos cada vez mais espaçados. Discute-se ainda se o testemunho de Hanon dataria mesmo da Antiguidade ou teria sido fruto de elaboração posterior. *Ver* BANTOS.

CAMBISES II. Rei persa, dominou o Egito entre c. 525 e 522 a.C. Após a conquista do Alto Egito, Cambises decidiu penetrar na Núbia, para tanto convocando os assim chamados "ictiófagos" de Elefantina, falantes do idioma de Cuxe, a fim de, a pretexto de missão de paz, espionar os cuxitas – o que foi prontamente entendido pelo rei de Cuxe, provavelmente Amani-nataqui-lebte, que o desafiou. Irritado com o desafio e não conseguindo vencer os cuxitas, Cambises voltou sua fúria para o Egito, partindo desavoradamente para a guerra contra Mênfis, incendiando oráculos e escravizando sacerdotes. Mas seus exércitos foram dizimados pela fome, a História relatando inclusive casos de canibalismo entre os soldados. Após essa derrota fragorosa, Cambises terminou seus dias na Síria, louco, em 522 a.C. *Ver* ÁPIS.

CAMELO. Mamífero artiodáctilo ruminante da família dos Camelídeos, a qual compreende duas espécies: *Camelus dromedarius* e *Camelus* *bactrianus*, com duas corcovas. Foi introduzido na África, através do Egito, pelos assírios, no século VII a.C. Sua utilização como meio de transporte, em substituição aos muares, disseminou-se rapidamente pelo vale do Nilo, principalmente nas regiões desérticas. Com a completa popularização desse uso, no limiar da Era Cristã, as rotas de comércio africanas multiplicaram-se consideravelmente, da mesma forma que se incrementaram as incursões bélicas por parte dos povos do deserto. Para as populações nômades, o camelo, além de transporte, fornecia, com sua pele, a vestimenta e a cobertura das tendas; e, com sua carne e seu leite, o alimento e o remédio: as propriedades medicinais de sua gordura são conhecidas e sua urina é comumente empregada como desinfetante e estancadora de hemorragias. *Ver* ROTAS DE COMÉRCIO.

CAMÉS (KHAMÉS) ou KAMÓSIS. Faraó do Egito, provavelmente o último da XVII dinastia, intitulado Wadjekheperre.

CAMITAS. Conjunto de povos tidos como "filhos de Cam" e originário do nordeste da África, de onde teria se espalhado pelo leste e pelo interior do continente. São supostamente divididos em dois grupos, um correspondendo aos berberes, fulânis, hauçás etc., e outro englobando egípcios, etíopes, galas, somalis, tutsis etc. A etnografia convencional os distingue dos povos ditos "negroides", por certas características físicas, como cor "moreno-clara" e "nariz bem formado". Mas esse tipo de distinção carece de fundamento, como podemos observar com muitos indivíduos fulânis, hauçás e tutsis, de aparência similar à dos indivíduos habitualmente percebidos como de fato "negros". *Ver* CAM; AFRO-ASIÁTICA; MESTIÇAGEM.

CANAÃ. Na Antiguidade, região do litoral mediterrâneo, no atual Estado de Israel. Durante o Antigo Império foi por longo tempo ocupada pelo Egito faraônico, o que se traduziu em profundos reflexos na vida e na cultura judaica, com influência no judaísmo e, por extensão, no cristianismo e no islamismo. Vejam-se, como exemplo, os fortes laços de personagens bíblicos como Abraão, Aarão,

José, Moisés, Jeremias, Josué, Baruc etc., além de Jesus, com o Egito dos faraós.

CANDA. Na tradição dos povos congos, agrupamento de pessoas aparentadas entre si e possuindo um território comum. O mesmo que clã. Cada um desses grupos era dono das florestas, dos rios, das fontes de água, das pastagens e dos terrenos lavrados em seu território; não o sendo, entretanto, dos instrumentos e ferramentas de trabalho, que eram de propriedade individual.

CANDACE. Título, derivado da palavra meroítica *ktke* ou *kdke*, significando "rainha-mãe", através do grego *kentakes*, atribuído a algumas rainhas cuxitas, como Amanitare, Amani-xaquete e Xanacdaquete, que foram efetivamente governantes em Meroe. Observe-se que Navidemak e Malequereabar são também mencionadas como candaces em alguns textos, o que é negado na relação de nomes cuxitas masculinos e femininos em www.geocities.com/mariamnephilemon. As mais antigas referências a essas rainhas datam da época de Alexandre, cujo avanço sobre a Núbia os exércitos da guerreira referida como "a rainha negra Candace" (provavelmente, Nikaula Candaque pela tradição etíope) conseguiram deter. Segundo algumas versões, ao ver essas tropas perigosa e decididamente formadas em posição de enfrentamento, Alexandre teria preferido bater em retirada rumo ao Egito, que efetivamente conquistou. **Antecedentes** – Taharca, filho de Piye, tinha passado 18 anos no Egito, ao lado de seu tio Xabataca. Quando foi coroado faraó, fez levarem a Mênfis sua mãe, Abale. Por sua vez, sua filha Ieturou teve seu nome perpetuado no templo do Djebel Barcal, erigido por Atlanarsa, honraria igualmente conferida a Nasalsa, mulher de Sencamanisquen e mãe de Anlamani e Aspelta, que teve seu nome gravado numa estela descoberta em Cava. Nasalsa teve participação destacada tanto na coroação de seus filhos quanto na indicação de um profeta de Amon. Essa onipresença das mulheres da corte, registrada em documentos oficiais, estava obviamente ligada a seu papel político. Em Cuxe, antes do advento das candaces, embora os governantes fossem homens, a filiação materna era que de-

terminava a sucessão, a qual ocorria de irmão para irmão ou de tio para sobrinho. Morto um rei, o colégio eleitoral devia escolher o sucessor entre seus irmãos maternos. Quando não os havia, ele era escolhido entre um dos filhos dos irmãos do falecido que já tivessem reinado. Assim, Alara e Cachta foram irmãos; Piye era sobrinho de Cachta e provavelmente filho de Alara ou de outro irmão falecido desse soberano. Taharca sucedeu em Mênfis a seu tio Xabataca e foi sucedido por seu sobrinho Tanutamon. Atlanarsa era sobrinho de Tanutamon e filho de Taharca. Entretanto, com Sencamanisquen e Anlamani, a regra da sucessão pela linha materna foi quebrada, já que o primeiro era pai do segundo, seu sucessor. Por isso, Xanacdaquete (c. 170-150 a.C.) impôs-se como soberana, fazendo triunfar toda uma estrutura matriarcal.
O poder feminino em Cuxe — As candaces, que reinaram, não na qualidade de esposas ou mães, mas por direito próprio, com todos os poderes de administração civil e militar, consolidaram o matriarcado, tradição ainda presente em boa parte das culturas africanas, nas quais as mulheres, principalmente na condição de sacerdotisas, desempenham papel político importante. Em Cuxe, a presença de mulheres no clero de Amon as tinha familiarizado com os fundamentos e mistérios do culto e com a base político-ideológica do Estado cuxita. O caráter federativo e o frequente deslocamento da capital enfraqueciam o aparelho estatal e o obrigavam a adaptar-se, acomodar-se e integrar-se às contingências de cada local. Quando a capital fixou-se nas terras longínquas do sul, estavam reunidas as condições para o triunfo do matriarcado e a ascensão das rainhas-mães ao poder supremo. Era o coroamento de um longo processo e a afirmação de uma tendência antiga. Observe-se que as representações icônicas das candaces as mostram em geral gordas. Essas e outras representações, mais do que uma expressão da realidade, revestem-se de um conteúdo simbólico, o volume corporal figurando, aí, como indicativo de forte poder político. Finalmente, veja-se que, após Amani-xaquete, reinou um soberano, Netacamani, mas em corregência com a mulher, Amanitare. *Ver* CUXE.

CARAGÚE (KARAGWE). Reino florescido na região dos Grande Lagos, entre os séculos XIII e XIV d.C. Localizava-se a oeste do lago Vitória, no extremo noroeste da atual Tanzânia, fronteira com Uganda.

CARBONO 14. Isótopo radioativo do carbono de número de massa 14, que se origina na atmosfera. Dá nome a um método científico modernamente utilizado para determinar a idade de achados arqueológicos.

CARCAMANI. Rei de Cuxe em Meroe, c. 519-510 a.C.

CARNAC (KARNAK). Centro cerimonial em Tebas, capital do Novo Império egípcio, onde anualmente, após a cheia do Nilo, realizava-se a alegre comemoração do Opet, durante a qual o faraó cumpria obrigações rituais no templo de Amon.

CARTAGO. Cidade no norte da atual Tunísia. Segundo a tradição, Cartago constituiu-se como núcleo colonial a partir de uma heroína conhecida como Dido, que, fugindo da tirania do rei fenício Pigmalião, liderou o estabelecimento de seu povo no local. Do século VIII ao II a.C. foi a grande capital africana do povo fenício. A cidade foi fundada por volta de 800 a.C., como um entreposto fenício e base de apoio para a navegação mediterrânea e, por sua posição estratégica, tornou-se um importante centro comercial e cultural. Estendendo seu controle sobre os berberes do interior, os cartagineses desenvolveram núcleos agrícolas no vale do rio Medjerda e dominaram o comércio no Mediterrâneo, além de estabelecerem núcleos coloniais nas atuais Sicília, Sardenha, Córsega, Baleares e na Península Ibérica. Isso motivou disputas de poder primeiro com os gregos, vencidos no século V a.C., na Sicília, depois com os romanos, com os quais Cartago envolveu-se no século III a.C., nas chamadas Guerras Púnicas. Morto o líder Aníbal e após atacar o reino da Numídia, então sob o domínio de Roma, Cartago foi destruída em 146 a.C., e os cartagineses passaram a ser súditos do Império Romano. *Ver* PÚNICAS, Guerras.

CARTUM (KHARTUM). Cidade do atual Sudão, na confluência do Nilo Azul com o Nilo Branco.

CASAMENTO REAL ENTRE IRMÃOS. *Ver* INCESTO REAL.

CASEQUEMUI. Faraó egípcio da II dinastia, sucessor de Peribsen. É também mencionado como Hetepsequemvy e Reneb. Ao contrário de seu antecessor, utilizou como símbolos os animais totens de Hórus e Seth, o que parece evidenciar uma tentativa de unificação do poder faraônico sob seu reinado.

CASHTA HANYON. Soberano etíope (c. 758-745 a.C.) da dinastia de Meneliq, conforme mencionado em listagem provavelmente extraída do *Kebra Nagast* (cf. www. rastafarionline.com.) *Ver* CACHTA.

CASTAS. Camadas em que se organizavam algumas sociedades antigas, inclusive na África, com estratificação rígida, em atenção a circunstâncias de nascimento ou de ofício. Como todos os grupos humanos, desde a Antiguidade os africanos sentiram necessidade de organizar suas sociedades hierarquicamente. E, em alguns casos, o fizeram por meio do sistema de castas, embora, ao que conste, em nenhuma delas essa distinção expressasse rígidos antagonismos, como aqueles celebrizados no exemplo indiano, em que uma divisão de certa forma odiosa sobreviveu oficialmente até o século XX da Era Cristã. Na África, um significativo exemplo da divisão da sociedades em castas, cuja origem remonta ao século IV d.C., no antigo Gana, é o reinante entre os povos mandingas, localizados no oeste do continente. Entre os vários grupos que compõem esse conglomerado humano distinguem-se: a casta dos nobres, que compreende os chefes políticos, os chefes religiosos, os comandantes militares e os administradores da justiça; a casta dos artesãos, griôs (poetas, cantores e principalmente genealogistas) e músicos, e a casta dos cativos, aí incluídos aqueles nascidos na família e os prisioneiros de guerra. Entre os artesãos, desfrutam estatuto especial os ferreiros, como em várias outras sociedades africanas. Depois deles, situam-se, aparentemente sem distinção hierárquica, os artesãos em madeira, os tecelões e os que trabalham o couro. Entre os griôs, a distinção se dá de etnia para etnia, e isso, evidentemente, ocorre em razão da história oral de cada povo, a qual, por suas peculiaridades, distingue cada griô com um repertório diferente. Entre os tuaregues, povo do deserto, o sistema de castas, remontando à Antiguidade, subsistia, até o século XX, de maneira bem marcada, com a organização social comportando apenas três classes: a dos nobres, a dos vassalos e a dos escravos e artesãos (conforme N'Diayé, 1970).

CATANGA. Região na atual República Democrática do Congo, modernamente denominada Shaba. Segundo David W. Phillipson, citado por Obenga (1985), a povoação de sua porção oriental começou a se dar com a chegada, entre c. 400 e 500 d.C., de povos falantes de idiomas bantos, provenientes do leste do continente, tendo outras correntes migratórias atingido a região, respectivamente, entre 500 e 1000 e entre 1000 e 1100 d.C. Por volta do século XIV, teria aí florescido um poderoso Estado, comumente referido como "império luba de Catanga". Quanto à parte meridional, teria sido, até c. 1500, habitada apenas por pigmeus, empurrados para as terras altas com a chegada de migrantes bantos. A partir daí, movimentos migratórios entre os rios Lufira e Luapula deram início a novos assentamentos populacionais na região. *Ver* CONGO, Rio.

CATARATAS, Reinos das. Expressão sob a qual se reúnem os reinos núbios de Nobácia, Dongola e Alodia, intermediários comerciais entre o Mediterrâneo e os fornecedores da África Equatorial.

CAVALO. Símbolo de poder, principalmente militar, o cavalo doméstico foi introduzido na África, através do Egito, pelos hicsos no século XVIII a.C. À época de Salomão (século X a.C.), entretanto, os egípcios compravam cavalos dos israelitas, que os iam buscar na Cilícia.

CAVIRONDO. Sítio arqueológico no Quênia, datado de 300 d.C.

CEBOLAS DO EGITO. Expressão usada como símbolo de fartura e bem-estar. "*Voltar às cebolas do Egito* é voltar aos bons tempos", explica R. Magalhães Júnior no seu *Dicionário brasileiro de provérbios, locuções e ditos curiosos* (p. 69). Tem origem no livro bíblico *Números*, 11.4-6, em que se lê, numa lamentação de israelitas do deserto: "Quem nos dera comer carne! Estamos lembrados dos peixes que comíamos de graça no Egito, dos pepinos, melancias, porros, cebolas e alhos! Agora estamos definhando à míngua de tudo. Não vemos outra coisa senão maná" [semente vegetal moída e feita pó]. Segundo o citado Magalhães Júnior, a expressão, muito usada no século XIX, a ponto de ter intitulado uma peça teatral de grande sucesso, teria sido deturpada ao longo dos tempos. Durante o êxodo, os judeus, famintos, se teriam voltado contra Moisés, afirmando que seria preferível que tivessem permanecido cativos no Egito, onde pelo menos estariam sentados junto às olhas (termo arcaico, o mesmo que "panelas", correspondente ao espanhol *olla*) das carnes comendo pão. De qualquer modo, a expressão demonstra a abundância reinante entre os egípcios, no tempo mencionado, em relação a alguns povos vizinhos.

CENOTÁFIO. Túmulo simbólico; monumento tumular em memória de um morto ilustre que não se encontra nele sepultado. Construções dessa natureza foram bastante comuns na Antiguidade núbia e na egípcia.

CEUTA. *Ver* ABILA.

CHADE (Lago). Localizado 250 m acima do nível do mar, na atual tripla fronteira de Chade, Camarões e Nigéria, o lago Chade, com mais de 16 mil metros quadrados de superfície, é formado principalmente pelos rios Chari e Logone. A região do Sael, da qual a atual República do Chade faz parte, foi habitada desde tempos muito antigos, como comprova a permanência, nas partes altas da região, de uma tradição paralela à dos textos bíblicos; e em várias tumbas descobertas na região das montanhas Tibesti, no norte do país, encontraram-se, segundo a *Enciclopédia do Mundo Contemporâneo*, artefatos que datam de 4900 a.C. O sentido e a origem das grandes migrações que se verificaram na África Central desde épocas remotas são conhecidos e é evidente, salvo raras exceções, que os movimentos importantes que afetaram o planalto chadiano correspondem a um deslocamento geral dos povos em direção ao oeste. Mas é difícil enumerar com certeza as migrações menos amplas de grupos humanos secundários, bem como conhecer suas direções. Provável é que, antes de achar uma terra propícia onde se estabelecer, os antigos habitantes da região, ancestrais do atual povo Cotoco, tenham levado vida nômade durante um longo período. A região do Chade, desde tempos remotos, esteve ligada ao vale do Nilo por rotas de caravanas. *Ver* CHARI; NILO--SAARIANO; SAO.

CHAMPOLLION. Sobrenome comum a dois egiptólogos franceses, irmãos. O primeiro, Jacques (1778-1867), ficou conhecido como Champollion--Figeac, em alusão à cidade de seu nascimento. O segundo, Jean-François (1790-1832), celebrizou-se pela pesquisa que forneceu a base para o deciframento dos hieróglifos do antigo Egito. Segundo Obenga (1973), Jean-François Champollion foi pioneiro no reconhecimento da anterioridade da cultura egípcia sobre a grega, bem como da unidade cultural existente entre a antiga Núbia e o Egito faraônico.

CHARI. Rio africano, com cerca de 1.200 km. Nasce na atual República Centro-Africana e deságua no lago Chade por um delta, depois de receber o Logone. Sua existência foi fundamental para o florescimento das antigas civilizações da região. Os nomes *Chari* e *Chade*, de línguas locais, estão provavelmente relacionados ao quicongo *Nzádi*, grande rio, grande lago, imensidão de água, por sinal o nome vernáculo do rio Congo ou Zaire. *Ver* CHADE.

CHIFRE DA ÁFRICA. Denominação, em português do Brasil, da região que compreende, no nordeste africano, os territórios de Somália, Etiópia, Djibuti e Eritreia, certamente em alusão à forma de seu contorno.

CIPIÃO, O AFRICANO. Antonomásia do general romano Publius Cornelius Scipio. Recebeu esse qualificativo em razão de sua campanha militar no continente, com destaque para sua vitória sobre Cartago em 202 a.C.

CIRCUNCISÃO. Ritual religioso de retirada cirúrgica do prepúcio. Entre os egípcios e etíopes, segundo Heródoto, o costume da circuncisão remontava à mais alta Antiguidade, tendo sido esses povos, além dos cólquidos, os primeiros a adotar tal prática. *Ver* CÓLQUIDA.

CIRENAICA. Parte oriental da Líbia, cujo nome deriva de Cirena, ou Cirene, sua principal cidade, provavelmente fundada em 631 a.C. por colonos chegados através do Mediterrâneo e anexada por Roma em 96 a.C.

CIVILIZAÇÕES AFRICANAS. O termo "civilização", em uma de suas acepções, define o estado de desenvolvimento econômico, social e político ideal atingido por uma sociedade. Assim, tanto o Egito quanto outras partes do continente africano viram surgir, em seus respectivos seios, civilizações cuja criação foi quase sempre atribuída à iniciativa de povos indo-europeus ou arianos. Entretanto, no curso do segundo milênio anterior ao advento do cristianismo, momento da chegada desses indo-europeus, ainda no estado de nômades rudes, já havia civilizações na África Profunda, assegura Cheikh Anta Diop. Os antigos povos negro-africanos, etnicamente homogêneos, criaram seus próprios elementos civilizatórios, adaptando-se às condições geográficas favoráveis de seu ambiente natural, notadamente na zona temperada, afirma o sábio senegalês. Desde logo, seus países tornaram-se polos de atração, para onde migraram, em busca de melhores condições de vida, os habitantes das regiões próximas, desfavorecidas e menos avançadas. A mestiçagem gerada por esse contato foi, então, segundo Diop, uma consequência da civilização previamente criada pelos povos locais e não, como sempre se quis demonstrar, a causa dos surtos de desenvolvimento civilizacional ocorridos na Antiguidade negro-africana. Conhece-se com exatidão a história de diferentes invasões estrangeiras, ocorridas no Egito, de povos "brancos", como hicsos, líbios, assírios e persas. Entretanto, nenhum desses povos invasores legou qualquer nova contribuição às artes, ciências, à filosofia ou organização desenvolvidas pelos sábios e pelo povo egípcio, como acentua Diop. Na mesma linha de raciocínio, respondendo à questão da existência ou não de civilizações ao sul do Saara durante a Antiguidade europeia, I.E.A. Yeboah menciona, citando J. D. Graham, antigas rotas de comércio transaarianas, entre Nok e Cartago, cobiçadas pelos primitivos governantes romanos. Embora, acrescenta ele, a grande maioria dos antigos povos africanos não tenha deixado registros tão eloquentes como os do Egito, muitos deles efetivamente constituíram civilizações no verdadeiro sentido do termo. Em livro de 2008, o antropólogo Carlos Moore (ver Bibliografia) relaciona 15 regiões contemporâneas que, na Antiguidade, constituíram núcleos de civilizações africanas, a saber: Núbia-Egito; Uganda-Ruanda-Burundi; Tanzânia-Quênia, Zaire; Zimbábue-Moçambique; Botswana; Madagascar-Comores; Namíbia--Zâmbia; Congo-Angola; Nigéria-Camarões; Gana-Burkina-Costa do Marfim; Senegal-Guiné-Mali; Mauritânia; Marrocos-Tunísia-Argélia; Chade-Líbia. *Ver* ROTAS DE COMÉRCIO.

CLÃ. *Ver* LINHAGEM.

CLEÓBULO. Um dos "sete sábios da Grécia", celebrizado pela habilidade de elaborar enigmas. Segundo Diógenes de Laerte, historiador grego do século III d.C., estudou em templos egípcios. Para alguns, trata-se de personagem semilendário.

CLEÓPATRA. Nome de sete rainhas do Egito durante o período ptolomaico, a partir do século III a.C. Esposas-irmãs de soberanos denominados "Ptolomeu", pertencentes à dinastia macedônica dos Lágidas, a mais célebre delas foi Cleópatra VII. Reinou, segundo o costume egípcio, primeiro como esposa de seu irmão Ptolomeu XIII e, após a morte deste, como esposa de Ptolomeu XIV, seu outro irmão, de 51 a 47 a.C. Por meio de Júlio César, assumiu o poder absoluto e colocou contra Roma, sendo, ao lado de Marco Antônio, derrotada pelo imperador romano Otávio. Segundo Larkin Nascimento, Cleópatra VII não era de origem puramente grega: seu pai, Ptolomeu XII, seria filho ilegítimo de Ptolomeu XI com uma mulher egípcia.

CÓLQUIDA. Antiga região da Ásia, a leste do Ponto Euxino e ao sul do Cáucaso, parte banhada pelo Fásio e onde, segundo a tradição, os argonautas foram procurar o velocino de ouro. Localizava-se em território da atual República da Geórgia, na antiga União Soviética. Segundo Heródoto, os cólquidos eram de origem egípcia, descendentes "de uma parte das tropas de Sesóstris". Eram negros, possuíam cabelos crespos e praticavam a circuncisão, sendo, com egípcios e etíopes, segundo o mesmo Heródoto, os primeiros a adotar essa prática. Eram também os únicos a trabalhar o linho como os egípcios.

CONGO, Rio. Rio da África Equatorial, com 4.640 km de extensão e uma bacia de 3.700.000 km², também chamado Zaire. Sua nascente localiza-se no lago Quizale, na região de Shaba (Catanga), de onde corre, sob a denominação de Lualaba, no sentido noroeste, até o equador. Daí, descreve uma grande curva na direção sudoeste, recebe os afluentes Ubangui e Sanga à direita e Cassai à esquerda, e chega ao Atlântico. A Bacia do Congo é a região, na atual República Democrática do Congo, onde o grande rio recebe esses afluentes. **Formação do Reino do Congo** – O povoamento da bacia do rio Congo e seus arredores, incluindo o antigo Zaire, Angola, Congo, Gabão e Zâmbia, está ligado à longa e sucessiva migração dos bantos a partir dos atuais Chade e Camarões. Entre 300 e 100 a.C., uma dessas levas de migrantes, vinda já do leste do continente, da região dos Grandes Lagos, chega à região. Atravessando o rio e encontrando água, caça e pesca abundantes, os migrantes aí se instalam, fundando o que seria mais tarde Congo-dia-Ntotila, o núcleo do povo Bacongo ou Muxicongo. Segundo Obenga (1988), a formação do reino do Congo ocorreu entre os séculos IX e X d.C., com a assimilação das chefaturas meridionais, dos ambundos, existentes já nos séculos III e IV, e das setentrionais de Cacongo e Ngoio; pela incorporação dos Estados orientais de Mpangu e Mbata, que se desenvolviam desde o século IV, bem como do reino de Sundi, limitado ao norte pelo reino de Macoco, do povo Bateque. Esse movimento expansionista deu origem aos vários subgrupos da etnia Bacongo, correspondentes às 28 variações dialetais listadas por Obenga (1985). No século XV, quando da chegada dos primeiros portugueses, o Muene-e-Congo, rei do Congo, tinha autoridade sobre vários reinos, até os futuros Gabão, para o norte, e Angola, na direção sul. **Nimi-a-Luqueni** – Segundo uma tradição local, provavelmente nas últimas décadas do século XIII, o luba Nimi-a-Luqueni, guerreiro dissidente do império de Catanga, desceu do norte do Maiombe para o curso inferior do rio Congo, celebrou uma aliança com bacongos e bundos da região e fundou a Mbanza-a-Congo, sede do reino, tornando-se o primeiro Muene-e-Congo. *Ver* BAIXO CONGO; BANTOS.

CONGOLO. Herói fundador do povo luba, de etnia songuê. Por volta de 1420, estabeleceu seu reino em Muibele, próximo ao lago Boia. Foi sucedido pelo sobrinho Calala, que o destronou e, no poder, conquistou vários grupos vizinhos. *Ver* LUBA.

CONHECIMENTO CIENTÍFICO. Partindo-se da premissa de que toda ciência tem raízes nas técnicas, nos ofícios e nas artes, chega-se à ideia, defendida por M. K. Asante, de que os africanos antigos estavam entre os primeiros cientistas. E desde que a experimentação é a base de toda ciência, pode-se também concluir que muitos anos de experiências agregaram à África um arcabouço intelectual. A eficácia das técnicas testa-se na prática, por meio da lógica e do bom senso. Desenvolvendo-se a teoria por meio da elaboração, tem-se então o conhecimento completo de como técnica e ciência são similares. Assim, foi na África, onde os seres humanos existem há mais tempo, que a ciência — como acentua Asante — evoluiu na direção de invenções e descobertas como a do alimento, do abrigo, da roupa e da utilização do fogo, aquisições fundamentais da cultura humana. *Ver* GRÉCIA E EGITO.

CONS (KHONS). Denominação de uma divindade celeste dos antigos etíopes. O termo seria transliteração do nome Kush (Cuxe), do herói bíblico filho de Cam. Anta Diop associa seu nome ao vocábulo *khon*, presente em línguas do Senegal, como no uolofe, significando "arco-íris", e no serere, significando "morrer".

COPTA. Indivíduo das coptas, praticante do ramo de cristianismo assim denominado, florescido em parte do Egito e expandido a partes da Etiópia e da Núbia. Sua cultura, estruturada por volta do século III d.C., em torno de uma língua e de uma religião peculiares, representaria uma tentativa de retorno ao fausto dos tempos faraônicos, o qual se manifestou na criação de ricas igrejas, bibliotecas e obras de arte. **Língua e escrita** — A moderna língua copta (do grego *aigiptoi*, "egípcio", nome pelo qual é também conhecida) origina-se do egípcio antigo e compreende nove dialetos. Escrita com caracteres derivados do grego e hoje restrita ao uso litúrgico nas comunidades cristãs do Egito e da Etiópia, foi uma das utilizadas por Champollion na decifração dos hieróglifos, no século XIX. O alfabeto copta gerou uma literatura escrita rica e diversificada, que, entretanto, declinou após a conquista árabe do Egito, em 640 a.C. **Igreja Copta** – Nascida no Egito e desenvolvida separadamente do restante da cristandade, inclusive na Etiópia, a religião copta é definida como um rito cristão monofisista. O monofisismo só admite uma natureza em Jesus Cristo, tendo a divina absorvido a humana. *Ver* ESCRITA.

CORDOFÃO (KORDOFAN). Região a oeste do Nilo Branco e a leste do Darfur, no atual Sudão. Representa uma faixa do grande deserto líbio que se estende, ao sul, até o monte Nuba e os pântanos do Bahar el Gazal.

CRA (KRA). Entre os contemporâneos povos Acã, designação da alma. O vocábulo remete ao *ka* dos antigos egípcios, que tem significado equivalente. *Ver* KA.

CRISTIANISMO. O primeiro núcleo cristão no continente africano foi constituído em Alexandria, por membros da comunidade judaica local. Depois, gregos e egípcios cristianizados estabeleceram suas comunidades. Em 250 era feita a primeira tradução da Bíblia na língua copta, sendo que por volta de 339 já existiam 100 bispos, de Alexandria a Siena. Entre os anos 361 e 363 ocorre uma reação anticristã, à qual, mais tarde, sucede uma violenta contrarreação, quando, em 391, o imperador Teodósio manda fechar os templos e destruir a biblioteca de Alexandria. A partir de 450, o Egito – onde o cristianismo foi introduzido em 61 d.C. por São Marcos, fundador do Patriarcado de Alexandria – entra em longo período de turbulência religiosa, que só vai terminar com a conquista árabe. Na Etiópia, o reino de Axum já é cristão desde o século IV. Na Núbia, numa rápida sequência, convertem-se: em 548, Silco rei dos nobatas; o reino de Macúria, em 550; e, em 580, o reino de Alódia. Segundo Brissaud, "os primeiros reis cristãos nobatas tatuavam em azul a cruz de Cristo sobre a fronte e seu monograma sobre o antebraço". Em seus cetros de ébano, a célebre relha de charrua dos antigos soberanos núbios foi substituída por uma cruz de ouro.

CROCODILÓPOLIS. Antiga cidade no Nilo, a 100 km do atual Cairo. O crocodilo (*Crocodilus niloticus*) era animal sagrado e venerado na Antiguidade egípcia. *Ver* SOBEQ.

CUANDO-CUBANGO. Região de Angola. Habitada principalmente pelos povos Ganguela, Quioco e Cuangar, foi o berço dos antigos Estados de Matamba, Cassanje e Holo, surgidos a partir de vagas migratórias provenientes do Baixo Congo em c. 100 a.C.

CUBA. Reino formado às margens do rio Casai, na atual República Democrática do Congo, antes do século XV d.C. por uma federação de várias comunidades étnicas, lideradas pelo povo Buxongo. Segundo Obenga (1991), vários aspectos ligam esse povo aos antigos egípcios, entre os quais o uso, nas vestes reais, de um tipo de cinturão privativo do soberano; a poliginia também como prerrogativa exclusivamente real; a organização matrilinear da sucessão ao trono; a sacralização do *nyimi*, o soberano, comparável à dos faraós egípcios; e os conhecimentos astronômicos. *Ver* BAIXO CONGO; BANTOS.

CUBANGO. Rio africano, com cerca de 1.700 km. Nasce em Angola, na região de Huambo, no planalto de Bié, serve de fronteira entre Angola e Namíbia e finda seu curso em Botsuana, numa extensa zona pantanosa, conhecida como delta do Ocavango.

CUNANUP. Personagem do Egito faraônico (c. 2040 a.C.). Camponês da região do Vadi Natron, pobre e sem instrução formal, é protagonista de um episódio exemplar, no qual, utilizando princípios da sabedoria quemética do Maat, enfrentou com sucesso, diante de um magistrado, um opositor rico e influente que intentava apossar-se de sua propriedade. O episódio é narrado, segundo M. K. Asante, em um papiro hoje no Museu Britânico.

CUQUIA. Antigo reino do povo Sonrai. Segundo Pedrals, citado por Diop (1979), esse reino já existia na época faraônica.

CURENEFERTEM. Um dos títulos do faraó cuxita Taharca.
CURRU. *Ver* NECRÓPOLES REAIS NÚBIAS.
CUXE (KUSH). Nome que designa o mais importante Estado da África Antiga, depois do Egito. Localizado na região da Núbia, ao sul de Assuã, no Médio Nilo, estendeu suas fronteiras para oeste, a terras que compreendiam as zonas do atual Sudão adjacentes ao mar Vermelho, além de partes dos atuais territórios de Eritreia, Etiópia e Quênia. Mais especificamente, a denominação se aplica à região abaixo de Elefantina, da primeira à quarta catarata do rio Nilo, embora, a partir do Médio Império egípcio, o nome tenha passado a designar toda a Alta Núbia. **O nome** – A denominação "país de Kush" parece ter sido usada primordialmente pelos hebreus, já que os egípcios se referiam ao país e toda a região da Núbia como Ta-Seti, "o país do arco". Para os gregos, o nome "Etiópia" serviu como denominação geral para todo o nordeste africano, daí a dinastia cuxita que governou o Egito no século VIII a.C. ser comumente referida como "dinastia etíope". Nos textos bíblicos, o nome Cuxe (Kuch, Kush, Kus ou Khus, "o pai do povo negro") designa um dos netos do patriarca Noé, filho de Cam; irmão de Mizraim, Fut e Canaã, e pai de Saba, Hevilã ou Havilá, Sabata, Regma e Sabataca e, ainda, de Nimrod, descrito no Gênesis como "o primeiro a se tornar herói neste mundo" (*Bíblia sagrada*, 1986). Alguns modernos pesquisadores sustentam, segundo M. Bernal, que o nome bíblico "Kush" (Cuxe) referente em geral à Núbia e à Etiópia é também usado para designar outras duas regiões e seus povos – midianitas, na Arábia ocidental, e cassus ou cassitas, no leste da Mesopotâmia – que dominaram essa região em meados do segundo milênio a.C. Entretanto, embora pareça ter havido dois povos distintos a usar o nome, em ambos os casos, segundo Bernal, isso parece ter sido feito para nomear povos de pele escura, como o foram os midianitas, habitantes do sudeste de Canaã, muitos dos quais seriam, como os árabes meridionais de hoje, parecidos com os somalis e outros povos do nordeste africano. Note-se ainda que a civilização de Querma, de

que nos ocuparemos a seguir e em verbete específico, pode ser qualificada como "cuxita", já que florescida no ambiente núbio do bíblico "País de Cuxe". **Querma e Napata** – Durante a XII dinastia egípcia, a Baixa Núbia foi conquistada pelo poder faraônico, sendo fortificada até Senna, estabelecendo-se aí as fronteiras que a separavam do território efetivamente governado pelos faraós. A outra parte do território, entretanto, que sediava o reino núbio de Querma, com suas riquezas naturais, principalmente ouro e marfim, e suas pretensões expansionistas, continuou sendo, até sua queda ante as tropas de Tutmés I, na XVIII dinastia, um contraponto ao poder faraônico. Durante o Segundo Período Intermediário, Cuxe se desenvolve, ameaça o Alto Egito, e a corte núbia de Querma acaba por aliar-se aos hicsos contra Tebas. Inclusive, nessa época, em que Cuxe recupera sua independência e expande-se, com a absorção de outros reinos núbios, a ponto de constituir um império a partir da bacia do médio Nilo, muitos escribas egípcios estão a serviço do Estado cuxita. Entretanto, com a expulsão dos hicsos por Amósis e a consequente instalação do Novo Império, inicia-se a retaliação egípcia, que culmina na destruição de Querma e na submissão das outras chefias núbias a Tutmés I. Com Tutmés III, o Estado egípcio atinge o auge de sua expansão imperial. Até sua morte, a Alta Núbia, da terceira à quarta catarata, lhe rendia tributo. Mas nessa região a ideia de independência não parava de fermentar, com os remanescentes de Querma procurando reorganizar-se livremente em outro espaço. E isso se dá após Ramsés XI, quando, durante o período de anarquia conhecido como Terceiro Período Intermediário, o reino de Cuxe não só se faz independente, como também exibe belicosidade e tentativas de expansionismo. Durante esse período, entre 1078 e 945 a.C., uma expedição cuxita chega até a atual Palestina e saqueia Jerusalém. Durante o reinado do faraó Xexonq I, sacerdotes de Amon, certamente núbios, expulsos de Tebas, refugiam-se na cidade de Napata, que passa a ser o centro do seu poder. É nessa época, então, que efetivamente se estrutura a civilização cuxita, a qual, gestada em Querma, projetando-se principalmente a partir de Meroe e perdurando até a Era Cristã, rivalizou com o Egito em riqueza, poder e desenvolvimento cultural. **Os faraós cuxitas** – No século VIII a.C., emerge em Napata, capital cuxita do Estado núbio sucessor de Querma, uma dinastia de cujo seio sairiam, sob inspiração e orientação dos sacerdotes de Amon, os próximos faraós do Egito. O primeiro rei conhecido dessa dinastia é Alara, que assume o poder depois de derrotar um rival e entregar-se ao culto do deus Amon. Em um governo de pelo menos 25 anos, Alara elevou a cidade de Napata à condição de centro religioso de seu reino, quando se manifestava a decadência do poder faraônico e o Egito era sucessivamente governado por dinastias estrangeiras. No Delta, reinava Tefnact em oposição a Osorcon IV, governante de Tebas. É nesse contexto de intensa disputa pelo poder que o príncipe Cachta, soberano cuxita de Napata – membro de uma antiga família núbia, descendente de antigos príncipes de Querma –, orientado pelos sacerdotes de Amon a tomar a coroa do Egito, ruma para Tebas, onde dá início à XXV dinastia. A Cachta opõe-se tenazmente Osorcon IV, que anuncia a reunificação do Baixo Egito. Logo depois, o sobrinho de Cachta, Piye, também orientado pelos sacerdotes de Amon, o sucede em Tebas e se bate contra as tropas fiéis ao clã de Osorcon, tornando-se vencedor em Heracleópolis. É então que se consolida o domínio de Cuxe sobre o Egito, reinando os faraós da XXV dinastia durante cerca de 85 anos, do Delta até Cartum, em terras cuxitas e egípcias. Durante o reinado de Piye, a princesa Amenirdis, filha de Cachta, vai para o delta na condição de esposa do deus Amon em Tebas, gozando do status de rainha e deusa viva até sua morte, quando é sucedida por Xepenupet, filha de Piye (*Ver* DIVINAS ADORADORAS). Após derrotar Osorcon, Piye toma Mênfis e chega a Crocodilópolis, no Delta, tornando-se, então, senhor de todo o Egito. De volta a Napata, manda erigir, no templo de Djebel Barcal, a estela (monumento em coluna) na qual se lê toda a sua saga. Entretanto, mal Piye retorna a Napata, Tefnact se rebela e autoproclama-se faraó, embora tenha apenas o domínio do Baixo Egito. Depois de sua morte, por volta de 710 d.C., é sucedido por seu filho Bocoris ou Baquenrenef, o qual é vencido, torturado e queimado vivo pelas tropas de Piye. A este célebre rei conquistador sucedem Xabaca, Xabataca ou Xebitcu, sobrinho de Piye (em cujo reinado os assírios, sendo Ezequias rei de Judá, tomam Jerusalém); depois sobe ao trono Taharca ou Taraca, filho de Piye e sobrinho de Xabataca, por quem fora criado, em Mênfis. Ao invadirem o Egito, porém, os assírios forçam Taharca a deslocar o centro do poder para Napata. **A era de Napata** – Com a morte de Taharca, em 664 a.C., Tanutamon, sobrinho de Xabataca, é coroado em Napata e em Tebas, sendo, entretanto, derrotado pelos assírios de Assaradon três anos depois. Logo após a conquista de Piye, agora rei de Cuxe e faraó do Egito, a capital do reino é transferida de Querma para Napata. Derrotado pelos assírios, Tanutamon (ou Tanvetamani) volta para Napata e, a partir daí, Cuxe, embora sediando uma dinastia que se queria ainda governante de parte do Egito faraônico, começa a desenvolver-se de forma autônoma, consolidando sua libertação da influência egípcia. O reino estava então dividido em duas regiões principais: ao norte, o país de Toquens, onde despontavam as cidades de Napata, Dongola, Pnubs e Atabará, e, ao sul, o país de Aloa, que ia além de Cartum, até a planície de Sennar. Tanutamon morreu por volta de 655 a.C. Depois dele, reinaram em Napata, ainda reivindicando o título de faraós, Atlanersa, Sencamanisquen, Anlamani e Aspelta. Enquanto isso, em Saís, os príncipes locais aliam-se aos conquistadores assírios e estabelecem seu poder em Assuã, fronteira entre Egito e Cuxe. Por várias décadas essas dinastias (a saíta e a cuxita) ainda disputaram o controle do Egito faraônico. Os saítas, no delta do Nilo, eram considerados usurpadores e traidores, e os cuxitas, em Napata, eram vistos como estrangeiros e intrusos. É nesse contexto que Aspelta assume o trono, sucedendo a seu irmão Anlamani, continuando a usar o título de faraó e a se intitular, numa prática que remontava a Taharca, "rei do Alto e do Baixo

Egito". No segundo ano de seu reinado, Aspelta condenou à morte diversos sacerdotes que cometeram o crime de manipulação do oráculo de Amon, o qual, segundo eles, teria determinado sua deposição e seu sacrifício. Não reconhecendo a autenticidade dessa "ordem divina" e recusando-se a aceitá-la, o rei inverteu a situação, mandando executar os sacerdotes. No ano seguinte, sua mãe e sua irmã propiciaram, em regozijo, grandes oferendas ao deus Amon. Aspelta foi talvez o último rei de Cuxe a planejar ativamente a reconquista do Egito. Seus planos, contudo, parecem ter sido descobertos, o que motivou o ataque das tropas de Psamético II a Napata, em 593 a.C. Os egípcios defrontaram-se com os cuxitas na grande curva do Nilo, fazendo mais de 4 mil prisioneiros. O exército de Psamético, integrado também por mercenários gregos, avançou até o Djebel Barcal, arrasando templos e outros edifícios, inclusive incendiando o palácio real. De volta, Psamético II mandou destruir tudo o que lembrasse os reis cuxitas no Egito, apagando seus nomes das inscrições e substituindo-os pelo seu próprio, o que, entretanto, não conseguiu totalmente. Com sua capital arrasada e incendiada, Aspelta refugiou-se em Meroe, que então se tornou a sede do poder cuxita. Depois dessa destruição de Napata, em 593 a.C., Aspelta reinou ainda por alguns anos, construindo novo palácio e novos monumentos nas cercanias de Meroe. **A civilização meroítica** – Com sua capital em Meroe, ainda mais para o sul, no interior do atual Sudão, os cuxitas começaram a viver uma nova experiência. Então, uma nova civilização, ainda mais brilhante, coerente com sua antecessora, desabrochou. As pastagens às margens do Nilo, próximas à sexta catarata, deram lugar a sólidas construções de alvenaria, com palácios e pirâmides com estilo e dignidade próprios. Fora isso, como salienta Basil Davidson, além de ter sido um importante centro religioso durante o reinado de Aspelta, entre os séculos III e II a.C., Meroe desenvolveu sua própria escrita alfabética. Ainda segundo o autor, seu crescente progresso se deveu a fatores estratégicos: Napata já tinha sido alvo de um ataque das tropas de Psamético II e deveria sofrer outros mais, enquanto Meroe era bem menos vulnerável. Mais ainda: com a dessecação contínua do Saara, o deserto avançava continuamente para o Nilo, as pastagens ao redor de Napata se tornando cada vez menos próprias para alimentação dos rebanhos. Finalmente, uma razão fundamental para a crescente superioridade de Meroe em relação a Napata foi a introdução da metalurgia do ferro. Veja-se aí que a vitória militar dos assírios sobre o Egito se deu principalmente devido ao uso de armas feitas desse metal, num momento em que os povos locais ainda se serviam do bronze e do cobre em seus armamentos. Os cuxitas, então, ao adotarem essa tecnologia, verificaram também que o solo de Meroe, em termos minerais, era muito mais rico que o de Napata. Meroe devia ter também, na avaliação de Davidson, mais árvores e, consequentemente, mais carvão. Assim, nos séculos que se seguiram, a nova capital tornou-se um destacado centro utilizador e difusor da metalurgia do ferro, sendo provavelmente o núcleo de onde essa tecnologia se expandiu para o sul e para o coração do continente africano. Depois de Aspelta, reinaram em Meroe cerca de 17 soberanos, até Amanibaqui. No governo deste, a cidade-Estado de Meroe já se tinha tornado a sede do poderoso império cuxita, dominando toda a Núbia. A conquista do Egito por Alexandre, em aproximadamente 332 a.C., atraiu para o reino de Cuxe e sua capital Meroe a atenção de todo o mundo antigo: cordiais relações diplomáticas foram estabelecidas entre o Egito ptolomaico e o reino, cujas fronteiras chegavam até a primeira catarata. Devido a diversas inovações, a chamada "época meroítica" se reveste de uma importância capital. A partir do período que se estende aproximadamente de 315 a 295 a.C., acentua-se a ruptura com o modelo egípcio. Os traços culturais locais, efetivamente núbio-sudaneses, afirmam sua preponderância, sobretudo no plano religioso. É nesse contexto que ocorre o advento das célebres "candaces", como será visto adiante. **Identidade nacional** – O advento da indústria do ferro em Meroe não foi, segundo Basil Davidson, a única razão da transferência da capital dos cuxitas.

O abandono de Napata também foi motivado, segundo o historiador, pelo anseio coletivo de resgatar os fundamentos da identidade nacional, mais presentes no novo centro do poder. Embora muito do Egito tenha continuado a fazer parte da vida diária dos cuxitas, havia um movimento para manter firmes as crenças e as ideias locais. Começando com o reinado de Nastasen, a civilização meroítica adquiriu traços e características próprios cada vez mais nítidos. Os hieróglifos meroíticos começaram a ser usados, seguidos de um alfabeto e de uma escrita meroíticos; os deuses de Meroe, e suas próprias formas de culto, substituíram os deuses egípcios; estilos novos e originais apareceram na arquitetura, na cerâmica etc. Os poucos traços da cultura egípcia que permaneceram se fizeram notar principalmente no cerimonial da corte e no uso dos hieróglifos nos túmulos reais. No reinado de Arquamani, o carneiro, animal de grande importância para os egípcios, foi suplantado por um deus leão, jamais visto antes, e frequentemente mostrado com três faces e quatro braços. Da mesma forma, os cuxitas elevaram outro animal africano, o elefante, a uma posição de grande importância. Como os cartagineses, os cuxitas usaram o elefante como demonstração de força bélica e como exibição do prestígio real. Muito mais que isso, entretanto, como lembra Davidson, os cuxitas de Meroe desenvolveram amplos empreendimentos e foram grandes comerciantes. Assim, navegaram para o norte até o Egito e mantiveram seus próprios portos no mar Vermelho, via através da qual comerciavam com a Arábia, a Índia e talvez até mesmo a China. Exploradores, subiram o Nilo Branco até as atuais fronteiras de Uganda e levaram sua influência, na direção oeste, até a região do lago Chade. Mantiveram também vínculos com gregos e romanos. No século I a.C., quando os romanos conquistaram o Egito, Cuxe enviou embaixadores a Roma, além de receber dois centuriões enviados por Nero, em busca de adesão política. A Bíblia faz referência à conversão de um eunuco — funcionário de uma das candaces de Meroe — ao cristianismo. **Um Estado teocrático** — À época de Napata, o reino de Cuxe constituiu o que os historiadores denominam uma "teocracia amoniana", isto é, os soberanos eram preparados pelo clero do deus Amon ou Amen no templo do Djebel Barcal. Como exemplo, veja-se que a iniciativa de conquista do Egito pelos cuxitas de Napata foi atribuída a uma decisão de Amon, ou seja, foi encarada como uma missão sagrada, por tratar-se de destituir do poder os líbios, então senhores do Egito – especialmente do Médio e do Baixo Egito, desde 950 a.C. Mesmo depois de Nastasen, quando se acentuou a ruptura com o modelo egípcio, os soberanos ostentavam nomes evocativos da divindade, formados a partir do nome de Amon, como Amenhotep, Amenemat, Thoth-Hotep etc. Observe-se que o clero amoniano era o único a admitir mulheres, como era o caso das Divinas Adoradoras de Tebas e das Tocadoras de Sistro, em Cuxe. Decorreram daí as condições para o surgimento, mais tarde, das soberanas conhecidas como candaces. Segundo Diodoro da Sicília, citado em Brissaud, entre os cuxitas os sacerdotes ocupavam o primeiro lugar no Estado, tendo inclusive o poder de ordenar ao rei que morresse, desde que assim o dissesse o oráculo – numa regra costumeira que subsistiu, no antigo Daomé, até o século XVIII da era cristã. Ergamene ou Arquamani – tido como "espírito culto", por ter estudado a filosofia e a literatura dos gregos –, ao receber tal ordem, resolveu contrariá-la e acabar com a autoridade da casta sacerdotal. Auxiliado por mercenários gregos, marchou contra Napata, apoderou-se do templo de Amon e matou todos os sacerdotes, instituindo um novo culto e ampliando seu império. A esse soberano, sucederam, até o domínio romano, cerca de mais oito reis e rainhas. **Domínio romano e declínio** – Em 29 a.C., Cornélio Galo, governador romano do Egito, assinou tratado com enviados do rei de Meroe tornando a Baixa Núbia um protetorado romano. Mas os cuxitas logo romperam o acordo, apoderando-se de Semna e outras cidades próximas à segunda catarata. Por essa época, provavelmente, outra linhagem real, paralela à de Meroe, instalou-se em Napata. Nela relacionam-se sete governantes. Entretanto, no início da Era Cristã, a civilização meroítica sofreu um eclipse quase total. Esse declínio começa a se verificar por volta de 200 d.C., quando suas vitais rotas de comércio, em direção ao norte e ao leste, são obstruídas por novos rivais e inimigos, os ferozes nômades, blêmios e nobatas, das regiões desérticas do outro lado do Nilo. Esses nômades infiltram-se nos povoados de Meroe e, por volta de 300 d.C., tomam o poder. Em 320, o último rei de Cuxe, o 72º soberano de sua linhagem, estava morto. Seu nome provável era Malequereabar. Vários anos após sua morte, os nômades infiltrados em Cuxe foram eles próprios atacados. O invasor era o rei de Axum, chamado Ezana, o qual deixou para a posteridade em sua capital, Axum, uma inscrição de valor único, descrevendo sua invasão. Os antigos nômades, que Ezana chamou de Nobas Vermelhos e Nobas Negros, tentaram aliciar os embaixadores e mensageiros de Ezana a fim de que traíssem seu rei. Então, para aplicar-lhes uma lição, Ezana marchou para o norte em 330 d.C. e arrasou o que encontrou pela frente. Mas a civilização meroítica, apesar de tudo, não desapareceu totalmente. Parte dela prosseguiu com os nobas, que, ao adquirirem gosto pela vida urbana, abandonaram suas tendas e se instalaram nas casas de alvenaria de Cuxe, adotando costumes meroíticos e dando origem, mais tarde, às civilizações da Núbia Cristã.

GOVERNANTES CUXITAS					EGITO
ÉPOCA	QUERMA	NÚBIA (VICE-REIS)	NAPATA	MEROE	
C.1850 A.C.	AUAUA				XII DIN.
C.1650	NEDJEH				XIV DIN.
C.1585	ANTEF VII				HICSOS
C.1525		TURI			AMENÓFIS I – TUTMÉS I
C.1475		NÉHI			TUTMÉS III – HATCHEPSUT
C.1415		MERIMÉS			XVIII DIN.
C.1390		UERSERSATET			"
C.1370		TUTMÉS			"
C.1350		HUY			"
C.1305		AMENEMEPT			SETI I

GOVERNANTES CUXITAS					EGITO
ÉPOCA	QUERMA	NÚBIA (VICE-REIS)	NAPATA	MEROE	
C.1290-1280		HEQUANEQUETY			RAMSÉS II
C.1280-1270		EI			"
C.1270-1260		MERSUUI			"
C.1260-1250		SETI			"
C.1250-1240		HORI I			"
C.1240-1230		HORI II			"
C. 1230-1225		UENTAUAT			"
C. 1225-1110		DESCONHECIDOS			
C.1110-1070		PANEHSI			RAMSÉS X - XI
1070-785					XXI-XXII DIN.
785-770			ALARA		XXIII DIN.
770-750			CACHTA		XXV DIN.
750-712			PEIE PIÁNQUI		"
712-698			XABACA		"
698-690			XABATACA		"
690-664			TAHARCA		"
664-653			TANUTAMON		XXVI DIN.
653-643			ATLANERSA		
643-623			SENCAMANISQUEN		
623-593			ANLAMANI		
593-568			ASPELTA	ASPELTA (DESTRUÍDA NAPATA, ASPELTA REINA EM MEROE, SUPONDO-SE QUE SEUS SUCESSORES TAMBÉM)[1]	
568-555			AMTALQUA OU ARAMATELCO		
555-542			MALENAQUEM OU MALONAQUEM		
542-538			ANALMAIE		
538-519			AMANI-NATAQUI-LEBTE		DOMÍNIO PERSA
519-510			CARCAMANI		

[1]Os sucessores de Aspelta são mencionados como governantes de Napata. Cf. Derek A. Welsby, in *The Kingdom of Kush: The Napatan and Meroitic Empires*, Princeton, Nova Jersey, Markus Wiener Publishers, 1998.

GOVERNANTES CUXITAS					EGITO
ÉPOCA	QUERMA	NÚBIA (VICE-REIS)	NAPATA	MEROE	
510-487			AMANI-ASTABARCA		
487-468			SIASPICA		
468-463			NASAQMA		
463-435			MALEUIEBAMNI		
435-431			TALACAMANI		
431-405			AMANI-NETE-IERIQUE		XVIII DIN.
405-404			BASCAQUEREN		
404-369			HARSIOTEF		XXIX-XXX DIN.
369-350	DESCONHECIDOS				
353-340			AQRATAN		DOMÍNIO PERSA
340-335			AMANIBAQUI		
335-315			NASTASEN		DOMÍNIO GREGO
315-270			AQTISANES – IRIQUE-PIYE-CO-SABRACAMANI		
270-260				ARCAMANICO OU ARCACAMANI	
260-250				AMANISLO	
250-235				AMANITEQUA	
235-218				ARNECAMANI	
218-200				ARCAMANI	
170-150				XANAQDAQUETE	
				TABIRQUA	
130-110				NAGRINSAN	
120-100				TANIIDAMANI	
100-90					
90-50				NAUIDEMAQ	
50-40				AMANICABALE	
40-10				AMANIRENAS-AQUINIDAD – TERITECAS	DOMÍNIO ROMANO
35-20				AMANI-XAQUETE	
20-12				AMANITARE	

GOVERNANTES CUXITAS					EGITO
ÉPOCA	QUERMA	NÚBIA (VICE-REIS)	NAPATA	MEROE	
12 A.C.-12 D.C.				NETECAMANI (AO LADO DE AMANITARE)	
1-20				ARICACATANI ARICANCARER NATACAMANI	
20-30				XERCARER	
30-40				PISACAR	
40-50				AMANITARAQUIDE	
50-62				AMANITENMEMIDE	
62-85				AMANICATAXAN	
85-90				TERITNITNIDE	
90-114				TEQUERIDEAMANI I	
114-134				TAMERLEDEAMANI	
134-140				ADEQUETALI	
NÃO CONHECIDA			AMANIQUEDOLO		
140-155				TAQUIDEAMANI	
155-170				TAREQUENIVAL	
170-175				AMANICALICA	
175-190				ARITENIESBEQUE	
190-200				AMANICAREQUEREM	
200-215				TERITEDACATEI	
215-225				ARIESBEQUE	
246-266				TEQUERIDEAMANI II	
266-283				MALEQUEREABAR	
283-300				IESBEQUEAMANI	

FONTES: Brissaud (*ver* Bibliografia); www.geocities.com/mariamnephilemon/names/libya/kush.

CUXE, Filho Real de. Título ostentado pelos governadores ou vice-reis da Núbia ao tempo dos faraós Tutmés, Amenófis e Seti. Também "Príncipe de Cuxe".

CUXITA. Referente ao antigo reino núbio de Cuxe, em especial à cultura desenvolvida a partir dele, notadamente em Napata e Meroe. Segundo John Baldwin, citado por Larkin Nascimento, os povos descritos nas escrituras hebraicas como "de Cuxe" foram os civilizadores primordiais do sudoeste da Ásia e, na mais remota Antiguidade, sua influência estabeleceu-se em todas as regiões litorâneas, do extremo leste ao extremo oeste do mundo antigo. Em época muito distante, segundo D. P. Pedrals, uma grande onda migratória cuxita teria chegado até a Caldeia, entrando em estreito contato com os hebreus, o que levou o historiador Tácito a afirmar que os judeus teriam origem etíope.

DAFNE. Cidade do antigo Egito, próxima a Pelusa, situada à margem da antiga rota de comércio entre o território egípcio e a Síria. Algumas tradições referem como seu epônimo um irmão do conquistador Sesóstris I, grande faraó que estendeu o poder egípcio até a Ásia Menor. *Ver* SENUSRET.

DAGBAMBA. *Ver* DAGOMBA.

DAGMAVI **SABACA II.** Soberano etíope (c. 745-733 a.C.) da dinastia de Meneliq. *Ver* XABACA.

DAGOMBA (DAGBAMBA). Povo do noroeste da moderna Gana e de parte do Togo atual. Sua nação teria surgido, segundo a tradição, por volta do século XIII d.C., sob a liderança do herói fundador Niagse, que conquistou povoações vizinhas, neutralizando suas lideranças religiosas e criando um Estado chamado Dagbon, no contexto do império Mossi. No Dagbon, o poder era conquistado por meio de escolha e, segundo Appyah e Gates, nenhum indivíduo podia ter poder maior do que o de seu pai. Durante o século XVII, os dagombas, ainda empenhados em guerras de conquistas, viram seu poder ameaçado, tendo sido conquistados pelos axantis no século seguinte. *Ver* UEDRAOGO.

DAMIANA. Mártir núbia, filha do governador de uma província do Delta. Convertida ao cristianismo, morreu em 284 d.C., ao tempo das perseguições do imperador Diocleciano.

DAMOTE (DAMOT). Reino localizado na região etíope de Tigre, tido em algumas fontes como anterior a Axum. É também referido nas formas D'Mt e Da'amat. *Ver* ETIÓPIA

DÂNAOS. Personagem da mitologia grega, irmão gêmeo de Egiptos.

DANAQUIL. Região da Etiópia, entre as montanhas litorâneas da Eritreia e o maciço etíope. Nome do povo que nela habita, possivelmente descendente de antigos egípcios e também denominado Afar.

DAOMÉ. Antigo país do oeste africano, em terras da atual República do Benin. As origens das antigas unidades políticas locais, estabelecidas entre os séculos XII e XIII, vêm principalmente dos ancestrais dos povos falantes da língua eve ou fongbé e seus dialetos. Esses povos migraram do oeste, da região de Tadô, no moderno Togo, e entre eles contam-se os povos Adjá, Fon ou Agadjá, Huedá ou Popô, fixados na metade sul do atual Benin, onde, na moderna fronteira nigeriana, alguns se mesclaram com os iorubás. Esses povos deram origem às cidades-Estado de Aradá (Alladá ou Ardra) e Abomé, e um subgrupo dos fons, os mahis, fixou-se no norte. Nessa região, as tradições dizem, segundo Pachkov, que os fundadores das povoações locais foram cavaleiros vindos do leste, da atual Nigéria, exibindo cicatrizes na face esquerda, usando chapéus largos e armados com sabres e dardos. Outros relatos tradicionais dão os povos falantes do eve como originários de Oió, de onde migraram até o litoral do moderno Togo e as margens do rio Volta. Já Aradá ou Alladá, que os europeus, chegados no fim do século XV, denominaram Grande Ardra, foi fundada sob a liderança de Dobagrigenu.

DARFUR. Província do oeste da atual República do Sudão. Em tempos remotos, os povos que habitavam a região mantinham estreitas relações com as populações do vale do Nilo, suas caravanas tendo atingido a região provavelmente por volta de 2500 a.C.; por volta de 2300 a.C., seu território teria sido alcançado por uma das célebres expedições de Harcufe. Segundo alguns historiadores, a região teria abrigado a elite governante de Meroe, acossada pelos ataques dos Nobas, ao sul, e dos blêmios, ao norte, por volta do ano 300 d.C. Na atualidade, o Darfur concentra populações seguidoras de religiões tradicionais que se contrapõem ao islamismo dominante.

DEIR-EL-MEDINA. Nome árabe de vila egípcia localizada próximo a Tebas. Principalmente durante o Novo Império, foi local de moradia dos escultores e escribas que trabalhavam no Vale dos Reis, apresentando por isso um índice surpreendentemente alto de pessoas letradas em sua população. Segundo McDowell, no Novo Império, apenas entre 1% e 2% da população egípcia sabia ler e escrever, mas em Deir-el-Medina a maioria dos homens detinha esse conhecimento. Registros escritos dessa comunidade dão conta de que se tratava de gente excepcionalmente bem instruída, que utilizava sistema de alfabetização e materiais de escrita diferentes dos empregados nas demais cidades egípcias. Embora não haja conhecimento de estabelecimentos formalmente dedicados ao ensino, sabe-se que lá familiares mais velhos supervisionavam a educação dos jovens e, em algumas ocasiões, os encaminhavam a mestres, em busca de educação mais avançada.

DELFOS. Cidade da Grécia antiga, aos pés do monte Parnaso. Foi fundada, segundo Obenga, por volta do ano 500 a.C. por um negro africano. Consoante o mesmo Obenga, uma antiga moeda grega reproduz a cabeça desse negro que, segundo alguns, seria a figura mitológica de Delfos, filho de Poseidon e da ninfa Melanto ou Melânia, dita "a Negra". A cabeça era a mesma de uma estátua gigantesca outrora erguida na estrada que levava a Delfos. *Ver* MITOS E LENDAS.

DELTA. Estuário marítimo ou lacustre de um rio, no qual este, por força de depósitos sedimentares, de aluvião, tem seu curso multiplicado em vários braços, formando o desenho aproximado de um triângulo. O delta do Nilo, no Mediterrâneo, é importante região do ponto de vista histórico, assim como os deltas do Níger, um no Atlântico e outro interno, em região lacustre do atual Mali.

DEMÓTICA. Denominação grega da escrita simplificada, derivada da hierática, criada para uso das camadas populares egípcias a partir do século VII a.C. Por extensão, a linguagem desse período. *Ver* ESCRITA.

DEN. Faraó egípcio da I dinastia, à época arcaica ou tinita. Desenvolveu uma política externa voltada para o Oriente Próximo e conduziu os negócios internos com firmeza. Foi o primeiro governante a intitular-se rei do Alto e do Baixo Egito.

DENDERA. Cidade egípcia dedicada ao culto da deusa Tfenis ou Hathor. Uma das cidades mais antigas do Egito faraônico, foi a capital do sexto nomo do Alto Egito e a necrópole do Antigo Império. O nome, segundo Daumas, deriva do egípcio Tentyris, significando "pertencente à Deusa".

DIDRUFI. *Ver* DJEDEFRÉ.

DINASTIA. Série de soberanos de uma mesma família ou linhagem que se sucedem no governo de um reino ou Estado.

DINASTIA ETÍOPE. Expressão costumeiramente usada para designar a XXV dinastia de faraós do Egito, constituída por uma linhagem real de Cuxe. Segundo Baines e Málek, o meio século de efetivo governo dessa dinastia, de grande progresso e desenvolvimento econômico, produziu tantos monumentos no Alto Egito quanto todo o século anterior, propiciando um renascimento artístico digno de nota. *Ver* CUXE – Os faraós cuxitas; EGITO – O Egito cuxita.

DINASTIAS EGÍPCIAS. Cronologia. Em sua obra *Black Atenna*, Martin Bernal lista, para as datações do Egito faraônico, até a XX dinastia, seis cronologias: as de J.H. Breated e E. Meyer, publicadas em 1907; a do *Cambridge Ancient History*; a de W. Helck, de 1971; e a de J. Melaart, de 1979, além de uma proposta por ele mesmo. Por outro lado, Molefi K. Asante (2000), apresenta novas datas. Nesta obra, feitas as devidas aproximações e adaptações, adotamos as cronologias mais recentes, estabelecidas por Asante e por Baines e Málek, esta bastante detalhada e esclarecedora, principalmente nos períodos confusos e obscuros, chamados "intermediários". Seguem-se, na história do Egito dinástico, o segundo domínio persa, a conquista macedônia e o período ptolomaico (c. 323-30 a.C.), quando o Egito é governado pela dinastia macedônica dos Lágidas. *Ver* tabela em EGITO.

DIVINAS ADORADORAS. Sacerdotisas do culto de Amon, soberanas espirituais do Egito, esposas do deus e forçadas ao celibato. Dentre as que passaram à História, incluem-se: Chepenupet I, filha de Osorcon II; Amenirdis I, filha de Cachta e irmã de Piye; Chepenupet II, filha de Piye; Amenirdis II, filha de Taharca; e Chepenupet III, filha de Psamético I.

DJEBEL BARCAL. Região montanhosa no atual Sudão, próxima à quarta catarata do rio Nilo. Seu conjunto de montanhas, consagrado ao deus Amon, é referido como "o Olimpo dos núbios". *Djebel* é vocábulo da língua árabe que significa "cadeia de montanhas".

DJED. Objeto sagrado egípcio, amuleto que reproduz espécie de pilar de mesmo nome, erguido em honra aos deuses Ptah e Osíris.

DJEDEFRÉ (DIDRUFI). Segundo faraó egípcio da IV dinastia. Sucessor de Senefuru, foi o primeiro a usar o título de "filho do sol".

DJEDEMONIUFANQ. Príncipe do nomo egípcio de Mendes, ao tempo do faraó Piye.

DJEDCARÉ ISESI. Penúltimo faraó egípcio da V dinastia. Antecessor de Unas, promoveu o recenseamento da população e dos rebanhos e construiu seu complexo funerário em Sacará, mais perto de Mênfis, rompendo com a tradição dos sepultamentos em Abusir.

DJEDCAURE. Um dos títulos do faraó cuxita Xabataca.

DJEHEUTY. *Ver* THOTH.

DJEHUTIMÉS. Uma das transliterações do nome Tutmés.

DJENNÉ-DJENO. Antiga cidade no delta interno do rio Níger, cerca de 3 km ao sul da atual Djenné, no Mali. Atingindo seu apogeu após a chegada do Islã, já no século III d.C., entretanto, era habitada por uma população que trabalhava o ferro e dedicava-se ao comércio. Por volta de 450 d.C., viu erguer-se em seu território uma monumental cidade murada e urbanizada. Seu nome, que em língua songai significava "Djenné, a antiga", estaria, segundo alguns autores, na raiz do topônimo Guiné.

DJER. Segundo faraó egípcio da I dinastia. Desenvolveu significativa política externa; organizou expedições à Líbia, à Núbia e à região do Sinai; deu continuidade à organização econômica e religiosa do país, iniciada por Narmer.

DJESER. *Ver* DJOSER.

DJIBUTI. País litorâneo no "chifre" da África, limítrofe com a Eritreia, Etiópia e Somália. Desde que as primeiras populações humanas migraram para fora da África, a área onde é hoje o país tornou-se porta de entrada para o Oriente Médio, através do Bab-el-Mandeb. Na contracorrente, tempos depois, a região serviu de entrada para falantes de línguas asiáticas que teriam levado para o continente africano inovações como o pastoralismo nômade, até hoje meio de vida de muitos habitantes de Djibuti.

DJOSER (DJESER, DSOJER, GEZER, ZOSER). Faraó da III dinastia egípcia. Soberano respeitado por sua sabedoria e piedade, teve como orientador e conselheiro o célebre sábio, médico e arquiteto Imhotep. Celebrizou-se pela construção da primeira pirâmide em degraus da Antiguidade, concebida por Imhotep, o qual, diante de uma seca que assolava o país havia sete anos, aconselhou-o a oferecer sacrifícios a Qhnum, deus da ilha de Elefantina. Com o resultado positivo das oferendas, o faraó promoveu a prosperidade da região, numa pioneira obra colonizadora. Data também de seu reinado a transferência da capital do Egito faraônico de Tebas, muito afastada do delta, para Mênfis. Sua efígie, conforme estátua existente no Museu do Cairo, apesar da destruição do nariz, faz entrever ainda um rosto de aparência negro-africana, com lábios grossos e zigomas proeminentes. Essa aparência é mencionada em legenda de ilustração estampada mencionada na revista *Correio da Unesco* (n°10, 1979, p. 26), editada no Rio de Janeiro. Segundo Petrie, citado por Ki-Zerbo, toda a sua dinastia era de origem núbia.

DJUL CARA NAINI. Na tradição mandinga, nome que designa Alexandre, o Grande (356-323 a.C.), sempre lembrado em comparação com o rei herói Sundiata, que, vivendo posteriormente, no século XIII d.C., o teria ultrapassado em bravura e heroísmo conquistador. Em fulâni o nome de Alexandre é traduzido como *Julcarnaina*, que significa "aquele que tem dois chifres" (cf. F.W. Taylor, 1995). Essa relação confirma a

Antiguidade dos povos mandês e peúles, contemporâneos da saga de Alexandre. *Ver* MANDÊS; PEÚLES.

DODECAXENE. Nome grego da região núbia compreendida entre Assuã e Takompso. À época do faraó Djoser, todos os agricultores dessa região deveriam entregar suas colheitas aos celeiros do deus local, Qhnum, em oferenda propiciatória e de agradecimento pelas cheias do Nilo. O templo de Qhnum era a sede do nomo de Elefantina.

DOGBAGRIGENU (DOGBAGRI). Líder do povo Adjá, fundador da aldeia de Alladá, núcleo inicial do antigo Daomé, entre os séculos XII e XIII d.C. *Ver* DAOMÉ.

DOGON. Povo da África Ocidental. Segundo alguns cientistas, são detentores de conhecimentos, principalmente sobre matemática e astronomia, provavelmente herdados da tradição científica dos antigos egípcios. Povo muito antigo, consoante algumas tradições, viveu originalmente no território do assim chamado Egito, mas migrou para a Líbia e depois para a atual Mauritânia, até fixar-se no Mali, na região do Bandiagara. Conforme Obenga, possuem um saber, parcialmente esotérico e muito elaborado, sobre a origem da humanidade. Seus conhecimentos de astronomia baseiam-se principalmente na observação da estrela Sírius. Como lembra Ki-Zerbo, o grafismo usado pelos dogons para representar o homem antepassado é o mesmo que os antigos egípcios usavam para representar o ka, a essência espiritual do indivíduo; e os apoios para nuca colocados sob as cabeças de seus mortos são do mesmo tipo dos que eram usados no mobiliário fúnebre do antigo Egito.

DONATISMO. Cisma da Igreja Católica no norte da África, irrompido em 311 d.C. sob a liderança de Donato, o Grande, bispo de Cartago, a partir do ano 315 e mantendo-se por cerca de um século.

DONGOLA. Capital da Núbia, mais tarde reino autônomo. No século VII d.C. suas fronteiras estendiam-se de Assuã até a fronteira do reino de Aloa, ao sul da quinta catarata.

DOUDOUN. *Ver* DUDUM.

DRÁVIDAS. Antigo povo habitante do Decã e de outras regiões da Ásia Meridional, tido como de remota origem africana. Heródoto, o célebre historiador grego, afirmou que existiam duas grandes "nações etíopes", uma na África e outra em Sind, região correspondente aos atuais territórios de Índia e Paquistão. Corroborando essa informação, o célebre relato do viajante veneziano Marco Polo (1254-1323) já noticiava que os indianos de determinada região representavam suas divindades como negras e os demônios com uma alvura de neve, afirmando que seus deuses e santos eram pretos. No século X a.C. os drávidas foram expulsos para o sul pelos ários. *Ver* AFRICANOS NA ÁSIA.

DSOJER. *Ver* DJOSER.

DUAS SENHORAS, As. Expressão pela qual são referidas, nos textos egípcios, a deusa abutre Neqhbet e a deusa serpente Wadjet, que representam respectivamente o Alto e o Baixo Egito.

DUAUF. Sábio egípcio (c. 1350 a.C.). Segundo M. K. Asante, a filosofia de Duauf está ligada aos protocolos da vida em sociedade. Assim, ele ressaltou à juventude a importância da leitura, pelo que pode ser considerado o primeiro intelectual da história da filosofia. Deu um testemunho importante sobre a ênfase conferida ao estudo na Antiguidade africana. Ensinou que a leitura era o melhor meio de treinar a mente e revelar o segredo das coisas ocultas.

DUDUM (DOUDOUN). Deus núbio que fornecia aos faraós mortos o incenso com que eles deviam perfumar e propiciar os outros deuses. Foi cultuado pelo faraó Senusret III.

EBEDE-MELEQUE. Eunuco etíope, servo da corte faraônica, provavelmente de Psamético I. Segundo a Bíblia, salvou o profeta Jeremias (c. 640-587 a.C.) de morrer afogado em uma cisterna. O profeta passou os últimos anos de sua vida no Egito, onde faleceu.

ECOLOGIA. *Ver* PTAH-HOTEP.

EDO. Povo da atual Nigéria. Segundo Asante e Abarry, os edos, assim como os axantis, entre os anos 500 e 1500 d.C., desenvolviam a construção de túneis subterrâneos ligando algumas de suas aldeias. *Ver* BENIN.

EFRAIM. Segundo filho do patriarca hebreu José com sua mulher Azenate, nascido no Egito, segundo o Gênesis (41,52).

EGÍPCIO. Denominação sob a qual se reúnem no domínio linguístico tanto o idioma falado no Egito faraônico quanto a língua copta (cf. Obenga, 1973).

EGÍPCIOS, Etnicidade dos. Da mesma forma que escritores de outrora tentaram negar as origens negras dos antigos egípcios, a fim de desacreditar o papel civilizatório da África Profunda, hoje, conforme Asante e Abarry, quanto mais o Egito faraônico é visto como uma sociedade relevante para a civilização, mais suas origens são disputadas pela hegemonia europeia. Em outras partes desta obra procuramos mostrar como – apesar de historiadores revisionistas do século XV ao XIX, período do comércio escravo europeu, tentarem desacreditar os africanos e atribuir todas as conquistas africanas à presença de genes europeus – a África, berço da Humanidade, teve um desenvolvimento cultural endógeno e específico; e como o Egito pré-dinástico foi caudatário, através das águas do Nilo, de influxos civilizadores brotados no interior do continente. Não se pretende afirmar com isso, como também advertem os autores citados, que não houvesse pessoas brancas no antigo Egito, como as há, hoje, por exemplo, na Nigéria ou no Quênia. Mesmo porque o país foi, durante toda a Antiguidade, uma perfeita encruzilhada entre o Mediterrâneo, a Ásia Menor, o Saara e a África Profunda, sendo território por onde passaram e onde se fixaram seres humanos de diversas procedências e aparências. Entretanto, já antes de Heródoto, que afirmou a fenotipia negroide dos egípcios que conheceu, Em seu livro *Physiognomonica*, Aristóteles, citado por Asante e Abarry, escreveu: "Os que são excessivamente negros são covardes, e isto se aplica aos egípcios e etíopes." Segundo Cheikh Anta Diop, os egípcios pré-faraônicos eram efetivamente negros. Fazendo coro com esse grande sábio senegalês, Théophile Obenga garante que a constituição fenotípica dos antigos egípcios não sofreu modificações fundamentais do neolítico até a época histórica: o tipo primitivo, inicial, pré-dinástico, encontra-se igualmente no período dinástico; e isso significa que governantes e povos de uma única e mesma origem negra foram responsáveis por toda a pujante civilização faraônica.

Contudo, os estudiosos continuam a divergir muito sobre o estabelecimento da realidade fenotípica dos antigos egípcios. Conforme argumenta Martin Bernal, o racismo europeu do século XIX sustentava que o negro era biologicamente incapaz de civilização. Então, com relação ao Egito, incomodamente colocado no continente africano, só cabia adotar as seguintes alternativas: ou negar que muitos dentre os egípcios fossem negros; ou negar que eles tivessem de fato construído uma civilização; ou ainda lançar dúvida sobre ambas as proposições. A que "raça", então, pertenciam os egípcios?, pergunta Bernal, para responder que desde pelo menos o quinto milênio a.C. a população egípcia incorporou elementos da África Profunda, do sudoeste asiático e do Mediterrâneo. Entretanto, quanto mais para o sul e para o alto do Nilo se caminhava, mais a população ficava escura e de aparência tipicamente negra. A civilização egípcia foi, então, fundamentalmente africana e os elementos negroides mostraram-se mais fortes no Antigo e no Médio Império, antes da invasão dos hicsos. Muitas das mais poderosas dinastias egípcias tinham sua base no Alto Egito, sendo que a I, a XI, a XII e a XVIII eram constituídas por faraós que, segundo Bernal, podemos considerar efetivamente negros. O mesmo Bernal chama atenção para os vários critérios usados, ao longo dos séculos, para descrever e representar a população egípcia: Heródoto os via como negros de cabelos "lanosos", crespos, e difundiu a ideia de que havia duas "nações etíopes", uma no Egito e outra em Zind, na Índia.

Observemos que o nome *gipsy* (de *egiptian*) aplicado aos povos escuros do noroeste da Índia no século XV parte desse mesmo ponto de vista. No início do século XVIII, o aumento do respeito pelos egípcios, em meio ao racismo crescente motivado pelo escravismo africano, contribuiu para "embranquecê-los", aproximando-o do universo caucasoide. Para tanto, como aduz Bernal, parece ter sido fundamental a influência da maçonaria, a qual, na época, defendendo o conceito de que todos os humanos são "irmãos", fez questão de separar os aristocráticos egípcios (teosofistas, portadores do grande saber, formuladores dos textos herméticos) da massa tida como bárbara e selvagem dos africanos fetichistas e polidemonistas, esses, sim, "negros". Mas houve reações a esse embranquecimento e à exaltação dos egípcios como portadores de alto saber filosófico. Elas vieram de pensadores cristãos, já que a visão de um Egito precursor do monoteísmo ameaçava o monopólio ariano-semítico sobre a hegemonia religiosa mundial. Considerando todos esses argumentos, concluímos citando a legenda de uma gravura estampada na revista *Correio da Unesco* (nº 10-11, p. 26; *ver* bibliografia, em "Olderogge"), segundo a qual "traços negroides são frequentemente encontrados em efígies egípcias de indivíduos de todas as classes sociais, até nas de faraós como Ramsés III, Qhafra (Quefrém), Djoser e Thutmés III". Veja-se, finalmente, que os 98% de "árabes egípcios" que, segundo as estatísticas oficiais, compõem a população do Egito moderno, além do 1% de "árabes beduínos" contra 1% de núbios (cf. *Almanaque Abril*), são obviamente fruto do estabelecimento, na região, de grandes contingentes chegados da península Arábica a partir da conquista islâmica. Admita-se, então, que, na Antiguidade, o elemento local, oriundo do sul e do oeste, mesmo mestiçado a mediterrâneos, mesopotâmicos e outros extratos populacionais, era predominante. E observem-se, a título de comparação, as estatísticas sobre a população brasileira, em que a presença negro-africana, para não falar na ameríndia, chegou a 65% em 1850 e foi-se diluindo na população geral, conforme recenseamentos seguintes. *Ver* TETI (OTHOES).

EGIPTO-NÚBIO. Forma pela qual Théophile Obenga expressa a origem comum de egípcios e núbios, numa relação de ancestralidade destes sobre aqueles. O contexto cultural egípcio estende-se de Dongola ao Delta, de Cartum a Tânis; segundo Cheikh Anta Diop, os ancestrais dos quemitas (antigos egípcios) viveram originalmente na Núbia, provavelmente em Qustul. Ainda conforme Diop, os núbios, i.e., os povos cuxitas, usaram a escrita dois séculos antes dos egípcios; e é na Núbia que se encontram os animais representados na escrita hieroglífica. Ainda segundo Diop, citado em Obenga (1973), todas as vezes que a nação egípcia foi ameaçada por uma invasão de populações "leucodermas" provenientes da Ásia ou da Europa pelo Mediterrâneo; todas as vezes que tais invasões desorganizaram momentaneamente a vida nacional, a salvação, ou seja, a reconquista do poder político sobre o invasor estrangeiro, a reunificação e o renascimento nacional foram sempre obra das dinastias negras, legítimas, nascidas no sul. Isso só não ocorreu sob Psamético I, quando descendentes dos povos indo-europeus, humilhados sob Meneptah e depois Ramsés III, dedicara-se, a partir do Delta, onde se concentraram, a vencer e destruir o Egito, o que culminou no domínio persa, solidamente estabelecido. De acordo com informação de Obenga, os egípcios orientavam-se de frente para o sul, "terra de seus ancestrais". Também destacando essa relação de ancestralidade, o historiador grego Diodoro da Sicília, citado em Obenga, escreveu que, entre os egípcios, a divinização dos soberanos, os cuidados tomados com os funerais e muitos outros ritos eram instituições núbias. Da mesma forma, o sentido ligado às figuras esculpidas e o tipo de escrita utilizada pelos egípcios à época seriam igualmente legados núbios. E isso na mesma medida que os colégios sacerdotais eram semelhantes, e os rituais de purificação dos que se consagravam ao serviço dos deuses eram os mesmos. Ainda segundo Diodoro da Sicília, os núbios mencionavam a Antiguidade de sua "raça" e o contingente de seu povo migrado, em vagas sucessivas, em direção ao delta do Nilo desde tempos imemoriais. Segundo o arqueólogo Herman Junker, também citado em Obenga (1973), "as populações pré-históricas do Egito e da Núbia representam as duas partes de uma única 'raça' que tinha a mesma cultura e que só se separou mais tarde, por conta de uma mudança nas condições de vida". Assim, primitivamente, a Núbia e o Egito constituíam, como conjunto étnico e cultural, uma única e mesma entidade, um só ambiente ou região, como atestaram Heródoto, Diodoro da Sicília, Estrabão e outros autores gregos. *Ver* CHAMPOLLION; EGÍPCIOS, Etnicidade dos; QUSTUL.

EGIPTOS (AIGYPTOS). Na mitologia grega, herói epônimo do Egito, irmão gêmeo de Dânaos, rei legendário de Argos. Em algumas tradições, segundo Luke, são descritos como negros. Martin Bernal liga o nome Dânaos por meio da raiz *dan*, presente no inglês *danish*, dinamarquês, à tese da antiga presença negra na Escandinávia.

EGITO. Na Antiguidade, país limitado ao norte pelo mar Mediterrâneo, ao sul e sudeste por Núbia e Etiópia, a leste pelo mar Vermelho e a oeste pelo deserto da Líbia, referido como Mizraim em hebraico e Quemet na língua vernácula. O nome "Egito" provém, segundo Hart, do grego *Aigyptos*, por meio da expressão egípcia *Hewet-ka-Ptah*, "mansão do espírito de Ptah", que designava o templo desse deus em Mênfis. **Resumo histórico** – Por volta de 3000 a.C., duas unidades políticas, uma com seu núcleo no delta do Nilo, outra no curso superior do rio, estendendo-se, na direção sul, até a atual região de Assuã, foram unificadas sob a autoridade do líder Narmer ou Menés. Com ele, iniciou-se, segundo classificação organizada pelo historiador Mâneton, uma série de trinta dinastias governantes. As dez primeiras dinastias costumam ser agrupadas no que se denominou Antigo Império; da XI à XVI, tem-se o Médio Império. A partir provavelmente da segunda metade do século XVI a.C., os egípcios organizara o Novo Império, no qual, tendo as atuais Palestina e Síria como províncias e disputando poder com outros adversários asiáticos, além de enfrentar forças vindas do oeste e do sul, o poderio faraônico caminhou para a decadência e a submissão final, ocorrida em 30 a.C., com o domínio romano. **Período pré-dinástico** – Os primeiros grupos humanos que povoaram o vale do Nilo, entre a catarata de Semna e o Mediterrâneo, segundo Champollion-Figeac (citado por Anta Diop), teriam vindo da Abissínia ou do Senaar, abaixo de Cartum. O cientista francês ratificava essa afirmação dizendo que os antigos egípcios pertenciam a um tipo humano em tudo semelhante aos *kennous* e aos *barabras*, habitantes da Núbia; e que, ao seu tempo, encontravam-se entre os coptas egípcios traços característicos da população do Egito antigo. Já segundo Murdock, citado em Merlo e Vidaud, uma civilização neolítica negra, formada no vale do Médio Níger, tendo se fundido com elementos vindos do Oriente Próximo, é que teria dado origem à civilização do Egito pré-dinástico. Outro ramo dessa civilização teria se embrenhado na floresta, para, séculos mais tarde, emigrar e dar origem ao povoamento banto da África Equatorial e Meridional.

Segundo Laffont, a civilização neolítica egípcia é essencialmente africana e nilótica. Nela, os clãs de caçadores-pescadores tornados agricultores se reagrupavam atrás dos chefes, sob o signo de animais com os quais eles faziam alianças e que talvez considerassem ancestrais e protetores. A organização e a religião seriam, então, provavelmente emprestadas à África Profunda, como diria mais tarde Diodoro da Sicília, citado em Laffont. No dizer de Anta Diop, o coração do continente africano, notadamente a Núbia e a Etiópia, foi sempre considerado pelos egípcios a terra sagrada de onde tinham vindo seus ancestrais. Acredita-se, então, que as primeiras culturas florescidas no Egito nasceram provavelmente no sexto milênio a.c., às margens do rio Nilo, principalmente como consequência da desertificação da região do Saara, quando grupos de coletores e caçadores nômades ali se estabeleceram, para usufruir os benefícios das cheias periódicas do grande rio. No vale do Nilo, essa população valorizou uma terra virgem, inventando um novo modo de vida e uma nova religião. Mas, como acentua Laffont, não se tratou apenas do nascimento da agricultura, mas de um quádruplo nascimento: da terra mas também de homens, técnicas e religião. No Egito pré-dinástico, anterior a 3400 a.C., as unidades políticas, germes dos futuros nomos ou províncias, eram independentes entre si, seus líderes exercendo funções de soberanos, juízes e chefes militares. Nesse contexto, a infiltração de asiáticos, principalmente no delta, gerou uma fase de grande instabilidade. Do ponto de vista da religião, aspecto político fundamental, na medida em que grupos menores ou mais frágeis eram por outros assimilados, deuses também se sobrepunham a outros deuses. Mas no caso de divindades comuns a uns e outros povos – e as havia – essa circunstância propiciou importantes alianças. Originárias de Taour, antigo nome de Tinis, as duas primeiras dinastias egípcias duraram aproximadamente de 3400 a 3000 a.C., período fundamental, no qual as bases da cultura faraônica foram estabelecidas, verificando-se provavelmente nessa época o nascimento da escrita. Por volta de 3200 a.C., língua, religião, escrita, calendário, organização política etc. tinham deixado de ser projeto e começado de fato. O desenvolvimento dessas culturas foi fruto de obstinado esforço feito por povo e governantes para dominar as enchentes do rio, tornando-o propício em meio à desertificação progressiva das regiões circundantes. O Estado centralizado que mais tarde se criou ali e que durou até o último milênio antes do advento da Era Cristã foi uma das bases da chamada civilização ocidental. **O contexto africano** – Segundo Brissaud, durante os períodos arqueológicos amraciano e badariano, o Egito e a região depois conhecida como

Núbia, que hoje integra a República do Sudão, eram habitados pelo mesmo tipo de povo e conheciam as mesmas culturas. Pouco a pouco, entretanto, ocorreu um afastamento das duas regiões: o desenvolvimento da Núbia se retardou e o Egito pré-dinástico, sob as diferentes influências recebidas do Saara, a oeste, e do interior africano, ao sul, começou a experimentar importante surto civilizador. Segundo algumas tradições, os primeiros dinastas egípcios foram originários do país de Punt, na atual Somália. Para Diodoro da Sicília, entretanto, a civilização egípcia teria se originado de uma civilização mais antiga, com núcleo no país de Cuxe ou Núbia. Diz-se, inclusive, que antes da primeira dinastia sete reis tinham governado um povo nativo adorador do deus Seth. A tradição copta fala de reis antediluvianos, como Aram, filho de Adam, e Gancam, fundador do palácio de Djebel-el-Kmar ("Monte da Lua", denominação que alguns julgam referir-se ao monte Quênia), no coração da África tropical. Os antigos egípcios mencionavam a existência, para além de suas fronteiras, de nomos núbios: Setcher, Quen Setcher, Arthet, Tcham, Aman, Ouaouat, Kaou, Tathem, os cinco últimos correspondendo a "países povoados por negros". Ainda segundo Diodoro da Sicília, todo ano, em Tebas, a estátua de Amon-Rá era transportada para fora da cidade, em direção ao sul, retornando ao fim de quatro dias, como se o deus voltasse da Etiópia. A história do Egito, então, desde as origens se revela não como a de um reino homogêneo, mas sim como a de dois países — um, mediterrâneo, do delta e de Mênfis; e outro de Tebas, aberto sobre a "África Profunda". Para além de suas fronteiras meridionais, os antigos egípcios distinguiam diversas regiões, designadas sob os nomes de terra de Sti e país de Cuxe; além do país de Punt e a Abissínia ou Etiópia. Os habitantes do país de Sti e de Cuxe foram interlocutores e parceiros, desempenhando importante papel na história do Egito. Segundo Heródoto, citado em Pedrals, o Egito teve, entre seus 333 faraós, 18 soberanos núbios ou etíopes.

A projeção da influência do Egito até o sul realizou-se seguindo, como linha normal, o curso do rio Nilo até suas nascentes. A partir dessa linha, estendeu-se até o oeste, estabelecendo-se rotas comerciais definidas pelo Cordofão e pelo Darfur, atravessando a parte do Sudão central pelo Chade até o Sudão Oriental. Esse contato dos antigos egípcios com a África Profunda dava-se quase que exclusivamente através do vale do Nilo. Eles também navegavam pelo mar Vermelho, mas, em suma, a grande divisória entre o mundo egípcio e o mundo núbio era Assuã, onde a ilha de File, chamada Elefantina pelos gregos, marcava o limite tradicional entre as duas civilizações. Alguns desses contatos eram comerciais, como as expedições de Harcufe, muito provavelmente até o Darfur, por volta do terceiro milênio antes da Era Cristã. Houve, em seguida, contínuas expedições ao sul: a Núbia era a terra do ouro e ao Egito interessava, primordialmente, ter à sua disposição essa fonte de riqueza de que necessitava, tanto do ponto de vista econômico quanto estético. Do ponto de vista militar, as inúmeras campanhas egípcias redundaram na construção de fortalezas ao longo do Nilo, até próximo à região de Dongola. Em toda essa região verificou-se um notável intercâmbio entre núbios e egípcios, com trocas contínuas, de toda ordem, a tal ponto que, entre os séculos VIII e VII a.C., o Egito foi governado por uma dinastia cuxita, a XXV, de faraós inquestionavelmente negros. Se então os egípcios iam até a Núbia, num dado momento os núbios incursionaram também até o Egito, para governá-lo. Do ponto de vista religioso, as trocas também foram significativas. O templo de Abu Simbel, por exemplo, localizava-se efetivamente em território núbio, hoje pertencente ao moderno Egito. Mais ao sul, por todos os lugares, achavam-se templos e fortificações. E isso notadamente em Napata, a primeira grande capital do reino de Cuxe. Toda essa região foi dominada pelos egípcios; mas um só corpo cultural unia os dois países, sua cultura manifestando-se em expressões ao mesmo tempo egípcias e cuxitas, vivas até o advento da Era Cristã. A convivência dessas duas realidades deveu-se naturalmente ao fato de que os egípcios, desde os tempos mais remotos, compartilharam o patrimônio comum africano, fazendo parte de um todo cultural que unia o vale do Nilo à região do lago Chade.

Segundo Asante e Abarry, "não é possível ter uma apreciação completa das origens das tradições intelectuais africanas sem que se faça uma conexão entre o Egito e as naturais relações que mantinha com as sociedades vizinhas a ele". Como mostra Obenga (1973), entre o Egito faraônico e a chamada "África Negra" anterior à colonização europeia, os elementos culturais reveláveis são tão numerosos, tão variados, tão pertinentes e de tal natureza que não podem se reportar a uma única comunidade de origem.

No Egito e na África Profunda desenvolveram-se, de maneira intrínseca, costumes idênticos: sistema matrilinear; rito de circuncisão; concepção da criação dos seres com base em algo preexistente (saliva, ovo cósmico, palavra, pensamento etc.); colégios de iniciados e iniciadores; identificação do iniciador com os deuses da comunidade aldeã; uso de barba sacramental postiça; uso da pele de pantera pelos sacerdotes oficiantes; cerimônias e ritos reais, realizados por ocasião da morte do soberano; aleitamento do rei; lendas e dramas agrários semelhantes; identidade de signos gráficos (como nas escritas meroítica e demótica, nos hieróglifos egípcios e nos grafemas negro-africanos); identidade de sistemas matemáticos (numeração decimal, multiplicação baseada na duplicação) etc. Do ponto de vista linguístico, um único "manto" se estende sobre esse universo construído pelos negros de outrora. Por tudo isso, como enfatiza Martin Bernal, a civilização egípcia foi fundamentalmente negro-africana, com o elemento definidor dessa característica sendo mais acentuado antes da invasão dos hicsos. Bernal afirma seu pleno convencimento de que as mais poderosas dinastias baseadas no Alto Egito, ou seja, a I, a XI, a XII e a XVIII, eram integradas por faraós que hoje poderíamos considerar negros. **A Unificação** – A tradição faraônica egípcia inclui entre os primeiros governantes do país soberanos que carregavam como título o nome "Hórus", sendo assim tidos como divindades representantes de vários aspectos desse importante deus. Após esses é que surgiria o primeiro faraó efetivamente humano, Narmer. Certo é que, antes do advento desse primeiro faraó, o Egito viveu períodos de grande instabilidade e turbulência, por conta de divergências religiosas entre os diversos clãs e tribos, cada qual com suas divindades. Por volta de 3400 a.c., os clãs do sul, do chamado Alto Egito, uniram-se em torno de um mesmo rei, na cidade chamada pelos gregos de Hieracômpolis, enquanto os povos do delta do Nilo, no Baixo Egito, uniam-se em torno de outro soberano. Os dois reinos, cujos soberanos se distinguiam pelo uso de uma alta coroa branca, no sul, e vermelha, no delta, foram unificados por iniciativa de Menés ou Narmer – indiscutivelmente negro, segundo Anta Diop –, o qual unificou o Alto e o Baixo Egito, estabeleceu a capital do reino em Tinis e iniciou a I dinastia. Assim, a fundação do Estado egípcio remonta ao início do século IV a.C., sob o reinado de Menés, faraó que reuniu, sob uma dupla coroa (a vermelha do norte, consagrada ao deus-falcão Hórus, e a branca do sul, consagrada ao deus-abutre Seth), pequenos reinos ou nomos. Esse período tinita da história do antigo Egito cobre os reinados da primeira e da segunda dinastias. Mas após Menés, transferida a capital para Mênfis, insatisfações voltariam a se manifestar. **O Antigo Império** – Djoser, segundo faraó da III dinastia, transfere a capital de Tinis, no Alto Egito, distante mais de 500 km, para Mênfis, na região do delta, a menos de 35 km da atual cidade do Cairo. A partir daí, o antigo Egito viveu sua fase mais próspera, com a consolidação do poder religioso, o aprimoramento da máquina administrativa, a difusão da escrita hieroglífica etc. Por conta da fertilidade da terra, que garantia subsistência e prosperidade, e da prevalência da religião, o Antigo Império egípcio não contava com um exército permanente. A inexistência de uma força repressiva organizada fez-se então sentir quando a população começou a se rebelar contra a hereditariedade dos cargos públicos e os altos tributos cobrados pela administração faraônica. Durante os períodos cobertos pela III à VI dinastia, alguns nomarcas, governadores dos nomos ou províncias, rebelaram-se contra o governo central e deram origem a pequenos Estados independentes. Veja-se também que, até c. 2700 a.C., o país permaneceu relativamente isolado. As incursões contra os beduínos do Sinai e a conquista das minas de cobre e pedras preciosas dessa região, por volta de 2000 a.C., começaram a romper esse isolamento. Na contracorrente, o território egípcio começa a ser também objeto de infiltrações por parte de outros povos. Nesse momento, os faraós da VII e da VIII dinastia governam a partir de Mênfis, como sucessores naturais de Pepi II, mas em meio a graves perturbações.

O sucesso das expedições comerciais e militares aprofundara as divisões no interior da sociedade egípcia, o que deu causa a revolta, rebeliões e consequente fragmentação do poder, com lutas civis e disputas entre príncipes e nomarcas. Segundo o historiador Mâneton, os governantes da VII dinastia, em número de 70, teriam reinado, cada um, apenas um dia – o que pode, entretanto, ser um número meramente simbólico ou irônico. Os da VIII, consoante a mesma fonte, teriam sido 25, governando um total de 25 anos. Segundo Cheikh Anta Diop, dataria do Antigo Império, com as infiltrações de povos caucasoides do Levante, o início do processo de transformação das características físicas da população egípcia, acentuada, ao longo dos séculos, pelas invasões de persas, gregos e romanos. **Primeiro Período Intermediário** – Por esse tempo, então, o Egito viveu momentos de grande instabilidade, com o poder central extremamente enfraquecido pelas disputas entre autoridades locais. Tais fatos acabaram por lançar o país na bancarrota e na anarquia por mais de um século, durante a época histórica conhecida como Primeiro Período Intermediário, em que, inclusive, a capital foi transferida de Mênfis para a cidade de Het-Nen-Nesut, chamada pelos gregos de Heracleópolis. Em meio a essa turbulência, quando provavelmente outras dinastias procuraram se estabelecer, registrou-se a morte de um governante, mencionado como cruel e sanguinário, devorado por um crocodilo – registro que, entretanto, pode encerrar apenas uma referência simbólica. Na sequência dos acontecimentos, Antef, Intef ou Inyotef I derrota Anqtify, monarca de Nequen (Hieracômpolis), sobrepõe-se ao primeiro Mentuhotep, funda a II dinastia e se proclama "rei do Alto e do Baixo Egito e filho de Ra", governando de Coptos a Dendera. Nesse contexto, enquanto os soberanos de Heracleópolis debatem-se em condições difíceis, os nomarcas de Tebas, os Antef, afirmam seu poder. É assim que Intef II combate Quety III e conquista Abidos. Seguem-se Intef III, filho de Intef II com a rainha Iah – pertencente à XI dinastia, portanto –, o qual toma Hermópolis e Heracleópolis, ocupando o Médio Egito, impondo-se como faraó e dando início a um novo ciclo de governo. **Médio Império** – Após Intef II, o faraó Nebhetepre Mentuhotep ou Mentuhotep II governou todo o Egito por cerca de 50 anos. Sua vitória sobre o nomarca de Assiut, capital do XIII nomo do Alto Egito, e outros inimigos deu margem a que pudesse substituir outros nomarcas por aliados seus. Prosseguindo na luta contra Heracleópolis, consolidou seu governo e sua corte em Tebas, no Alto Egito, a cerca de 700 km do delta, fortalecendo o cargo de vizir, responsável pelo funcionamento e pela coesão das administrações provinciais, muitas vezes antagônicas. Com Mentuhotep II, então, restabelece-se a unidade do reino. Daí, por mais de 250 anos, o Egito se destaca por seu progresso no campo tecnológico, aprimorando seus canais de irrigação e construindo a grande represa conhecida como lago Moeris ou Faium; por seus avanços na exploração aurífera e também por suas incursões comerciais, principalmente em direção ao Mediterrâneo, e por suas investidas expansionistas. Mentuhotep II, detentor do poder absoluto, ocupando Heracleópolis, Hermópolis e todo o Médio Egito, participa pessoalmente de uma campanha militar na Núbia.

No campo religioso, por essa época, os soberanos expandem o culto de Amon, até então divindade local de Tebas. Na sucessão desses eventos, Mentuhotep III, embora subindo ao trono já idoso e reinando por poucos anos, continuou a política do antecessor e empreendeu, inclusive, uma expedição ao país de Punt, falecendo, entretanto, antes de concluir seu monumento funerário. Com sua morte, assumiu o poder Mentuhotep IV, que reinou por cerca de dez anos. Em meio a provável instabilidade civil, seu vizir assumiu o governo, com o nome de Amenemat I, dando início à XII dinastia. Consolidando-se fortemente no poder, esse Amenemat, por razões estratégicas, transfere a capital para Ithat Taoui, atual Licht, entre Mênfis e o Faium. Essa região tinha-se tornado a mais fértil do reino graças a trabalhos de irrigação realmente notáveis (com eclusa e barragem de retenção). No plano interno, os nomarcas são devolvidos às suas funções administrativas, como agentes do poder real. Nota-se, segundo Laffont, uma tendência à igualdade religiosa, com uma certa diminuição do poder arbitrário da casta sacerdotal. Por outro lado, pessoas do povo começam a ser admitidas ao serviço público, como funcionárias do Estado.

No plano externo, veja-se que desde o declínio de Mênfis, sob os faraós da IX dinastia, o país de Cuxe já tinha se libertado da tutela egípcia. Entretanto, com o Egito reunificado, Amenemat I expande o poder faraônico em direção ao sul. Assim, a partir dele, durante cerca de 500 anos as terras do sul, até o centro do atual Sudão e conhecidas a partir da Idade Média como Núbia, permanecem sob domínio egípcio, governadas por um vice-rei, louvado como o "filho real de Cuxe" ou "chefe dos países do ouro de Amon". As relações entre o Egito e o país de Cuxe dependiam de um trajeto fluvial de cerca de 800 km, não sendo fáceis, portanto. Na zona das corredeiras que se estendia por cerca de 100 km ao redor da segunda catarata, na região conhecida como Batn el-Hagar, eram frequentes as emboscadas preparadas por bandos nômades do deserto. Mas mesmo assim o poder faraônico se manteve na Núbia. Depois de 20 anos de governo, Amenemat I associou ao trono seu filho Senusret (Sesóstris) I, instituindo a prática da corregência e garantindo a tranquilidade de sua sucessão, num costume que perdurou durante toda a XII dinastia. O corregente comandava as expedições militares e as atividades que envolviam mais força física, sendo assim considerado o "cajado" em que, na velhice, o faraó se apoiava.

Amenemat I e seu sucessor realizaram grandes obras, entre elas o templo de Amon em Carnac. E, quando o primeiro foi assassinado, Senusret I puniu os culpados e assumiu o trono, num reinado longo, pacífico e próspero, como o de seus sucessores Amenemat II e Senusret II. Este último realizou importantes obras de controle e aproveitamento das águas do Nilo e do lago Moéris (Qarun). Subindo ao poder, Senusret ou Sesóstris III teve que fazer grande esforço para manter sob controle as chefias regionais. Para tanto, tomou enérgicas medidas administrativas, e assim conseguiu levar grande prosperidade ao Egito, realizando um governo que se tornou legendário. No plano externo, durante a XII dinastia, foram construídas 14 fortalezas desde a ilha de Elefantina a jusante da primeira catarata até Semna, e a jusante da segunda, na região hoje inundada pela barragem de Assuã. Foi em Semna, verdadeira praça forte natural, que Senusret (Sesóstris) III fez erigir a famosa estela que marcava a fronteira meridional do Egito, a qual, segundo Laffont, proibia "todo negro de ultrapassá-la, pelas águas ou pela terra". Essa afirmação (referente a uma época em que a fenotipia das pessoas, ao que se sabe, não era determinante de valor) encontra reparo em Jean Vercoutter, segundo o qual não era por serem negros que povos meridionais, como os nehésis, eram proibidos de entrar no Egito, e sim por serem senhores de importantes riquezas naturais, com que abasteciam os egípcios, e, por isso, potencialmente perigosos. A prosperidade e a paz estabeleceram-se primeiramente na região depois conhecida como Baixa Núbia, mas o "país de Cuxe" ainda resistiu algum tempo até tornar-se efetivamente uma colônia egípcia. Quanto à região de Dongola, tornou-se objeto primordial da exploração econômica, não só pelas ricas minas de ouro como também pela extração de incenso, ébano, marfim e peles de animais. Com Amenemat III, a prosperidade se manteve. Então o Egito empreendeu um bem-sucedido programa de ocupação da região do Sinai, para exploração de minas de cobre e pedras preciosas. Depois desse faraó, a XII dinastia teve mais dois governantes: Amenemat IV e Sobeqnefru ou Neferusobeq, filha de Amenemat III – dos quais, entretanto, não se conhecem as realizações, nem os fatos que motivaram o fim de seus reinados, nem mesmo seus rostos.

Na sequência, o período coberto pela XIII e XIV dinastias marca uma nova era de instabilidade, repetindo-se a crise de autoridade e a dispersão do poder, motivada por disputas dinásticas, ocorrida à época da VII e VIII dinastias. Até que o país é subjugado pelos invasores hicsos, vindos da Ásia e estabelecendo o centro de seu poder em Avaris, antiga capital no delta. **Segundo Período Intermediário** – Durante essa época nebulosa, ocorre uma rebelião popular de grandes proporções, que se estende por todo o país e instaura a anarquia. Aproveitando-se disso, a confederação de povos conhecida como "hicsos", vinda da Ásia, domina o país por cerca de 150 anos. Essa época turbulenta inicia-se provavelmente com a morte de Sobeqnefru ou Neferusobeq, terminando com a tomada do poder por Amósis ou Ahmés, que inicia o Novo Império. A sucessora legítima da XII dinastia é a XIII, que começa com Intef IV e vai até Amenemat VI. Mas ela só governa num primeiro momento. Então, novamente o Egito se divide em dois centros de decisão, com as dinastias hicsas governando em Xois (XIV) e depois Avaris (XV e XVI), e outra, autóctone, a XVII, governando em Tebas. Essa dinastia, fundada por Neferthotep III, teria nascido de um ramo tebano da XIII. Por esse tempo, na capital do país de Cuxe, Nedjeh, aliado aos hicsos, tomou o poder, instalou sua capital em Buhen e reinou de Elefantina à segunda catarata, até a conquista de Buhen por Camés ou Camósis por volta de 1570 a.C. Ainda em Cuxe (Querma), a Nedjeh sucedeu Antef VII, contemporâneo do hicso Apépi ou Apófis I, referido como o rei hicso que mais assimilou as tradições e a cultura egípcias. Sob Apépi, os reis cuxitas de Querma e os faraós hicsos de Avaris entram em luta aberta contra Tebas, então governada pelo faraó Taa ou Tao, o Velho, casado com a poderosa rainha Tetixeri. Esse faraó é sucedido por seu filho Sequenenrê ou Tao II, que prossegue na luta contra os hicsos, continuada por seu filho e sucessor e finalmente vencida por seu outro filho, Amósis, que expulsa os hicsos e dá início à XVIII dinastia e ao Novo Império. Esse domínio estrangeiro, entretanto, desperta nos egípcios sentimentos nativistas e belicosos. É também nesse momento que os hebreus entram no Egito, chegando um dos seus, José, à alta condição de vizir ou primeiro-ministro. Mas os príncipes de Tebas se organizam e, com Amósis, cerca de duzentos anos após a grande invasão estrangeira batem e expulsam os invasores. **O Novo Império e o país de Cuxe** – Por volta de 1560 a.C., o domínio hicso abrangia apenas a região do Delta: a parte central do país até Assuã permanecia sob o domínio do faraó Camés; e o soberano de Cuxe, com capital em Querma, mantinha seu poder sobre toda a região ao sul de Assuã. Destacada por Bernal como uma dinastia de faraós oriundos do Alto Nilo, a XVIII dinastia então se inicia. Assumindo o trono ainda menino, com cerca de 10 anos de idade, sob a tutela da avó, Tetisheri, e da mãe, a rainha Ahhotep, Amósis ou Ahmés resiste aos invasores hicsos até finalmente conseguir expulsá-los. Expulsos os invasores, o jovem faraó empreende a reconquista da Núbia e conclui um acordo comercial e militar com Creta, abrindo o Egito para o mundo grego. A dinastia se instala efetivamente com o casamento de Amósis ou Ahmés com sua irmã, a princesa cuxita Nefertari, filha de Nower Afi, o "senhor das cataratas", a qual se torna rainha, com o nome de Ahmés--Nefertari, sendo a primeira a ostentar o título de "esposa divina".

A principal característica do reinado de Amósis e da dinastia que iniciou foi a consagração de Amon como um deus do Estado egípcio, além do papel preponderante das mulheres na condução do governo, das conquistas na Núbia e da presença militar na Ásia. Mas o crescimento do poder religioso contrapunha o poder dos sacerdotes de Tebas ao poder civil sediado em Mênfis, o que mais tarde seria causa de graves acontecimentos, como adiante se verá. Com a morte de Amósis, sua esposa-irmã assegura o trono para o filho Amenhotep I, que reina continuando a obra do pai. Esse primeiro Amenhotep ou Amenófis nomeia para a Núbia um vice-rei, Turi, mantido no cargo até o reinado seguinte. A morte de Amenhotep I, entretanto, gerou um problema: seu sucessor, Thutmés I, por ser filho ilegítimo, não tinha direito ao trono, mas conseguiu chegar ao poder supremo por meio do casamento com uma meia-irmã, filha legítima de seu falecido pai. Em seu reinado, por intermédio de bem organizadas ações militares, ampliou seus domínios, para o sul, até a quarta catarata; e, para o norte, até o rio Eufrates. Tanto que a Síria e a Palestina integraram o império egípcio, pagando tributo ao faraó, e suas elites enviando os filhos para estudar no Egito. Quanto à Núbia, administrada por um vice-rei ao sul, até a quarta catarata, em seu território, Tutmés I, em expedição contra os nehésis, também referidos como "trogloditas", chega até além da terceira catarata e interdita o acesso à região de Dongola, onde se concentravam as maiores riquezas auríferas. Essa ocupação afeta profundamente os costumes locais, empobrecendo-a econômica e culturalmente, restando apenas bolsões de nível de vida mais elevado em algumas regiões vizinhas aos grandes centros, como em Bouhen.

Com Tutmés II, os egípcios chegam até a Alta Núbia para reconquistar Cuxe; e no governo seguinte, a rainha Hatchepsut, por intermédio do vice-rei Néhi, dirige o país pacificamente. As expedições egípcias a Cuxe agora são esporádicas, apenas para sufocar ocasionais revoltas. Depois de Néhi, os vice-reis Uersersatet e Merimes conseguem manter tudo sob controle, mesmo durante governos débeis como o de Amenhotep III e apesar do dessecamento progressivo da região núbia. Veja-se agora que, assumindo o trono de um país dividido entre o poder civil e o religioso e enfraquecido por disputas entre autoridades provinciais, Amenhotep IV funda um novo culto, o do deus Aton, adotando o nome Aquenaton e provocando forte reação dos sacerdotes de Amon, o que acaba desencadeando uma crise que culmina em novas e profundas transformações. Morto Aquenaton, reina Semencarê ou Nefertite, e depois seu filho Tutancamon, o qual, embora mais ocupado com o restaurado culto a Amon, leva o Egito à retomada de sua trajetória expansionista, agora dirigida especialmente para o sul, para as terras de Cuxe. Em seus poucos anos de reinado, com o apoio do vice-rei Hui, Tutancamon constrói vários templos na Núbia. Com sua morte e após o curto reinado de Aí, sobe ao poder em Mênfis o general Horemheb, comandante dos exércitos que se torna faraó. E então, ao mesmo tempo que as elites cuxitas se egipcianizam, as egípcias vão assimilando, por intermédio dos servidores predominantes na administração e nos corpos policiais, valores e costumes oriundos da Núbia ancestral.

No reinado de Seti I, o país de Cuxe é governado pelo vice-rei Amenemept, que revitaliza a atividade de exploração aurífera, a qual será o ponto forte do reinado seguinte, com Ramsés II. Sob esse faraó, Cuxe vê erguerem-se ou concluírem-se seis templos, entre eles o de Abu Simbel, além de abrirem-se poços para melhorar o abastecimento de água. Com Ramsés II, o Egito reencontra seu antigo poder. Mas depois de sua morte, o império, debilitado pela guerra contra os hititas e acossado pelos chamados "povos do mar", inimigos vindos do leste do Mediterrâneo e da Ásia Menor, começa a perder suas colônias e a experimentar novo período de turbulência e desagregação. Os sucessores de Ramsés II, o qual reinou mais de 60 anos, foram responsáveis – à exceção de Ramsés III – pela decadência e pela anarquia que se instaurou, com vários chefes locais se confrontando na disputa pelo trono de faraó. Após o décimo primeiro Ramsés, Cuxe torna-se independente (*Ver* CUXE). **Terceiro Período Intermediário** – Chega-se, então, à época compreendida aproximadamente entre os reinados da XXI e da XXXI dinastias, conhecida como "Terceiro Período Intermediário". Nela, novos distúrbios, motivados pelo enfraquecimento político e pela luta de classes, começam a ocorrer, estabelecendo-se dinastias paralelas, de faraós no norte e de grandes sacerdotes em Tebas. Entre a XXI e a XXV dinastias, o governo central do Egito faraônico cede à fragmentação política, com líbios e núbios conquistando importância cada vez maior no controle do Estado, dividido em várias unidades autônomas.

Com a morte de Ramsés XI, Smendes assume o poder, fortalecendo-se por meio do casamento com a filha do soberano falecido e transferindo a capital de Pi-Ramsés para Tânis, no delta. Mas é nesse momento que o poder de Tânis se vê confrontado pelos militares e altos sacerdotes amonianos de Tebas. Assim, enquanto no Baixo Egito reinava uma linhagem de faraós ligada a Ramsés, na Tebaida sucedem-se outros, apoiados por "divinas adoradoras". Também no fim do período dos Ramsés, Cuxe separa-se, agora definitivamente, do Egito, formando um reino independente. Isso motiva os cuxitas a se organizarem melhor e, em seu expansionismo, conquistar o Egito. **O Egito cuxita** – Por volta de 760 a.C., Cachta, soberano cuxita de Napata, apoiado por sacerdotes de Amon, toma Tebas e dá início à XXV dinastia faraônica. A ele sucedem-se, como faraós, Piye, Xabaca, Xabataka, Taharca e Tanutamon. Visto como o maior dos soberanos da XXV dinastia, Taharca é o único rei cuxita citado nominalmente na Bíblia, às vezes como "Tiraca". Xabaca, por sua vez, foi reconhecido pelos egípcios como um regenerador das instituições tradicionais, garantindo, com seu poder, a independência do Egito ante os invasores asiáticos. Sob Tanutamon, o Egito é acossado e tomado pelos assírios de Assaradon, sendo o poder cuxita banido para o sul. Mas a lembrança dessa linhagem de reis núbios, algumas vezes referida como "dinastia etíope", de traços físicos perfeitamente negroides, mostrados nos monumentos que a arqueologia descobriu, parece ter ficado entre os antigos egípcios como a de um tempo de paz e prosperidade. E isso é atestado em Draper (2008), onde se lê: "Os faraós negros reunificaram um Egito fragmentado e marcaram sua paisagem com monumentos gloriosos, criando um império que se estendia desde a divisa meridional, na atual Cartum, seguindo na direção norte, até o Mediterrâneo. Eram poderosos o bastante para enfrentar os sanguinolentos assírios, e talvez com isso tenham salvado a cidade de Jerusalém." **Domínio greco-romano** – De 332 a 30 a.C., o Egito permanece sob domínio grego: Alexandre Magno o entrega a um de seus generais, Ptolomeu. Daí em diante, até 395 d.C., ano da morte do imperador Teodósio, o país permanece sob domínio de Roma, associando-se à Síria em determinado momento histórico. Cheikh Anta Diop observa que na Antiguidade, enquanto sumérios, acádios e outros povos produziam cerâmicas, vasos, afrescos e essencialmente bens materiais, o Egito produzia um monumental conjunto de obras, nos campos ético, espiritual e moral, consistente o bastante para ser considerado Filosofia. Assim, durante a época faraônica, essa civilização clássica africana não teve rival. Foi a cultura seminal do período, e todas as outras civilizações do seu tempo viam o Egito como o auge das conquistas humanas.

EGITO FARAÔNICO				
PERÍODO	DINASTIA	CAPITAL -JURISDIÇÃO	ÉPOCA (APROX.)	GOVERNANTES
PRÉ-DINÁSTICO TARDIO				ZEQUEN; NARMER
DINÁSTICO PRIMITIVO	I		3500-2980	MENÉS (3500-); DJER; UADJI; DEN; ADJIB; SEMERQUET; CAA (-2980)
	II		2980-2685	HETEPSEQUEMUI (2980-); NEBRÉ; NINETJER; UADJI; SENED; SEQUEMID; CASEQUEMUI (-2685)
	III		2685-2615	SANAQHT/NEBCA (2685-2680); NETJERIQUET/DSOJER (2680-2650); SEQUEMKHET (2650-2640); CABA (2640-2635); HUNI (2635-2615)
ANTIGO IMPÉRIO	IV		2615-2495	SENEFURU (2615-2610); CUFU (2610-2580); DJEDEFRÉ (2580-2570); CAFRÁ (2570-?); MENCAURÉ (2535-2515); CHEPSESCAF (-? 2495)
	V		2495-2345	USERCAF (2495-2485); SAHURÉ (2485-2475); NEFERIRCARÉ (2475-2465); XEPSESCARÉ (2475-2465); NEFEREFRÉ (2465-2455); NIUSERRÉ (2455-2425); DJEDCARÉ ISESI (2425-2385); UNAS (2385-2345)
	VI		2345-2180	TETI (2345-2325); USERCARE (?); PEPI I (2325-2275); MERENRÉ (2275-2265); PEPI II (2265-2200); MERENRÉ (2200); NITOCRIS NETIQUERTI (2200-2180)
1º PERÍODO INTERMEDIÁRIO	VII-VIII		2180-2135	VÁRIOS GOVERNOS EFÊMEROS, ENTRE OS QUAIS O DE NEFERCARE
	XI (1ª FASE)	TEBAS – TEBAS	2135-2065	MENTUHOTEP I (2135-?); ANTEF I (-2120); ANTEF II (2120-2070); ANTEF III (2070-2065)
MÉDIO IMPÉRIO	XI (2ª FASE)	TEBAS – TODO O EGITO	2065-1990	MENTUHOTEP II (2065-2015); MENTUHOTEP III (2015-2000); MENTUHOTEP IV (2000-1990)
	XII		1990-1785	AMENEMAT I (1990-1960); SENUSRET I (1970-1925); AMENEMAT II (1930-1890); SENUSRET II (1900-1880); SENUSRET III (1880-1840); AMENEMAT III (1845-1800); AMENEMAT IV (1805-1790); NEFERUSOBEQ (1790-1785)

EGITO FARAÔNICO

PERÍODO	DINASTIA	CAPITAL -JURISDIÇÃO	ÉPOCA (APROX.)	GOVERNANTES
	XIII		1785-C.1635	REINARAM CERCA DE 70 FARAÓS, EM CURTÍSSIMOS PERÍODOS DE GOVERNO. OS MAIS CONHECIDOS, CF. BAINES E MÁLEK, FORAM: AMENEMAT V; HETEPIBRE; AMENIQUEMAU; SEBECOTEP (C. 1750); HOR; AMENEMAT VI; SEBECOTEP II; USERCARE; SEBECOTEP III (C. 1745); NEFERHOTEP (1740-1730); SEBECOTEP IV (1730-1720); AIA (1704-1690); DJEDANQRE; DJEDENEFERRE; NEFERHOTEP III
	XIV			FARAÓS DE MENOR IMPORTÂNCIA, PROVAVELMENTE CONTEMPORÂNEOS DA XIII OU DA XV DINASTIAS
2° PERÍODO INTERMEDIÁRIO	XV (FARAÓS HICSOS)		1640-1535	SALITIS; XEXI; CAIAN; APÓFIS (1585-1545); CAMUDI (1545-1535)
	XVI			SOBERANOS HICSOS DE POUCA IMPORTÂNCIA, CONTEMPORÂNEOS DA XV DINASTIA
	XVII	TEBAS	1640-1550	REINARAM NUMEROSOS FARAÓS, SENDO OS PRINCIPAIS OS SEGUINTES: ANTEF V (1640-1635); SEBEQUEMSAF I; NEBIREIERAU; SEBEQUEMSAF II; TAO I; TAO II; CAMÉS (1555-1550)
IMPÉRIO NOVO	XVIII		1550-1320	AMÓSIS (1550-1525); AMENHOTEP I (1525-1505); TUTMÉS I (1505-1495); TUTMÉS II (1495-1480); TUTMÉS III (1480-1425); HATCHEPSUT (1475-1460); AMENHOTEP II; TUTMÉS IV; AMENHOTEP III (1390-1355); AQUENATON (1355-1335); SEMENCARÉ (1335-1333); TUTANCAMON (1333-1325); AÍ (1325-1320); HOREMHEB (1320-1310)
	XIX		1310-1195	RAMSÉS I (1310-1305); SETI I (1305-1290); RAMSÉS II (1290-1225); MENEFTÁ (1225-1215); SETI II (1215-1205); AMENEMSÉS (USURPADOR, DURANTE O REINADO DE SETI II); SIPTAH (1205-1200); TAUSERET (1200-1195)
	XX		1195-1070	SEQNACT (C. 1195); RAMSÉS III (1195-1165); RAMSÉS IV (1165-1155); RAMSÉS V (1155-1150); RAMSÉS VI (1150-1135); RAMSÉS VII (1145-1135); RAMSÉS VIII (1135-1130); RAMSÉS IX (1130-1115); RAMSÉS X (1115-1100); RAMSÉS XI (1100-1070)
3° PERÍODO INTERMEDIÁRIO	XXI		1070-945	SMENDES (1070-1045); AMENEMNESU (1045-1040); PSUSENES I (1045-995); AMENEMOPE (995-985); OSORCON I (985-980); SIAMON (980-960); PSUSENES II (960-945)
	XXII	BUBASTIS	945-715	XEXONQ I (945-925); OSORCON II (925-910); TAQUELOT I (910-?); XEXONQ II (? -885); OSORCON III (885-855); TAQUELOT II (860-835); XEXONQ III (835-785); PAMI (785-775); XEXONQ V (775-735); OSORCON V (735-715). XEXONQ IV NÃO CHEGOU A REINAR
	XXIII	TEBAS, HERMÓPOLIS, HERACLEÓPOLIS, LEONTÓPOLIS E TANIS		GOVERNARAM, AO MESMO TEMPO, VÁRIAS LINHAGENS DE FARAÓS, COM VÁRIAS CAPITAIS E JURISDIÇÕES DIVERSAS, ENTRE OS QUAIS OS SEGUINTES: PADIBASTET (830-805); OSORCON IV (775-750); PEFTJAU-AWYBAST (740-725)
	XXIV	SAÍS		TEFNACT (725-710); BOCORIS (715-710)

EGITO FARAÔNICO				
PERÍODO	**DINASTIA**	**CAPITAL -JURISDIÇÃO**	**ÉPOCA (APROX.)**	**GOVERNANTES**
	XXV (NÚBIA – 1ª FASE)	NÚBIA E REGIÃO DE TEBAS	770-715	CACHTA (770-750); PIYE (750-715)
PERÍODO TARDIO	XXV (2ª FASE)	NÚBIA E TODO O EGITO	715-655	XABACA (715-700); XEBITCU (700-690); TAHARCA (690-664); TANUTAMON (664-655)
	XXVI		664-525 (A PARTIR DAQUI TODAS AS DATAS SÃO EXATAS)	NECAU (672-664); PSAMÉTICO I (664-610); NECAU II (610-595); PSAMÉTICO II (595-589); APRIÉS (589-570); AMÓSIS II (570-526); PSAMÉTICO III (526-525)
PERÍODO TARDIO (1º DOM. PERSA)	XXVII		525-404	CAMBISES (525-522); DARIO I (521-486); XERXES I (486-466); ARTAXERXES I (465-424); DARIO II (424-404)
	XXVIII		404-399	AMIRTEUS (404-399)
	XXIX		399-380	NEFERITÉS I (399-380); PSAMUTIS (393); HACOR (393-380); NEFERITÉS II (380)
	XXX		380-343	NECTANEBO I (380-362); TEOS (365-360); NECTANEBO II (360-343)
PERÍODO TARDIO (2º DOM. PERSA)			343-332	ARTAXERXES III (343-338); ARSES (338-336); DARIO III (335-332)

OBS.: Cronologia baseada na datação proposta em Asante (2000), sendo, dentro dela, adaptados e aproximados os períodos de governo informados em Baines e Málek. As datas superpostas numa mesma dinastia indicam corregências. A superposição de dinastias indica governo em regiões diferentes do país.

EIRPANOMÊ. Rei da Nobácia após Silco.

EJE. *Ver* AY.

ELLA AMIDA. Nome de quatro reis de Axum, que governaram provavelmente entre os séculos III e IV d.C.

ELAM. Antigo país asiático, localizado em parte dos atuais territórios de Iraque e Irã. Segundo Cheikh Anta Diop, há evidências arqueológicas, no Iraque e no Irã, de que muitos elamitas e sumérios eram negros. Conforme W. Hinz, citado por Bernal, entre os guarda-costas do rei persa Dario (c. 500 a.C.) contavam-se elamitas do interior do país, de pele muito pigmentada, quase como a dos negros africanos, e, mesmo hoje, homens de pele muito escura mas não negroides na aparência podem ser vistos na região do Cuzistão. *Ver* ÁFRICA – Os africanos na Ásia.

EL-AMRA. Sítio arqueológico, 120 km ao sul de El-Badari, no Alto Egito. É o local onde floresceu a chamada cultura "amratense" ou "amraciana", na segunda etapa do período pré-dinástico inicial, entre c. 4780 e 3900 a.C. Essa civilização, também conhecida como "cultura de Naqada", em alusão à principal cidade da região na Antiguidade, teria dado origem à realeza quemética. Nesse período, Naqada e Nequem eram cidades adversárias, a primeira cultuando o deus Seth e a segunda, Hórus. Os primeiros soberanos dessa realeza, reinando em Nequem, a Hieracômpolis dos gregos, teriam sido, segundo a tradição, os semideuses Hórus Sereq, Hórus Ny-Hor, Hórus Hat-Hor, Hórus Iry Ro, Hórus Ca e Hórus Scorpion. *Ver* FARAÓ – Nomes e Títulos.

EL-BADARI. Sítio arqueológico no Alto Egito. É o local onde floresceu, irradiando-se até a Núbia, nas duas margens do Nilo, a chamada cultura "badariense" ou "badariana", na primeira etapa do período pré-dinástico inicial, c. 5500 a.C.

ELEFANTINA. Um dos nomes de File, ilha do Alto Nilo, na atual Assuã. Com seu nome devido ao comércio de marfim que ali se praticou, foi, segundo a antiga tradição local, o lugar a partir do qual Ra deu vida a todas as coisas. Seu desenvolvimento iniciou-se à época do faraó Djoser, e com aconselhamento do sábio Imhotep. Depois do ano 2000 a.C., os contatos entre as cortes de Jerusalém, Tânis e depois Saís se estreitaram. Daí terem os hebreus estabelecido uma colônia na ilha, por volta de 400 a.C. Segundo algumas fontes, esses colonos praticavam cultos não contemplados nas doutrinas do Deuteronômio, mas resistiram à adoção de deuses locais, como Qnum e Hnoub.

EMBALSAMAMENTO. *Ver* MUMIFICAÇÃO.

ENDUBIS. Rei de Axum (c. 270 d.C.).

ENGARUCA. Antigo núcleo de civilização localizado na atual Tanzânia e datado do século XV d.C. Pesquisas arqueológicas dão conta da existência no local de um grande conjunto de aldeias ligadas por um extenso canal feito de blocos de pedra, além de um intrincado sistema de irrigação. Segundo Asante e Abarry, o sítio foi peça-chave no florescimento dos impérios da África Central. Segundo D. W. Phillipson, citado por Obenga (1985), a povoação do norte da Tanzânia iniciou-se com a che-

gada, entre os anos 100 e 200 d.C., de povos falantes de idiomas bantos provenientes do Baixo Congo.
ENUPHIS (EUNIPHIS). Sacerdote de Heliópolis, mestre de Pitágoras.
ÉPOCA BAIXA. Denominação usada para adjetivar o período da história egípcia compreendido entre o governo da XXVII dinastia e o domínio persa.
ERDA AMEN AUSEIA (URDEMANE). Soberano etíope (c. 674-668 a.C.) da dinastia de Meneliq, segundo listagem provavelmente extraída do Kebra Nagast, cf. www. rastafarionline.com. *Ver* ARCAMANI; ERGAMENE.
ERGAMENE (ERGAMENES). *Ver* ARCAMANI.
ERITREIA. País da África Oriental, localizado no "chifre" da África, às margens do mar Vermelho. O nome se origina do grego *erythros*, vermelho, em alusão à cor do mar local. Outrora província mais setentrional da Etiópia, vários séculos antes da Era Cristã, pastores semitas que emigravam da Arábia para a Mesopotâmia chegavam à região. Pinturas rupestres nas províncias de Akele Guzai e Sahel, datadas de 6000 a.C., demonstram, segundo alguns arqueólogos, que povos falantes de línguas nilóticas das florestas do atual Sudão meridional foram os primeiros habitantes locais. Esses pioneiros foram seguidos por povos pastores, falantes de línguas cuxitas, vindos do deserto setentrional, provavelmente entre 3500 e 4000 anos atrás (cf. David P. Johnson Jr., in *Africana*, 1999). O litoral do mar Vermelho é um dos lugares mais quentes e secos do continente africano; entretanto, sendo a maior parte do país montanhosa, os frios planaltos centrais têm vales férteis, apropriados para a agricultura.
ERVAS AROMÁTICAS. Erva é a planta de pequeno porte, nem árvore nem arbusto. Os antigos egípcios usavam ervas (e também resinas) aromáticas na medicina, na cosmética, na culinária, na arte do embalsamamento etc. *Ver* ESPECIARIAS; MEDICINA EGÍPCIA; RESINAS.
ESCANDINÁVIA, Africanos na. *Ver* EUROPA E ÁFRICA: Relações.
ESCORPIÃO. Artrópode da classe dos aracnoides. Na Antiguidade egípcia, era animal sagrado, ligado ao deus Seth, daí ser relacionado ao lendário

governante da época pré-dinástica conhecido como Hórus Scorpion ou Escorpião-Rei. *Ver* EL-AMRA.

ESCRAVIDÃO. A escravidão, regime socioeconômico em que o indivíduo é privado da liberdade por meio de sujeição absoluta a um senhor, nasceu com a substituição gradativa das economias de caça, coleta ou pastoreio pela agricultura e por técnicas mais complexas de produção, quando, por exemplo, a difusão da metalurgia fez com que o trabalho manual se diversificasse, indo além das simples tarefas agrícolas. Quanto maior o avanço tecnológico, pela utilização do bronze e depois do ferro, maior a riqueza acumulada por indivíduos e sociedades. Com o advento da propriedade privada, os mais ricos passaram a obrigar os pobres a trabalhar em seu benefício e a reunir grupos de guerreiros para atacar outros grupos, apossando-se de seus bens e transformando prisioneiros em escravos, além de, dentro do próprio grupo, escravizar também os empobrecidos e endividados. Essa forma de exploração do trabalho existiu em toda a Antiguidade, inclusive em Roma e Atenas. Na África Antiga, em geral os escravos podiam ser comprados, vendidos ou dados de presente; tinham de fazer o que lhes era ordenado, mas, embora fossem propriedade de outras pessoas, gozavam de alguns direitos, inclusive o de herança sobre os bens de seu amo, podendo também constituir família e adquirir propriedades. No Egito faraônico, os escravos, em geral provenientes da Núbia e da Somália, mas também do Sinai e de Biblos, realizavam os diversos trabalhos domésticos, a lavra dos campos e as obras civis.

ESCRIBAS. Entre os povos letrados, indivíduos empregados no ofício de escrever, por cópia ou sob ditado. Responsáveis pelo registro escrito do movimento das colheitas, pela medição dos campos, por cobrança de impostos, inventário de bens, controle de estoques, redação de leis e decretos, os escribas gozavam de grande prestígio no Egito antigo. Tidos como "os olhos e os ouvidos do Faraó", eram, segundo L. Bacha, admitidos por meio de provas, nas quais se aferiam conhecimentos de matemática, história, geografia, leis, gramática etc., e podiam, em certas circunstâncias, legar o cargo aos filhos. Entre os israelitas, a instrução dos escribas baseava-se principalmente na tradição egípcia. Segundo Cazelles, o rei Salomão chegou a levar escribas egípcios para o serviço de seu palácio.

ESCRITA. Representação da linguagem falada por meio de signos gráficos. Criada a princípio com fins meramente administrativos, contábeis ou religiosos, é no Egito, segundo López-Davalillo, que a escrita, embora ainda não alfabética, ultrapassa esses objetivos apenas utilitários, para falar, por exemplo, de construções monumentais e da magnificência dos governantes. De acordo com E. A. Wallis Budge, citado em Asante e Abarry, provavelmente desde c. 4500 a.C. os egípcios usavam em seus rituais funerários textos escritos para acompanhar seus mortos. Esses documentos primevos não têm datação comprovada, mas a partir do período dinástico inicial já é possível obter evidências concretas. Documentos da V dinastia já informam listas de oferendas, preces e biografias. Na dinastia seguinte, aparecem os "ensinamentos de sabedoria", que constituem verdadeiros tratados de filosofia. As inscrições feitas dentro das câmaras mortuárias, sobre cerimoniais e rituais, são fartamente documentadas em toda a história do Egito antigo. A escrita foi também utilizada para registrar, nos túmulos, a identificação do morto, com a distinção de sua classe social e de seus bens. As "listas de oblação" egípcias (oferendas feitas ao defunto para sua viagem final), como lembram Asante e Abarry, talvez constituam o primeiro exemplo perfeito de escrita. Segundo Obenga, reportando-se aos historiadores anglófonos das escritas e dos alfabetos David Diringer, Walter Durfee e Isaac Taylor, a escrita rúnica, do noroeste europeu, originou-se da escrita etrusca, que descende da grega, que deriva da fenícia. Esta, por sua vez, origina-se da semítica, que provém da sinaica, a qual remonta aos hieróglifos e aos sinais gráficos da escrita dos antigos sacerdotes egípcios. Segundo Asante e Abarry, uma das características das sociedades secretas africanas é a criação de sistemas gráficos, de escritas cifradas, por meio das quais os indivíduos se intercomunicam. Consoante esses autores, uma das mais conhecidas dentre essas escritas é, na atualidade, a do povo Vai, da Libéria. Outros povos, porém — como Bamum, Bini, Bacongo, Peul, Acã —, também criaram seus sistemas gráficos de comunicação, usados nos monumentos sagrados e mantidos sob a guarda de sacerdotes especialmente dedicados a esse fim, ou utilizados de maneira geral. A adoção desses sistemas trouxe consigo tanto poder e influência que os africanos da Antiguidade reservavam esse conhecimento e essa habilidade, envoltos em aura de magia e mistério, aos sacerdotes e reis. *Ver* ALFABETO; COPTA; DEMÓTICA; GUEÊS; GICÂNDI; HIERÁTICO; HIERÓGLIFOS; MEROÍTICA; NSIBIDI; ROSETA.

ESCULTURA. O Egito faraônico legou ao mundo uma arte escultórica monumental, solene e hierática, expressa em obras como a esfinge de Gizé, as estátuas de Abu Simbel e o colosso de Ramsés em Carnac. Da mesma forma, a civilização meroítica, seguindo o modelo egípcio, também produziu esculturas de valor. Em épocas diversas, muitos outros antigos povos africanos, como, por exemplo, os de Noq, Ifé, Benin os de Esie, os do reino Cuba etc., destacaram-se na arte de esculpir.

ESFINGE DE GIZÉ. Escultura talhada em pedra viva, às margens do Nilo, na atual localidade de El-Giza ou Gizé, próxima ao Cairo, antes do reinado do faraó Quefrém. Construída em dimensões gigantescas, 72 m de comprimento e 20 m de altura, o rosto humano medindo mais de 4 m de largura (cf. O. S. Boyer), era uma representação de Harmáquis, uma das manifestações do deus-sol. Sobre essa esfinge, assim se pronunciou C. F. Volney, viajante francês do século XVIII, citado por Obenga (1973): "Vendo essa cabeça caracteristicamente negra em todos os seus traços, lembrei-me da passagem de Heródoto que diz: 'Para mim, os cólquidos são uma colônia dos egípcios porque, como aqueles, eles têm a pele negra e os cabelos crespos', ou seja, que os egípcios eram negros, da espécie de todos os naturais da África." *Ver também* GIZÉ.

ESIE, Esculturas de. Conjunto de cerca de 200 peças esculpidas em pedra, encontradas em Ilorin, na Nigéria, e datadas de c. 6000 a.C. Sua existência atesta, já em época remota, a presença de uma arte africana anterior, inclusive, à da civilização faraônica egípcia.

ESOPO. Legendário fabulista do século VII ou VI a.C. Segundo Cheikh Anta Diop, foi um "negro egípcio" que introduziu na Grécia o gênero fábula, tipicamente cuxita, que consistia em colocar em cena animais como personagens.

ESPECIARIAS. Substâncias odoríferas de origem vegetal usadas, nos tempos antigos, como condimentos e agentes conservantes de certos alimentos. A procura por especiarias, bem como por ervas aromáticas na Arábia meridional, foi motivo de incursões africanas através do estreito de Bal--el-Mandeb e do mar Vermelho.

ESPOSA DIVINA. Principal título religioso feminino do Egito faraônico, à época do Império Novo, primeiro atribuído à rainha Ahmés-Nefertari, irmã e esposa do faraó Amósis I, iniciador da XVIII dinastia. Detentoras desse título, as rainhas e princesas eram consideradas encarnação da deusa Mut. *Ver* DIVINAS ADORADORAS.

ESTELA. Espécie de monumento de pedra, em forma de coluna ou placa, no qual os povos antigos faziam inscrições, em geral funerárias.

ESTRABÃO. Historiador grego (58 a.C.-25 d.C.). Segundo M. K. Asante, sacerdotes do Egito faraônico atraíram filósofos e matemáticos gregos, como Eudoxos de Cnidos e Pitágoras, para estudar na África e se beneficiar da instrução quemética, não lhes transmitindo, entretanto, todo o conhecimento de que eram detentores. *Ver* QUEMÉTICO.

ETÍOPE. Natural da Etiópia. O termo *aithiops*, significando talvez "cara queimada", segundo a etimologia comumente aceita, foi inicialmente usado pelos antigos gregos para designar as populações localizadas entre a bacia do Nilo e a região do "chifre da África", estendendo-se depois a todas as populações ditas "afronegras". Segundo Diop, para os gregos, "etíopes" eram as populações essencialmente "negras" (de pele escura e cabelos crespos), tanto as "civilizadas" do Sudão meroítico quanto aquelas consideradas mais asselvajadas, que habitavam as vizinhanças, como os "xilófagos" (comedores de madeira), "estrutófagos" (comedores de avestruzes), "ictiófagos" (comedores de peixes), "condutores de elefantes" etc. Segundo Heródoto, os etíopes seriam, "de todos os homens, os de maior estatura e de mais bela compleição física, tendo também costumes diferentes dos outros povos; entre eles, o mais digno de usar a coroa é o que apresenta maior altura e força proporcional ao seu porte". A maioria, segundo o historiador grego, chegava aos 120 anos. Alimentavam-se de carne cozida, sendo o leite sua bebida principal. "Etíope", em latim *Aethiope*, era também o antigo nome da ilha de Lesbos, no mar Egeu, segundo Saraiva.

ETÍOPES MACRÓBIOS. Povo referido por Heródoto mas não exatamente identificado. Cultivavam a mesma lavoura dos que o historiador grego designou como "indianos calátios", moravam em habitações subterrâneas e, de três em três anos, levavam oferendas ao seu rei.

ETÍOPES ORIENTAIS. Denominação dos drávidas na literatura grega.

ETÍOPES, Os. Texto épico romântico de autoria do escritor grego Heliodoro (século III d.C.). O enredo conta a história de uma princesa cuxita levada para a Grécia para casar-se com um nobre grego. A narrativa exerceu grande influência sobre as literaturas da Europa ocidental nos séculos XVI e XVII.

ETIÓPIA. Na Antiguidade, o nome Etiópia, de origem grega, era genericamente aplicado a toda a África então conhecida. Com o tempo, passou a designar especificamente a região montanhosa entre o rio Nilo e o mar Vermelho, que compreende hoje os territórios de Eritreia, Djibuti, Etiópia e Somália. Aproximadamente a partir do ano 2000 a.C., com o estabelecimento de migrantes do povo Habbashat, proveniente da Arábia meridional, a porção norte do território ficou conhecida como Abissínia, distinta, pois, da outra parte, mais ao sul – o chamado "país de Punt" –, localizada aproximadamente na atual Somália. Para os hebreus, o nome Etiópia parece ter designado, consoante mapa estampado em Boyer (*ver* Bibliografia), toda a região localizada abaixo de Mizraim (Egito), nas proximidades das atuais cidades de Atbara e Cartum, no Sudão. Os hebreus chamavam o país de Cuxe porque, segundo eles, fora fundado por Cuxe, um dos filhos de Cam, na tradição do Gênesis; e à região do atual Djibuti chamavam Havilá. **Abissínia e Punt** – A hegemonia do povo Habbashat sobre o norte da atual Etiópia parece ter perdurado por cerca de dois séculos. Nesse tempo, formaram-se as primeiras etnias, como a dos tigreses, a dos amharas e a dos xoas, até que a partir do século XIX a.C. a região entrou na esfera de influência dos cuxitas de Querma, que, à época do Segundo Período Intermediário da história egípcia, absorveram várias unidades políticas vizinhas, fortalecendo-se para tomar o poder no Egito faraônico – inclusive aliando-se aos invasores hicsos. Durante o domínio hicso, por volta do século XVI a.C., nova leva de migrantes proveniente da Arábia meridional atinge a porção sul do território, o "país de Punt". **A Etiópia cuxita** – Antes do período faraônico, isto é, antes de 4000 a.C., existiram relacionamentos de tipos diversos entre a Núbia, o vale do Nilo egípcio e o norte-nordeste africano. A unidade geográfica, étnica e cultural das regiões nilóticas (Etiópia, Núbia e Egito) já era afirmada por autores gregos anteriores a Heródoto, como Diodoro da Sicília e Estrabão. Ressalte-se a influência fundadora da Núbia sobre o Egito e o mundo saaro-magrebino, ao contrário da origem sumeriana ou do Oriente Próximo atribuída à civilização faraônica: o Egito e a Líbia foram povoados por povos migrados da região do Alto Nilo. Além disso, em *Christianity, Islam and the Negro Race*, livro de 1887, Edward Wilmot Blyden já revelava os laços estreitos existentes entre as concepções religiosas da antiga Etiópia e as religiões ditas "reveladas". Entretanto, os registros mais precisos do passado etíope ou abissínio vêm da XXV dinastia do Egito faraônico, representada por governantes núbios ou cuxitas e, por isso, dita "etíope". Dessa forma, a antiga história etíope está efetivamente ligada ao reino de Cuxe, do qual, provavelmente por meio de várias pequenas unidades provinciais, teria feito parte em algum momento. Tanto assim que, à época do profeta Isaías, entre 740 e 687 a.C., sob o reinado egípcio dos faraós núbios, etíopes e egípcios uniram forças contra os assírios de Sargão II. Fustigados por esse monarca, os palestinos pediram auxílio à união etíope-egípcia, mas se sentiram desatendidos. É nesse contexto que, na Bíblia, o Livro de Isaías proclama: "Durante três anos o meu servo Isaías andou meio nu e descalço como um sinal e aviso daquilo que vai acontecer com o Egito e a Etiópia. O rei da Assíria levará como prisioneiros os egípcios e os etíopes, tanto os moços como os velhos. Eles irão meio nus e descalços, com as nádegas descobertas, trazendo assim vergonha para o Egito. Então, aqueles que confiavam na Etiópia e que se gabavam do Egito ficarão desiludidos e decepcionados. E os povos que vivem no litoral do mar Mediterrâneo dirão: 'Vejam só o que aconteceu com aqueles em quem nós confiávamos e a quem fomos pedir proteção contra o rei da Assíria'." (Isaías, 20, 3-6). Os povos do litoral do Mediterrâneo confiavam na liderança da aliança Egito-Etiópia (ou Cuxe) contra os assírios de Sargão II. Mas as forças "etíope-egípcias" do cuxita Tanutamon foram derrotadas. **A Etiópia sabeia** — Por volta do ano 1000 a.C., povos semitas do reino de Sabá (Sheba), no atual Iêmen, começaram a migrar através do estreito de Bab-el-Mandeb e absorveram as populações cuxitas do litoral da Eritreia e dos planaltos adjacentes. Esses migrantes ergueram as bases do reino de Axum, o qual, no fim do século IV d.C., dominou o norte da Etiópia. Como consequência dessas migrações, entre 800 e 300 a.C., uma civilização avançada floresceu nos planaltos da Eritreia e na região de Tigré. Suas elites dirigentes se autorreferiam como os "mucarribs de Da'amat e Saba", em referência ao território etíope no qual se estabeleceram — Da'amat — e à sua terra de origem. O título "mucarrib" indicava algo como governador de uma unidade federada, e, na Arábia do Sul, atual Iêmen, o título se referia a cada um dos governantes de tribos ligadas por um pacto. Esse antigo povo de Da'amat, na Etiópia, deixou inscrições em língua e escrita muito semelhantes a registros encontrados no sul da Arábia; assim, presumivelmente, os povos de ambos os lados do mar Vermelho compartilharam um passado cultural comum.

Entretanto, apesar da grande influência da civilização árabe meridional, uma forte personalidade africana soube destacar-se na região.

Por isso, como salientado no *Dictionnaire des civilisations africaines*, as ideias de que a Arábia meridional forjou a etnicidade etíope, de que ela dominou politicamente o país, gerando seus primeiros reinos, de que o idioma guêês deriva diretamente da língua falada pelos sabeus são inexatas. Esses empréstimos foram decisivos, sim, mas só proliferaram por conta da existência de um caldo de cultura propício e autóctone, como os próprios egípcios muito antes reconheciam. Nessa fase "etiópico-sabeia", a cultura local se destaca pelas inscrições em escrita monumental, pela cerâmica vermelha encerada e por monumentos arquitetônicos e esculturais de grande valor artístico. Outra fase complexa que parece estender-se do século III a.C. ao século I d.C., com caracteres novos na escrita, na cerâmica e nas construções, apresenta uma influência sabeia mais difusa, resultado talvez de contatos mais efetivos com Meroe, com o Egito e provavelmente também com a Índia. **Axum: origens** – Provavelmente a partir da segunda grande migração proveniente da Arábia meridional, à época do domínio hicso no Egito, a região de Punt passa a ser dominada por uma casta sacerdotal chamada Aroue (Arue), dedicada ao culto da serpente Arevie. Por essa época, o planalto da Etiópia foi em várias ocasiões alcançado por outras tribos vindas da Arábia, que se miscigenavam aos nativos. Nesse tempo, um príncipe de nome Baessi Angabo derrota a casta sacerdotal Aroue e funda uma dinastia na qual nascerá Maqueda, a futura Rainha de Sabá. Os ancestrais de Maqueda, entre eles seu pai, Ze Caouissian, edificam, com o auxílio dos hicsos, grandes templos, semelhantes aos da Núbia. A capital do reino se estabelece, segundo a tradição, primeiro em Sabá, depois se transfere para Axum, onde Caouissian ergue um palácio. **Meneliq** – Segundo a tradição, da união da Rainha de Sabá com Salomão, rei de Israel, nasce Ben-el-Haquin ("o filho do rei") ou Meneliq I, criado em Jerusalém, de onde mais tarde vai para Sabá (ou para Axum) para suceder sua mãe. Meneliq I reina por 25 anos, durante os quais a frota de Sabá acompanha as naus do rei Hiram em expedições pelo oceano Índico. Com Meneliq o reino ganha autonomia e se transforma em império. Mas o fortalecimento de Axum e sua ligação com a Ásia preocupam o Egito e a Núbia. Tanto que, após a morte de Salomão, em c. 920 a.C., o faraó Xexonq I envia expedição militar a Jerusalém. Por volta do ano 600 a.C., Axum é atacada pelos cuxitas; mas quando os persas conquistam o Egito (525 a.C.), Núbia (Cuxe) e Etiópia (Axum) se unem. Quando Alexandre domina o Egito (332 a.C.), a Núbia faz um pacto de neutralidade com Axum, já conquistada por Alexandre. A partir daí a língua grega é introduzida na corte axumita. Com o domínio romano, núbios e axumitas se aliam novamente para defender seu território e partem para o ataque. Em 29 a.C., essa coligação enfrenta as tropas do general romano Cornélio Galo. No embate, Napata, a capital de Cuxe, é arrasada, e a Baixa Núbia se torna protetorado romano. Axum, ao contrário, constituindo-se no centro do comércio entre o vale do curso superior do rio Nilo e os portos do mar Vermelho, experimenta desenvolvimento sem precedentes. **O apogeu** – A partir do fim do primeiro século da Era Cristã, Axum se torna a capital do reino da Etiópia, em substituição à antiga cidade de Yeva, provavelmente localizada no território da atual província de Tigré. No século III, altamente desenvolvida, Axum é a sede de um dos quatro grandes reinos do mundo, ao lado de Roma, Pérsia e China. Seu principal porto, Adulis, no mar Vermelho, destacava-se como um grande centro comercial. Por ele, exportavam-se marfim, ouro e escravos, ao mesmo tempo que se recebia grande variedade de mercadorias, como tecidos de algodão, recipientes de vidro, metais brutos e produtos manufaturados – espadas, ferramentas e outros utensílios –, tudo vindo em especial do Egito, do Mediterrâneo e da Índia. A partir, principalmente, do reinado de Afilas, no terceiro século d.C., os axumitas passaram a cunhar suas próprias moedas, em ouro, prata e bronze. Axum construiu também grandes palácios, templos e monumentos, nos quais inscrições em gueês, sabeu e grego nos permitem conhecer hoje um pouco de seu passado.

Segundo o historiador romano Rufino, citado em R. Pankhurst, o filósofo Merópio, de Tiro, fez uma viagem à Índia, de onde trouxe dois rapazes, os quais educou. Chamavam-se Frumêncio e Edésio, e, após a morte do mentor num ataque dos romanos ao seu navio no mar Vermelho, foram adotados pelo rei de Axum. Já adultos, após a morte do rei, os dois educaram e cristianizaram o príncipe herdeiro, que mais tarde seria o celebrado rei Ezana, responsável pela conversão de Axum ao cristianismo em 330 d.C. Frumêncio, hoje santo da Igreja Católica e cultuado como o "santo apóstolo da Etiópia", foi bispo de Axum, onde faleceu em 380 d.C., cerca de cinquenta anos depois da conquista de Meroe por Axum. A cultura material de Axum, particularmente nos domínios da arquitetura, da literatura e do comércio, foi brilhante. As ruínas de seus edifícios e monumentos, com suas inscrições, são impressionantes em todos os aspectos. Seu comércio por terra e por mar lhe garantia não só riquezas, mas também contatos com os Estados africanos situados ao norte e ao sul, e até mesmo com os impérios bizantino, persa e do Extremo Oriente. Isso até seu declínio, já na Idade Média europeia, entre os séculos VII e VIII d.C. **O declínio** – No ponto mais alto de seu desenvolvimento, o reino de Axum foi além do Mediterrâneo, dominando parte da Arábia meridional. Nessa época, as tentativas romanas de conquistar o sul da Arábia por caminhos terrestres foram frustradas, ao passo que os etíopes axumitas seguidamente intervinham nos destinos da região: no ano 525 d.C. ocuparam e dominaram o reino de Sabá; em 570 d.C., seus exércitos tentaram chegar a Meca, utilizando elefantes, para arrebatar aos persas o domínio da cidade, o que não conseguiram. Cinco anos depois, derrotados pelos sassânidas, dinastia de reis persas, tiveram que abandonar a região. Chegada, enfim, a era islâmica, as rotas de comércio foram modificadas e o progresso foi interrompido. Nesse contexto, outro fator do declínio de Axum foi a conversão de sua classe dirigente ao catolicismo, o que isolou o reino dos países vizinhos. **Dinastias e linhagens reais** – Baseadas nas alegadas ascendências salomônica e sabeia de seu povo, algumas tradições etíopes fazem iniciar sua genealogia no século XXI a.C., entre os arameus, na linhagem de Ori ou Aram. Outra linhagem cuja origem é tida como da mesma época seria iniciada nas figuras bíblicas de Cam, Cuxe e Sabtá. Do encontro dessas linhagens, paterna e materna, assentado no episódio da união do rei Salomão com a Rainha de Sabá, chega-se à dinastia de Meneliq, conforme tabela a seguir, reproduzida até o século X d.C. Observe-se que nela muitos nomes remetem aos de faraós egípcios e de soberanos de Cuxe, como Piânqui, Aspelta e Tanutamon, de registros aproximadamente sincrônicos com datações do Egito faraônico e do reino de Cuxe também constantes desta obra. *Ver* AXUM; CUXE.

ETIÓPIA – LINHAGENS REAIS			EGITO
PERÍODO APROXIMADO	DINASTIA	GOVERNANTE	
2255-2177	CAM, CUXE, SABTÁ	CAM OU HAM	1º PERÍODO INTERMEDIÁRIO
2177-2127		COUT OU CUXE, FILHO DE HAM	
2127-2087		HABASSI	
2087-2057		SEBTAH	MÉDIO IMPÉRIO
2057-2027		ELEQTRON	
2027-1997		NEBER	
1997-1976		QADAMAVI AMEN I	
1976-1946		RAINHA NEHASSET NAIS	
1946-1917		HORCAM	
1917-1887		DAGMAVI SABA II	
1887-1857		SOFARD	
1857-1832		ASQNDOU	
1832-1797		HOHEY	
1797-1777		ADGLAG	
1777-1747		ADGALA	
1747-1722		LAQNIDUGA	
1722-1687		MANTURAI	
1687-1657		RACU	
1657-1627		QADAMAVI SABE I	2º PERÍODO INTERMEDIÁRIO

ETIÓPIA - LINHAGENS REAIS			EGITO
PERÍODO APROXIMADO	DINASTIA	GOVERNANTE	
1627-1597		AZAGAN	
1597-1577		SOUSEL ATOZANIS	
1577-1562		DAGMAVI AMEN II	
1562-1542		RAMENPAHTE	NOVO IMPÉRIO
1542		VANUNA – REINOU APENAS 3 DIAS	
1542-1527		PIORI II.	
1527-975		25 SOBERANOS DA TRIBO DE CAM, ENTRE OS QUAIS OS DA LINHAGEM DA RAINHA DE SABÁ	
975-950	DINASTIA DE MENELIQ I	QADAMAVI MENELIQ I	3° PERÍODO INTERMEDIÁRIO
950-949		HANION	
949-923		QADAMAVI SERA I OU TOMAI	
923-892		AMEN-HOTEP ZAGDUR	
892-872		AQSUMAI RAMISSU	
872-834		DAGMAVI AUSEIO SERA II	
834-813		DAGMAVI TAVASIA II	
813-781		DAGMAVI ABRALIUS VIIANQUIHI II	
781-758		AQSUMAI VARADA TSAHAI	
758-745		CASHTA HANYON	XXV DINASTIA
745-733		DAGMAVI SABACA II	
733-723		RAINHA NICAUTA CANDAQUE	
723-674		TSAVI TERHAQ VARADA OU NSGASH	
674-668		ERDA AMEN AUSEIA OU URDEMANE	
668		GASIYO ESQUICATIR (GOVERNO EFÊMERO)	
668-664		NUATMEAUN OU TANAUTAMUN	
664-652		SALSAVI TOMADION PIIANQUIHI III	XXVI DINASTIA
652-636		AMEN ASERO	
636-602		PIIANQUIHI IV OU AUTET	
602-561		ZAUARE NEBRET ASPURTA	
561-549		DAGMAUI SAIFAI HARSIATAU II	
549-535		RAMHAI NASTOSSANAN	
535-524		HANDU VUHA ABRA	DOMÍNIO PERSA
524-493		SAFELIA SABACON	

ETIÓPIA – LINHAGENS REAIS

PERÍODO APROXIMADO	DINASTIA	GOVERNANTE	EGITO
493-471		AGALBUS SEPECOS	
471-450		PSMENIT VARADANEGASH	
450-438		AWSEIA TARACOS	
438-425		CANAZ PSMIS	
425-415		APRAS	
415-395		CASHTA VALDA AHUHU	
395-385		ELALION TAAQUE	XXX DINASTIA
385-375		SALSAVI ATSERQ AMEN III	
375-365		ATSERQ AMEN IV	
365-355		RAINHA HADINA	
355-345		ATSERQ AMEN V	
345-335		ATSERQ AMEN VI	
335-325		RAINHA NICAULA CANDAQUE	PERÍODO GRECO-ROMANO
325-318		BASSIO	
318-308		RAINHA SALSAVI AKAUSIS CANDAQUE III	
308-298		DAGMAVI ARCAMEN II	
298-288		AUTET ARAVURA	
288-278		DAGMAVI COLAS II OU CALETRO	
278-262		ZAURE NEBRAT	
262-248		STIO	
248-235		SAFAI	
235-225		RAINHA NICOSIS CANDAQUE IV	
225-215		RAMHAI ARCAMEN IV	
215-200		FELIIA HERNEQUIT	
200-180		HENDE AUQUERARA	
180-170		AGABU BASEHERAN	
170-150		SULAI CAWSUMENUN	
150-142		MESSELME QUERARMER	
142-132		NAGEI BSENTE	
132-122		ETBENUQUEVER	
122-102		SAFELIIA ABRAMEN	

ETIÓPIA – LINHAGENS REAIS

PERÍODO APROXIMADO	DINASTIA	GOVERNANTE	EGITO
102-92		SANAI	
92-81		RAINHA AUSENA	
81-71		DAGMAVI DAVIT II	
71-63		AGLBUL	
63-53		BAVAUL	
53-43		BARAWAS	
43-33		DINEDAD	
33-28		AMOI MAHASSE	
28-18		NICOTNIS CANDAQUE V	
18-13		NALQUE	
13-1		LUZAI	
1 A.C.-17 D.C.		BAZEN	
17-38	SOBERANOS DA ERA CRISTÃ – ATÉ O SÉCULO X	SARTU TSENFA ASSEGD	
38-46		ACAPTAH TSENFA ARED	
46-48		HOREMTACU	
48-58		RAINHA GARSEMOT CANDAQUE VI	
58-86		HATOZA BAHR ASAGED	
86-93		MESENH GERMASIR	
93-102		METVA GERMA ASFAR	
102-112		DAGMAVI ADGALE II	
112-113		AGBA	
113-129		SERADA	
129-133		MALIS ALAMEDA	
133-139		HACABE NASOHI TSION	
139-151		HAQLI SERGUAI	
151-161		DEDME ZARAI	
161-163		AUTET	
163-170		ALALI BAGAMAI	
170-200		AVADU JAN ASAGAD	
200-205		ZAGUN TSION HEGEZ	
205-208		REMA TSION GEZA	

134 / ETIÓPIA

ETIÓPIA - LINHAGENS REAIS			EGITO
PERÍODO APROXIMADO	**DINASTIA**	**GOVERNANTE**	
208-215		AZEGAN MALBAGAD	
215-216		GAFALE SEB ASAGAD	
216-220		TSEGAI BEZE VARC	
220-229		GAZA AGDUR	
229-237		AGDUBA ASGUEGUE	
237-238		DAVIZA	
238		RAINHA VACANA - REINOU APENAS 2 DIAS	
238		HADAU - REINOU APENAS 4 MESES	
238-241		AILASSAN SAGAL	
241-255		ASFEHI ASFEHA	
255-261		ATSGABA SEIFA ARAD	
261-278		AIBA	
278-287		TSAHAM LAQNDUGA	
287-297		TSEGAB	
297-307		TAZER	
307-314	REIS E RAINHAS CRISTÃOS	RAINHA AHIVA SOFIA E SUA FILHA ABREHA ATSBEHA (314-340)	
314-352		ABREHA ATSBEHA	
352-359		ASFEH DALZ	
359-373		SAHLE	
373-377		ARFED GEBRA MASCAL	
377-382		RAINHA QADAMAVI ADHANA I	
382-383		RITI	
383-384		DAGMAVI ASFEH II	
384-389		DAGMAVI ATSBEHA II	
389-404		AMEI	
404		DAGMAVI ABREHA II - REINOU APENAS 7 MESES	
404		ILASSAHL - REINOU APENAS 2 MESES	
404-406		QADAMAVI ELAGABAZ I	
406-410		SUHAL	
410-420		SALSAVI ABREHA III	
420-426		RAINHA DAGMAVI ADHANA II	

ETIÓPIA – LINHAGENS REAIS			EGITO
PERÍODO APROXIMADO	DINASTIA	GOVERNANTE	
426-436		IOAB	
436-438		QADAMAVI TSAHAM I	
438-439		DAGMAVI AMEI II	
439-441		SAHLE AHZOB	
441-444		TSEBAH MAHANA CRISTOS	
444-446		DAGMAVI TSAHAM II	
446-452		DAGMAVI ELAGABAZ II	
452-453		AGABI	
453-455		LEVI	
455-458		AMEDA III	
458-472		ARMAH DAVIT	
472-477		AMSI	
477-486		SALAIBA	
486-494		ALAMEDA	
494-501		PAZENA EZANA	
501-531	DINASTIA DO IMPERADOR CALEB	CALEB	
531		ZA ISRAEL – REINOU APENAS 1 MÊS	
531-545		GABRA MASCAL	
545-573		COSTANTINOS	
573-588		VASAN SAGAD	
588-611		FERE SANAI	
611-631		ADVENZ	
631-639		ACALA VEDEM	
639-654		GERMA ASAFAR	CONQUISTA ÁRABE
654-664		ZERGAZ	
664-690		DAGENA MICAEL	
690-709		BAHR EQLA	
709-733		GUM	
733-738		ASGUAGUM	
738-754		LATEM	

ETIÓPIA - LINHAGENS REAIS			EGITO
PERÍODO APROXIMADO	DINASTIA	GOVERNANTE	
754-775		TALATAM	
775-788		GADAGOSH	
788		AIZAR ESCACATIR - REINOU APENAS METADE DE UM DIA.	
788-793		DEDEM	
793-803		VEDEDEM	
803-833		VUDME ASFARE	
833-838		ARMAH	
838-857		DEGENNAJAN	
857-858		GEDAJAN	
858-898		GUDIT	
898-918		ANBASE WEDEM	
918-928		DEL NAAD	

FONTE: www.rastafarionline.com.
OBS.: Nesta tabela, o deslocamento do governo do célebre rei Ezana (Pazena Ezana) para o período de 494 a 501 d.C. parece reafirmar a imprecisão da listagem cronológica, provavelmente extraída do Kebra Nagast.

ETIÓPIA INFERIOR. Uma das antigas denominações de Angola.

EUARE. Consolidador do Estado Edo e primeiro grande obá (rei) do Benin. Reinou por cerca de 30 anos, em meados do século XIII. Mencionado como grande mago e guerreiro, organizou as linhagens de seu povo; estruturou administrativa, econômica e militarmente o Estado; e introduziu importantes rituais, enfatizando a natureza divina de sua realeza. Segundo a *African Encyclopedia*, chamava-se originalmente Ogum, sendo o nome Euare um epíteto. *Ver* BENIN.

ÊUDOXO (EÚDOXOS DE CNIDO). Astrônomo e filósofo grego (c. 406-335 a.C.). Segundo a *Delta Larousse*, levou do Egito para a Grécia um conhecimento mais amplo do calendário, tendo dado ao ano a duração de 365 dias e ¼. Segundo Bernal, inclusive rapou ritualisticamente a cabeça para ser iniciado nos mistérios do saber quemético.

EUECÁ I. Obá do antigo Benin, no século XII. Segundo a tradição, era filho de Oraniã e Eriuindê, sendo chamado o "Bem-Amado". *Ver* ODUDUA.

EUEDÔ. Obá (Rei) do Benin, reinou provavelmente na segunda metade do século XIII, sucedendo de Eueká. Mudou o nome do reino de Edo para Ubini (Bini, Benim) e ampliou-lhe os limites, por força de ação militar.

EUNIPHIS. *Ver* ENUPHIS.

EUNUCO. Homem castrado, em geral empregado nos haréns do mundo antigo. Segundo o livro bíblico *Atos dos Apóstolos*, o apóstolo Felipe converteu ao cristianismo um camareiro "etíope", eunuco e tesoureiro-mor da rainha "Candace da Etiópia". *Ver* JEN DARABA.

EUROPA E ÁFRICA: relações. À época da VI dinastia egípcia, por volta do século XX a.C., tempo em que, segundo Anta Diop, a Europa inteira não passava de um continente selvagem, em que Paris e Londres não eram mais que grandes extensões pantanosas, e Roma e Atenas dois lugares desertos, a África contava já, no vale do Nilo, com uma pujante civilização, onde pulsavam cidades populosas; onde o paciente esforço de várias gerações trabalhava o solo e erguia grandes obras públicas; onde as ciências e as artes alcançavam alturas insuspeitas, e onde, inclusive, a fé já havia criado deuses e deusas por muito tempo venerados (cf. Diop, 1979, vol. I, p. 231, nota I, a partir de J. Weulersse, 1934, p. 11). Nesse tempo, as rotas comerciais do vale do Nilo incluíam um ramo que começava no litoral egípcio, estendia-se para o oeste através do Mediterrâneo, e para o norte, ao longo do litoral da Europa ocidental, no mar Báltico, do qual os africanos extraíam âmbar. Segundo Don Luke, essa rota chegava às Ilhas Britânicas e à Escandinávia. *Ver* CÓLQUIDOS; ROTAS DE COMÉRCIO.

ÊXODO. Movimento de retorno de uma fração do povo hebreu à sua terra de origem, Sinai e Palestina, após um longo período de escravidão no Egito. Segundo algumas tradições, quando os hebreus deixaram o Egito, um grupo se dirigiu à região do Sinai sob o comando de Moisés.

Outros teriam tomado a direção contrária, adentrando o continente africano e dando origem, pela miscigenação com populações locais, a outros povos, como os peúles. Consoante outra versão, os hebreus teriam saído do Egito em duas ocasiões distintas. Na primeira, por volta de 1540 a.C., findo o domínio dos hicsos, eles teriam sido expulsos pelo faraó Amósis (Ahmés), juntamente com os invasores. Na segunda, por volta de 1250 a. C., sob o domínio de Ramsés II ou Meneftá, as tribos de Manassés, Efraim e Benjamim, lideradas por Moisés, fugiram do cativeiro, no delta do Nilo e, depois de percorrerem a península do Sinai, atravessaram o mar Vermelho, rumando para o sul e acampando no deserto, onde teria se dado o episódio bíblico dos "Dez Mandamentos".

EXU. Orixá primordial iorubano. Segundo algumas tradições dos iorubás, antes da criação do mundo só havia a escuridão total, onde morava Exu. Essa circunstância o liga ao egípcio Shu, primeira divindade criada por Aton, juntamente com sua irmã gêmea Tefnut, cujo nome, segundo George Hart, vem de uma raiz que significa "nada" ou "vazio".

EZANA (PAZENA EZANA). Imperador de Axum (século IV d.C.). Seus feitos constam de inscrições gravadas em pedra, nos idiomas sabeu, guêes e grego. Cada uma delas fala de expedições que realizou: a Begemder, onde estabeleceu parte de seu povo; a diferentes regiões ao longo da costa do mar Vermelho, onde puniu malfeitores; às montanhas de Semien, onde promulgou leis; e a Meroe, onde destruiu templos e plantações de algodão dos adversários locais. Ao final de seu reinado, por volta de 330 d.C., por influência de seu antigo tutor, Frumêncio, converteu-se ao cristianismo, tornando-se o primeiro soberano cristão de Axum e estabelecendo as bases da Igreja Copta. Então, em substituição às moedas que cunhava e emitia, com símbolos pagãos, passou a cunhar outras, agora com o símbolo cristão da cruz.

FAIUM (EL FAIYUM). Região do vale do Nilo. Localiza-se numa grande depressão do terreno, cerca de 40 metros abaixo do nível do mar. Nos tempos antigos, quando das cheias do Nilo, transformava-se num inóspito e pantanoso lago, infestado de crocodilos. O faraó Amenemat III, construindo diques e comportas, transformou o Faium numa enorme área agrícola, localizada, como é até nossos dias, em uma das regiões mais fecundas do planeta. A partir de certa época, a região passou a constituir uma província.

FALACHAS (FALASHAS). Denominação pela qual são conhecidos os etíopes seguidores do judaísmo. Supostamente descendentes da Rainha de Sabá e de Salomão, rei dos hebreus, os falachas constituiriam um povo cujos ancestrais, segundo suas tradições, teriam migrado do Oriente Médio na Antiguidade. Consoante outras versões, teriam se originado de grupos de refugiados judeus que, no século V d.C., forçados por perseguições cristãs, buscaram abrigo em Axum.

FANTI (BORIBORI IMFANTSI). Grupo étnico do litoral da atual República de Gana. *Ver* ACÃ.

FARAN MACAN BOTÊ. Herói fundador do povo Sonrai.

FARAÓ. Denominação usada para os soberanos do antigo Egito. O adjetivo "faraônico", que designa algo ostentatório ou suntuário, tem como origem as exteriorizações de poder desses governantes, manifestas em templos e túmulos monumentais. **Nomes e títulos** – Os múltiplos e complexos nomes pelos quais são chamados os faraós resultam de que, após a VI dinastia, todo rei egípcio recebia, quando de sua coroação, mais quatro nomes, acrescentados ao de nascimento, a saber: o nome de coroação propriamente dito; os dois que o relacionavam ao deus Hórus; e o que estabelecia sua ligação com as "Duas Senhoras" (segundo Clayton, 2004). **Faraós núbios** — Segundo Heródoto, citado por Pedrals, o Egito teve entre seus 333 faraós 18 soberanos núbios ou etíopes. Ao longo desta obra são mencionados como de suposta ou comprovada aparência negroide, além dos cuxitas da XXV dinastia, os seguintes governantes do Egito faraônico: Adjib, Aí, Amenemat III, Amenhotep I e sua mãe Nefertare, Amósis ou Ahmés, Den, Djer, Intef, Caa, Narmer, Semerquet, Senusret III, Tutmés II, Uadji, além de, segundo Bernal, todos os outros das XI e XII dinastias.

FARMACOLOGIA. Estudo sobre aplicação, dosagem e efeito dos medicamentos. No Egito, já por volta de 3300 a.C., segundo descobertas arqueológicas em papiros, preparavam-se drogas medicinais segundo receitas. Mais tarde, entre outros povos africanos, como os do grupo banto, desenvolveram-se empiricamente diversos medicamentos depois assimilados pela prática científica. *Ver* MEDICINA.

FAROL DE ALEXANDRIA. Torre iluminada construída no século III a.C. na ilha de Faros, no delta do Nilo, e considerada uma das sete maravilhas do mundo antigo. O vocábulo "farol" tem origem remota no nome "Pharos" dado à ilha pelos gregos.

FARUSIANOS. Antigo e lendário povo africano, citado na *História Natural*, de Plínio, o Velho. O mesmo que "farúsios". Segundo o *Dicionário Latino-Português*, de F. R. dos Santos Saraiva, trata-se dos *Pharusii, iorum*, farúsios, povo da Mauritânia. Observe-se que a antiga Mauritânia situava-se em território do atual Marrocos e também que esses farúsios são, em alguns textos, referidos como nômades de pele escura, que viviam na orla do deserto.

FENÍCIOS. Antigo povo litorâneo da Síria, fundador na África Setentrional, a partir do século IX a.C., das colônias de Utica e Cartago. Segundo Leo Frobenius, empregavam negros do golfo da Guiné, na África Ocidental, como escravos, transportando-os para a região mediterrânea por via marítima, através do Atlântico. No século VII a.C. as cidades fenícias de Sidon e Tiro estiveram sob o domínio egípcio. *Ver* CARTAGO.

FÉRON. Nome referido por Heródoto como o do filho e sucessor de Sesóstris, que teria ficado cego logo depois de assumir o poder, assim permanecendo, por castigo dos deuses, por cerca de dez anos. Seu sucessor teria sido um menfita chamado pelos gregos de Proteu. Provavelmente, Heródoto, com esses nomes, estaria se referindo respectivamente aos faraós egípcios Amenemat II e Senusret ou Sesóstris II.

FERREIROS. Embora variasse de uma região para outra, a posição do ferreiro, artífice do ferro, nas antigas sociedades africanas era, como até hoje nas comunidades tradicionais, a de um personagem de alta estirpe, um indivíduo de ocupação polivalente, técnico e artista. Em várias regiões, notadamente na África Ocidental, os ferreiros, em geral, não só detêm o monopólio da tecnologia como desempenham papel preponderante em cerimônias e rituais, como oficiantes da liturgia e curadores de doenças. Por força da importância econômica de sua profissão e da sacralidade que envolve seu mister, são considerados pessoas de grande credibilidade e respeito. Veja-se, por exemplo, que em quicongo e quimbundo, línguas do grupo banto, os termos correspondentes ao português "ferreiro" estão sempre presentes no título dos heróis civilizadores: *Ngangula-a-Congo*, o forjador do Congo; *Ngola-Musudi* ou *Msuri*, título ambundo que significa "rei ferreiro" (*ngola* era também o nome de cada um dos pequenos pedaços de ferro que simbolizavam as linhagens principais dos ambundos) etc. *Ver* METALURGIA.

FETI. Herói fundador do povo Ovimbundo, do sudoeste de Angola. Segundo a tradição, teve três esposas: Tembo, Coia e Tchivi. Seus três filhos teriam sido, Viie, fundador do reino do Bié, no planalto central; o primeiro Ngola, fundador do Ndongo; e Ndumba, antepassado do povo Quioco. Em abono à tese da existência real desse herói, registre-se a existência do imenso sítio arqueológico de Feti la Choya, situado na extremidade meridional do planalto angolano, no encontro do rio Cunhangama com o Cunene. Descoberto em c. 1893, foi quase totalmente destruído por conta de escavações grosseiras e da posterior construção de uma barragem hidrelétrica, no século XX. Entretanto, os instrumentos e artefatos lá encontrados (400 folhas de enxada, parte delas com formato inusitado, e outros utensílios de ferro, como um martelo de ferreiro e um buril, bem como flechas de ferro, arcos de cobre, sinos, gongos e a figura de um cão em metal) dão conta da importância da civilização ali desenvolvida. Tudo isso – e mais um baluarte de defesa de 10 a 12 km de comprimento, com 6 m de fundura, entre os dois rios; de uma pirâmide de pedra de cerca de 5 m de altura e 15 m de largura; mais jazigos e objetos de cerâmica – aponta para a existência, no local, da capital de um primeiro reinado dos ovimbundos, o qual teria se formado ao longo do século XIII e existido até o século XVI. Outros estudos, consoante A. Costa e Silva, entre outros autores, datam o sítio do século VIII, sendo a civilização local provavelmente caudatária das vagas migratórias que, segundo Phillipson, citado por Obenga (1985), provenientes do Baixo Congo, alcançaram os atuais territórios de Angola e Namíbia a partir do século I a.C. O vocábulo *feti* tem, segundo o *Dicionário Etimológico Bundo-Português*, do padre Albino Alves (Lisboa, 1951), o significado de "começo", "início".

FEZÂNIA (FEZZAN). Região de oásis no sudoeste da Líbia. Habitada pelos garamantes, desenvolveu intensas relações com a África Subsaariana e resistiu bravamente ao Império Romano.

FILE. Outra denominação para a ilha de Elefantina. Esse nome (do grego *philein*, amar) foi dado pelo imperador romano Diocleciano (284-305 d.C.), para celebrar uma suposta amizade com os insurretos blêmios e nobatas.

FILOSOFIA. Ciência do saber e do conhecimento. Segundo Obenga (in Asante e Abarry), a palavra "filosofia" tem como étimo remoto o antigo egípcio *seba*, conhecimento, vocábulo do qual deriva o grego *sophia*.
Filosofia na Grécia e no Egito – Para os gregos da Antiguidade, escre-

ve Obenga, o Egito era o único país a gozar de uma sólida reputação nas ciências e no saber filosófico. Isto era ponto pacífico, como diz M. Sauneron (citado por Obenga). Assim, Tales, Pitágoras, Platão e muitos outros sábios helênicos fizeram viagens de estudos ao vale do Nilo. A própria escola de Alexandria foi fecundada e sustentada pela tradição científica egípcia. Surgiu, então, com força, uma profunda corrente civilizatória que deu à Humanidade progressos consideráveis – corrente que começa no Egito, alcança o mundo grego, passa ao mundo árabe e chega ao mundo europeu antes da Renascença. Segundo Champollion, citado por Obenga (1973), "a interpretação dos monumentos do Egito faraônico coloca ainda mais em evidência a origem egípcia das ciências e das principais doutrinas filosóficas da Grécia; a escola platônica é apenas egipcianismo, saído dos santuários de Saís; a velha seita pitagórica propagou teorias psicológicas que são desenvolvidas nas pinturas e nas lendas sacras dos túmulos dos reis de Tebas, no fundo do vale deserto de Biban-el-Moluk". Alexandre Moret, também citado por Obenga (1973), afirma que, quando os reis saítas da XXVI dinastia abrem o Egito aos estrangeiros, os gregos são os primeiros a chegar: "O Egito se oferecia a eles como um conservatório da civilização humana, desde suas origens; era a matriz das artes, das ciências, da religião, das instituições (...), milagrosamente conservada desde tempos imemoriais, para a instrução das sociedades então modernas." *Ver* AMENEMOPE; AMENHOTEP; CAGEMNI; DUAUF; HELENIZAÇÃO DO EGITO; IMHOTEP; PEDRA DE XABACA; PTAH-HOTEP; SEHOTEPIBRE.

FINEIAS. Personagem bíblico, neto de Arão. Seu nome, de origem egípcia, significaria "o núbio" ou "o negro", segundo Bernal.

FIRMINO. Chefe berbere. Em 372 d.C., levantou as tribos do Djurdura contra Roma e proclamou-se rei. Três anos depois, traído pelo próprio filho, enforcou-se. Esse personagem parece ser o mesmo referido em Obenga (1973), como o príncipe mouro "Firmus", o qual teria lutado contra os romanos com o apoio de um batalhão de soldados negros da atual Mauritânia.

FORTALEZAS NÚBIAS. Denominação do conjunto de fortificações, com grossas paredes e muros com mais de 10 m de altura, e providos de seteiras, erguidos durante a XII dinastia na fronteira meridional do Egito. Significam um reflexo do perigo que o país de Cuxe, à época de Querma, representava para o Egito faraônico e que se agigantou à época da invasão dos hicsos, com os quais os cuxitas teriam planejado aliança. Cadeia de poderosas fortificações como jamais antes o mundo antigo havia visto, quatro mil anos depois de sua construção e trezentos anos depois de seu abandono, as paredes ainda impressionavam. Foram aparentemente construídas num período de cem anos, durante os reinados dos faraós Senusret I a III, e evidentemente concebidas para formar um único complexo sob um comando unificado. As similaridades das plantas sugerem que as várias fortificações foram desenhadas pelo mesmo arquiteto e construídas simultaneamente. Segundo Bernal, são uma evidência de que o poder militar egípcio à época dos Senusret ou Sesóstris concentrava-se na região da Núbia.

FOUDH. Segundo a Bíblia, povo originário da Mesopotâmia que, depois de um longo contato com egípcios e etíopes, estabeleceu-se, por volta de 600 a.C., no interior da África (cf. Pedrals). Segundo alguns entendimentos, tratar-se-ia de ancestrais dos atuais fulas, fulânis ou peúles.

FRUMÊNCIO. *Ver* SÃO FRUMÊNCIO.

FULÂNI. O mesmo que peúle ou peul. *Ver* PEÚLES.

FULAS. *Ver* PEÚLES.

GA. Povo do grupo Acã localizado, atualmente, no leste da República de Gana. Segundo tradições nativas, sua origem remonta ao Egito, de onde emigraram, na direção leste-oeste, para seu sítio atual, através do antigo Benin (segundo Asante e Abarry), chegando à região já no século X d.C.

GABÃO. País litorâneo da África Central, limítrofe com Guiné Equatorial, Camarões e República do Congo. Por milhares de anos, pigmeus, tidos como ancestrais do povo Bongo, habitaram a floresta tropical que cobre três quartos do atual território. Por volta de 200 a.C., as primeiras migrações dos ancestrais dos bantos atuais teriam chegado à região, estabelecendo pequenas comunidades de agricultores nas bordas da floresta e expandindo-se gradualmente. Aproximadamente no século VII d.C., desenvolveram técnicas de metalurgia do ferro e dominaram a floresta e seus arredores. A exemplo do que ocorreu em outras regiões do continente, o surgimento de famílias extensas e clãs propiciou a organização de uma estrutura social, os líderes ganhando importância como caçadores, guerreiros, comerciantes e ritualistas, conforme a extensão de suas famílias. As mulheres cuidavam das crianças, moldavam vasos de cerâmica e cestos, cultivavam hortas etc.; os homens utilizavam-se do ferro na manufatura de armas e adornos. Muitas aldeias cultuavam ancestrais comuns, com pequenas diferenças rituais para cada clã. No século XIV d.C., cerca de cem anos antes da chegada dos primeiros portugueses, quando o reino do Luango estendeu sua influência para além da atual fronteira do Congo-Brazzaville, ao longo do litoral gabonês, algumas aldeias tinham já um esboço de organização estatal. Organizadas em confederação, essas unidades tinham uma estrutura do tipo feudal e talvez matriarcal, na qual as mulheres dos clãs dominantes desempenhavam papel bastante significativo. *Ver* BANTOS; LUANGO; MATRIARCADO; PROTOBANTOS.

GABRA MASCAL (GEBRE MESKEL). Rei de Axum, governante no século VI d.C.

GADARAT. Rei de Axum no século I d.C.

GALENA. Sulfeto de chumbo. *Ver* MAQUIAGEM DOS OLHOS.

GALAS. *Ver* OROMOS.

GAMFASANTES. Antigo e lendário povo africano, citado na *História Natural*, de Plínio, o Velho.

GANA, Antigo. Estado constituído aproximadamente onde hoje se situam a porção norte do território do Senegal, a parte oeste do território do Mali e o sudeste da Mauritânia, com capital em Kumbi Saleh. Embora tenha granjeado importância no século IX d.C., quando controlou toda a região do Uângara, entre o alto Níger e o rio Senegal, o antigo reino do Gana tem registro na História desde o século III d.C. A tradição, entretanto, listando cerca de 144 soberanos, situa o surgimento do Estado por volta do século VII a.C., seu núcleo tendo-se desenvolvido, provavelmente, entre 800 e 300 a.C., com um complexo sistema político. O nome era Uagadugu, entretanto árabes e europeus tomaram a palavra *gana*, grandioso, perfeito, um título do soberano, como o nome do reino, da mesma forma que, mais tarde, no atual Zimbábue, o fizeram com o título "monomotapa". Para alguns historiadores, no primeiro milênio da Era Cristã, um grupo de clãs do povo Soninquê ou Saracolê, no território do atual Senegal, foi unificado sob a liderança de um rei divino, de origem estrangeira, chamado Dinga Cissé. Essa união foi uma resposta aos constantes ataques de povos nômades vizinhos. Mais para oeste ficava o reino de Taqrur, no vale do rio Senegal. Consoante outras versões tradicionais, o Uagadugu foi fundado por Diabe, filho de Dinga, um migrante vindo do leste, ancestral de todos os saracolês, em c. de 770 d.C. A partir daí, até a invasão dos sossos (sussus) em 1076, o país gozou de grande prosperidade. Sua capital, Kumbi Saleh, era uma vasta cidade, com edifícios de pedra de vários andares, onde, segundo Ki-Zerbo, algumas práticas, entre elas as pompas funerárias dos reis falecidos, eram em tudo semelhantes às realizadas na civilização cuxita de Querma. Primeiro reino e depois império, Gana conseguiu poder graças ao seu ouro. A introdução do camelo no Saara, no século VII a.C., foi fundamental para que esse ouro e outras mercadorias tivessem maior circulação. As minas situavam-se em Bambuq, no curso superior do rio Senegal; os soninquês também forneciam escravos, sal e cobre, em troca de tecidos, miçangas e outros bens. Assim, em pouco tempo, seus governantes controlaram toda a região do Uangara, entre o alto Níger e o rio Senegal, produtora de grandes quantidades de ouro, comercializado através do Saara. Tanto que seu soberano era chamado de o "senhor do ouro". A capital Kumbi Saleh tornou-se o núcleo comercial por excelência, inclusive com um sistema eficiente de cobrança de taxas e impostos; mais tarde, Audaghost firmou-se também como centro comercial. A força do Gana estava, além disso, ligada ao mito de Bida, a serpente negra. Segundo a tradição, essa serpente exigia um grande sacrifício anual em troca da garantia da prosperidade do reino. Todo ano uma virgem lhe era oferecida, até que, em determinada ocasião, o noivo de uma futura vítima, chamado Mamadu Sarolê, a resgatou. Impedido o sacrifício, Bida teria resolvido vingar-se: uma terrível seca, por volta do século XII, comprovada pela arqueologia, assolou o Gana; e as minas de ouro, as mais ricas do mundo em seu tempo, entraram em declínio. O reino de Gana, que nunca se converteu ao Islã, foi derrotado e destruído em 1076 pela dinastia berbere dos almorávidas.

GAO. Cidade da atual República do Mali. Antiga capital do reino Songhai. *Ver* SONRAI.

GARAMA. Capital do reino dos garamantes.

GARAMANTES. Conjunto de tribos mencionadas por Heródoto como habitantes da região da Fezânia, na Líbia, no século V a.C. Sua capital, Garama, ficava situada próxima à moderna cidade de Djerma. Segundo

Heródoto, foram as caravanas garamantes que abriram a rota do Sudão ao comércio transaariano. Considerados apenas "negroides" por alguns autores, segundo Duveyrier, citado por Ki-Zerbo, eram incontestavelmente negros, propagadores, no Saara, de uma civilização de pura negritude. Para alguns, os garamantes são os ancestrais dos modernos tedas, habitantes do Sudão.

GAZER. *Ver* GEZER.

GEBRE MESKEL. *Ver* GABRA MASCAL.

GEEZ. *Ver* GUEÊS.

GEOMETRIA. *Ver* PIRÂMIDE; TALES DE MILETO.

GESSEN. Cidade no delta do Nilo onde, segundo a Bíblia, se estabeleceram os descendentes dos patriarcas José e Jacó. Lá, José reencontra seus familiares, os perdoa e os leva para morar numa pequena aldeia egípcia. A cidade está também relacionada aos eventos miraculosos protagonizados por Moisés, segundo a tradição.

GETÚLIA. Antiga região africana, limitada ao norte por Numídia e Mauritânia, ao sul pelo Saara e a oeste pelo Atlântico. Alguns de seus habitantes, chamados getulos, integraram a cavalaria do exército númida durante as guerras de Jugurta contra os romanos. Segundo alguns autores, "getulos" era o nome pelo qual os gregos se referiam aos berberes.

GEZER (GAZER). Cidade egípcia. Foi conquistada e dada de presente pelo faraó Siamon, da XXI dinastia tebana, à filha, como dote, para o casamento dela com o rei Salomão de Israel. *Ver também* DJOSER.

GEZIRA (EL JEZIRA). Região da Núbia, entre o Nilo Branco e o Nilo Azul.

GIBRALTAR, Estreito de. Braço de mar que liga o oceano Atlântico ao Mediterrâneo, separando a África da Europa. Esse nome, entretanto, foi-lhe dado após o advento do Islã.

GICÂNDI. Sistema de escrita do povo Quicuio, da atual República do Quênia. Após o desaparecimento dos hieróglifos e da escrita meroítica, ao contrário do que muitas vezes se afirma, povos africanos continuaram a usar sistemas gráficos de escrita. A escrita Gicândi, até hoje praticada, é uma prova dessa afirmativa. Constituída de sinais gravados sobre cabaças usadas durante rituais coreográficos, cada um dos caracteres ou sinais representa o título de uma canção ou um poema a ser interpretado em determinado momento da performance ritual. Descoberto por W. Scoresby Routledge e Katerine Routledge em 1910, embora os quicuios não tivessem como datar a invenção desse sistema de escrita, desenvolvido por seus ancestrais, todos os indícios levam a crer ser ele praticado desde tempos imemoriais. Théophile Obenga, por exemplo, na obra *Systematic Comparison Between English Script and Vai, Mende, Loma, Kpelle, Nsibidi, Bamun and Gicandi Scrips* (Paris, 1973), viu analogias entre ele e os hieróglifos egípcios. *Ver* GICUIU; NSIBIDI.

GICUIU. Herói epônimo do povo Quicuio (Gekoyo, Gikuyu). Viveu provavelmente entre 100 e 200 d.C., época da instalação no atual Quênia dos primeiros migrantes bantos oriundos do Baixo Congo. Neto da filha mais velha do fundador de sua etnia, governou, segundo a tradição, de forma autocrática, não permitindo que seu povo cultivasse a terra nem tivesse moradias permanentes. Essas determinações teriam provocado a revolta do povo, que o depôs, instalando um regime democrático com o primeiro conselho reunido em Mokorve va Gathanga.

GIMNETAS. Antigo e lendário povo africano, citado na *História Natural*, de Plínio, o Velho.

GIZÉ. Cidade do Egito, à margem esquerda do Nilo, na zona suburbana da atual Cairo. Importante sítio arqueológico, nela situam-se as grandes pirâmides dos faraós Cufu, Cafra e Mencaure, além da famosa esfinge. É também mencionada como Giza. *Ver também* ESFINGE DE GIZÉ.

GLOTOCRONOLOGIA. Conjunto de técnicas e métodos científicos usados para determinar a época de formação de uma língua, a glotocronologia tem sido de grande utilidade como ciência auxiliar no estudo da história da África.

GOCOMERE. Sítio arqueológico no Zimbábue onde, segundo A. Costa e Silva, acharam-se vestígios de aldeias, datados dos séculos II, IV e VI d.C. Esses achados incluem estatuetas antropomórficas de argila, fios e fragmentos de cobre, contas de ferro, vidro e conchas. A povoação local se iniciou, segundo Phillipson, citado por Obenga (1985), em c. 530 d.C., com a chegada de migrantes provenientes da atual Zâmbia.

GRANDE ESPOSA REAL. Cargo cerimonial na corte faraônica do Egito antigo, instituído por Amenhotep III em favor de sua mulher, Tiy, conferindo-lhe poder na condução dos negócios de Estado. *Ver* NEFERTITE.

GRANDES LAGOS. Expressão pela qual é conhecido o conjunto de sete lagos (Alberto ou Mobutu, Eduardo, Quivu, Tanganica, Niassa, Quioga e Vitória) situados na porção centro-oriental do continente africano, entre Uganda, Quênia, Congo-Quinshasa, Tanzânia, Zâmbia e Moçambique. No período compreendido entre 400 e 300 a.C., intensificaram-se as vagas migratórias dos povos bantos da savana camaronesa na direção leste. Encontrando aí terras férteis e regime de chuvas propício à agricultura sedentária que já praticavam, esses povos fixaram-se na região. Como consequência desses assentamentos bantos, as populações autóctones foram assimiladas e as provenientes do vale do Nilo, em geral dedicadas ao pastoreio, buscaram pastagens ao sul e a oeste. Essas ocorrências foram dando nascimento, ao redor dos lagos e ao longo dos séculos, a unidades étnicas e políticas diversificadas. Delas, surgiram, entre os séculos XIII e XV d.C., os reinos de Buganda, Bunioro, Ancole, Caragüe e Ruanda.

GREAT RIFT VALLEY. *Ver* RIFT VALLEY.

GRUPO A. Denominação aplicada pela arqueologia convencional à civilização florescida na Baixa Núbia à época do surgimento da I dinastia faraônica egípcia.

GRUPO C. Nome pelo qual a arqueologia convencional menciona a civilização de Querma.

GRUPO X. Denominação utilizada pela arqueologia convencional para referir-se à civilização desenvolvida na Núbia, da metade do século III d.C. à metade do VI d.C. Essa civilização provinha de um dos dois povos que à época viviam na região, os blêmios e os nobatas. Por não saber precisar a origem exata, os cientistas a batizaram como do "Grupo X". Segundo W.B. Emery, citado por Brissaud, os agentes dessa civilização eram de uma "raça de mestiços" aparentada com a dos meroíticos, "possuindo, entretanto, uma grande herança negroide". *Ver* BLÊMIOS; NOBATAS.

GUEÊS. Antiga língua etíope. Sua escrita, criada por volta de 1000 a.C., é uma das poucas formas de grafia desenvolvidas no próprio continente africano. Deriva da escrita dos sabeus, com a peculiaridade de ser em zigue-zague: a primeira linha, da direita para a esquerda; a segunda, da esquerda para a direita; a terceira, em sentido contrário, e daí por diante. É igualmente conhecida como "escrita etiópica". Diz-se também "guezo". *Ver* ESCRITA.

GUERRAS. Foustel de Coulanges chama atenção para o fato de que, na Antiguidade, tal era a importância da religião na vida das comunidades que uma guerra representava não só um combate entre os homens, mas também entre os deuses de cada uma delas. Os povos antigos acreditavam que os deuses combatiam com o exército, defendendo os soldados e sendo por eles defendidos. Por conseguinte, os deuses dos inimigos eram também inimigos e, assim, também precisavam ser combatidos, eliminados ou aprisionados. Os relatos da batalha de Kadesh, travada entre as tropas de Ramsés II e o exército hitita, em c. 1274 a.C., dão conta de que as forças egípcias organizavam-se em divisões com nomes de deuses, como as brigadas de Amon, Ra, Ptah e Seth. Veja-se também que, em algumas sociedades africanas, a agressividade, o valor individual, a consciência de superioridade foram sempre qualidades essenciais. Assim, a guerra não era um fator de desequilíbrio social, uma crise, e sim um momento de vida intensa, um fenômeno institucionalizado e integrado na organização econômica e política. *Ver* RELIGIÕES.

GUINÉ. Nome outrora atribuído, no Ocidente africano, à região que se estendia da Senegâmbia ao Congo. Segundo alguns autores, a origem da palavra estaria no berbere *akal-n-iguinawen*, que significa "país dos negros". Entre os séculos XI e XIII d.C., grandes movimentos popu-

lacionais ocorreram na região, ocasionando a formação de unidades políticas importantes, como os Estados dos povos Acã, Iorubá, Eve-fon etc. Esses eventos provavelmente tiveram como consequência indireta o movimento dos almorávidas, confraria de guerreiros berberes que, à época, impôs seu poder e sua fé do Marrocos à Argélia. *Ver* DJENNÉ-
-AJENO.

GURMANTCHÊ (GURMAS). Povo localizado nos modernos Burquina e Mali, falante do gurma. Sua denominação, assim como a dos vizinhos coromantis, parece guardar eco do nome "Garamantes". *Ver* UAGADUGU.

HAAIBRE. *Ver* HOFRA.

HABBASHAT. Etnia iemenita que teria emigrado para a África por volta de 1000 a.C. constituindo-se em um dos grupos fundadores da Etiópia ou Abissínia. Seu nome, também mencionado como *"habash"*, teria sido dado por árabes a uma das primeiras tribos etíopes com que fizeram contato. Dele derivam os etnônimos "abexim" e "abissínio", bem como o topônimo Abissínia.

HACOR. Faraó egípcio da XXIX dinastia, reinante de c. 393 a 380 a.C.

HAIA. Povo da atual Tanzânia, estabelecido às margens do lago Vitória, até o país Niamuezi. Notabilizou-se, segundo os cientistas Donald Avery e Peter Schmidt (citados por Appiah e Gates), pela produção, em época anterior à Era Cristã, de aço em fornos abertos preaquecidos, com tecnologia metalúrgica só adotada na Europa no século XIX.

HAMITO-SEMITA. Antiga denominação da família linguística afro-asiática, hoje descartada por sua implícita conotação racial, a qual dá margem a equívocos.

HANON (HANÃO). Navegador cartaginês do século VI a.C. Em um de seus relatos, informa que descobriu uma "montanha muito alta" onde se escutam "ruídos de chamas", ou seja, um vulcão, que ele denomina "carruagem dos deuses" e que, segundo Jean Imbert, parece ser referência ao monte Camarões, na região do Adamaua, cuja atividade vulcânica se manifesta de tempos em tempos. Entretanto, segundo alguns autores, citados por Ki--Zerbo, o célebre "périplo de Hanon" teria sido uma contrafação, uma mentira, ao contrário da viagem exploratória do romano Políbio.

HAPY. Nome egípcio do rio Nilo.
HARAQTI. O mesmo que Harmaquis.
HARCUFE (HARKUF). Governador do Alto Egito, filho de Iri, nomarca de Elefantina, durante a VI dinastia. As relações do Egito com Cuxe e a região da Núbia tinham chegado a uma dimensão quase colonial, principalmente no comércio com o país de Punt, interessante tanto para os faraós quanto para os intermediários. Assim, Harcufe, que dominava várias línguas, fez diversas expedições ao sul do país para chamar à responsabilidade os nômades que, com sua turbulência, constituíam um obstáculo às atividades comerciais. Em sua terceira expedição, penetrou ainda mais para o interior do continente, para a África Profunda. De volta, teria transportado, em cerca de 300 muares, incenso, ébano, perfume, peles de pantera e dentes de elefante. Quando de sua quarta missão, recebeu uma carta do jovem faraó Pepi II manifestando seu interesse em adquirir um "anão dançarino", que hoje se supõe fosse um pigmeu, provavelmente das florestas da África Central. Também mestre-sacerdote, Harcufe legou à posteridade importante texto filosófico quemético. *Ver* IAM.
HARMAQUIS. Deus núbio conhecido como "Hórus do horizonte". Tutmés III lançou as fundações de seu templo, concluído por Amenófis II e ampliado por Tutmés IV. Seu nome é transliterado também como Haraqti.
HARSIOTEF. Rei de Cuxe em Meroe, c. 404-369 a.C.
HARU. Nome egípcio da Fenícia.
HATCHEPSUT. Rainha do Egito na XVIII dinastia. Filha de Tutmés I e viúva de Tutmés II, dominou o reinado de Tutmés III por cerca de duas décadas. Não satisfeita em ser rainha corregente e atribuindo seu poder a um dom divino, tornou-se rainha por direito próprio, adotando o protocolo completo dos faraós, usando trajes reais masculinos e até mesmo a barba postiça, símbolo da autoridade faraônica. Reinando sem conflitos bélicos, dedicou-se a realizações arquitetônicas e expedições comerciais, tendo promovido viagem a terras iemenitas para

obter resinas de incenso e mirra, utilizadas com fins terapêuticos e como substâncias aromáticas. Após sua morte, Tutmés III ainda reinou brilhantemente mais 25 anos.

HATHOR. Deusa egípcia, mencionada tradicionalmente como governante do Egito nos tempos pré-dinásticos. Filha dileta de Rá, um dia, enciumada com a atenção dada pelo pai às outras divindades, retirou-se de Quemet, deixando o país mergulhado em grande desolação e tristeza, indo residir no deserto de Ta-Seti, onde, transformada numa leoa, destroçava o corpo de qualquer criatura viva que dela se aproximasse. *Ver* MITOS E LENDAS.

HATNISU (HET-NEN-NESUT). Nome quemético de Heracleópolis.

HAUÇÁS. Povo das atuais regiões norte da Nigéria, sul do Níger e norte de Camarões. Antes da Era Cristã, seus ancestrais constituíam uma comunidade de pastores, agricultores e artesãos. Segundo a tradição local, certo dia, o herói de nome Bavo, numa aldeia chamada Daura, matou a serpente sagrada que impedia o povo de tirar água do poço onde vivia. A morte da serpente alegrou tanto a rainha de Daura que ela deu sua filha em casamento ao herói. E dessa união nasceram sete filhos, que fundaram os sete Estados hauçás, a saber: Daura, Gobir, Kano, Rano, Katsina, Biram e Zaria, os quais constituíram a confederação conhecida como "Banza Bokwoi". Gobir, na posição mais ocidental, ganhou a incumbência da defesa contra os poderosos inimigos do oeste. À época da queda do antigo Gana, destruído pelos almorávidas no século XI d.C., vagas migratórias e invasões consecutivas no eixo Nilo-Chade e nas circunvizinhanças teriam motivado a fundação de dinastias cujos fundadores ou alguns de seus líderes tornaram-se soberanos de diversos reinos, como os dos iorubás e hauçás, estes já sob influência islâmica. Entretanto, Baumann verificou na moderna cultura hauçá alguns traços de origem mais antiga, como o modelo de sucessão ao trono de Kano, regulado pelo matriarcado, como em Cuxe; o boi de sela mantido pela rainha de Daura, semelhante a costume dos antigos garamantes; além de relacionar outras práticas a costumes correntes no Cordofão e na Núbia.

HAVILÁ. Região da África Antiga correspondente ao atual território de Djibuti, localizado no triângulo de Afar, em frente ao Iêmen, na África Oriental. Rica em ouro, bdélio e pedra de ônix, segundo C. R. Boxer, era um dos limites do território dos ismaelitas e dos amalequitas.

HEBREUS. Antigo povo nômade tido como originário da Baixa Mesopotâmia. Sob o comando de Abraão, fixaram-se em Canaã por volta de 1850 a.C., época provável do reinado do faraó Sesóstris III no Egito. Sob o patriarca Jacó, uma nova leva de migrantes estabeleceu-se no local, formando o núcleo da "casa de Israel". Com a invasão do Egito pelos hicsos, no século XVII ou XVIII a.C., novas levas de hebreus os seguiram, estabelecendo-se a leste do delta do Nilo. Experimentaram um período de prosperidade quando o hebreu José tornou-se ministro do faraó.

HEH. Nome egípcio para a região de Siena, atual Assuã.

HECANACT. Vice-rei da Núbia no reinado de Ramsés II.

HECA-NEFER. Príncipe de Nefer, chamado o "grande de Miam", à época de Tutancamon. Trata-se de personagem cujo epíteto evoca o centro administrativo da Baixa Núbia, atual Aniba. Chefe do serviço de transportes do Nilo, foi retratado como um alto dignitário de pele escura e com o fenótipo dos negros, trajado com vestes tradicionais núbias e portando acessórios da tradição cuxita.

HELENIZAÇÃO DO EGITO. De c. 323 a 30 a.C. o Egito esteve sob domínio grego. Dispostos a colonizar culturalmente o povo local, os gregos tornaram sua língua a oficial em Alexandria, impuseram nomes gregos às localidades e até mesmo aos faraós outrora reinantes, proibindo os nacionais do país de frequentar o museu e a biblioteca lá existentes, bem como de exercer atividades comerciais. No âmbito da religião, os gregos organizaram uma comissão de teólogos, incluindo sacerdotes egípcios, para compatibilizar, por meio de sincretismo, as divindades das duas culturas, o que redundou em deturpação e abastardamento de muitas das concepções originais. Durante o período ptolomaico, os sacerdotes egípcios pugnavam por preservar a personalidade africana e nilótica de sua religião e por desenvolver o lado hermético das crenças e dos ritos, recusando-se a participar da efervescência intelectual e festiva provocada pelos gregos em Alexandria. Segundo Bernal, tempos depois, a maçonaria, adotando, a partir dessa helenização, princípios, símbolos e rituais da tradição hermética, mas recusando-se a admitir serem esses elementos produto de uma ciência da África Profunda, teria sido um dos fatores responsáveis pela construção de uma imagem não africana do Egito antigo, até hoje presente no imaginário mundial. *Ver* FILOSOFIA; HERMES TRISMEGISTO.

HELIÓPOLIS. Nome grego da antiga cidade egípcia chamada Onu ou Iunu pelos habitantes locais e dedicada ao culto de Aton ou Atum, o sol (em grego, *helios*). Localizava-se na parte nordeste da atual Cairo.

HENA. Espécie de arbusto (*Lawsonia inermis*) de cujas folhas, secas e pulverizadas, extrai-se um produto corante, empregado na África, desde a Antiguidade egípcia, como cosmético.

HEQUANEQTI. O mesmo que Hecanact.

HERACLEÓPOLIS. Nome grego da cidade egípcia de Het-Nen-Nesut ou Hatnisu, situada à entrada do lago Méris ou Faium e hoje denominada Ahnas-el-Medinet. Significa "cidade de Héracles", em alusão ao herói grego, identificado com o Hércules romano; o local foi assim chamado pela associação de seu deus, o carneiro Herixef, com esse herói. Berço da IX e da X dinastias, foi, durante o Primeiro Período Intermediário e o início do Médio Império, a sede da oposição e da resistência ao poder emanado de Tebas.

HERIHOR. Sacerdote de Amon em Tebas, com domínio sobre parte do Egito em c. 1070 a.C. *Ver* EGITO – Terceiro Período Intermediário.

HERMES TRISMEGISTO. Representação grega do deus egípcio da sabedoria, Thoth, criador de todas as artes e ciências. Os gregos viram na memória do sábio Imhotep, venerado como um deus pelos antigos egípcios, uma espécie de avatar de Thoth e associaram os dois a essa representação divina do saber. Os *Textos herméticos* constituem uma coletânea de documentos mágicos, místicos e filosóficos criados, no todo ou em parte, provavelmente por Imhotep, que viveu por volta de 2700 a.C.

HERMÓPOLIS. Nome grego de duas cidades egípcias: Qemnu ou a "grande Hermópolis", à margem esquerda do Nilo, no sítio da atual El-Achmuneir e referida como a "Cidade dos Oito Deuses"; e a "pequena", no Baixo Egito, atual Damanhur. Quemnu, capital de um dos nomos do Alto Egito e sede de um grande templo do deus Thoth, era tida como a terra onde o Deus Supremo descansou após a criação do mundo. Seu nome helênico resultou da associação que os gregos fizeram de Thoth, deus da sabedoria, com o seu Hermes. Durante um momento de sua história, a cidade abrigou uma grande comunidade judaica.

HERÓDOTO. Historiador grego. Por volta de 445 a.C., visitou o Egito, subindo o Nilo até Elefantina. Deixou para a posteridade um célebre relato sobre o Egito e a Etiópia de então.

HET-NEN-NESUT. *Ver* HATNISU.

HICSOS. Nome pelo qual passou à história o contingente multiétnico de invasores, tidos por alguns como de origem hurrita, chegados através do Mediterrâneo, e que no século XVII a.C. bateram a dinastia tebana que reinava sobre o Nilo e dominaram o Baixo Egito por cerca de um século. Seus principais governantes reinaram em Avaris, na parte leste do delta do Nilo, enquanto em Tebas fundava-se um novo núcleo egípcio. As dinastias apresentadas por Mâneton como governantes à época dos hicsos, ou seja, da XIV à XVII, reinaram, então, em diversas partes do território egípcio, inclusive com poder paralelo ao de Tebas, até serem expulsas por Amósis. Conhecidos como "reis pastores", a costumeira afirmação de que teriam levado um inestimável aporte civilizatório ao continente africano merece reparos: os governantes hicsos adotaram irrestritamente os costumes egípcios, inclusive os deuses locais. O vocábulo "hicso" teria se originado da expressão egípcia *héqa-khasut*, significando "chefe de um país estrangeiro"; segundo algumas versões, esse povo estaria relacionado à formação do povo hebreu. *Ver* ÊXODO.

HIERACÔMPOLIS. *Ver* NEQUEN.

HIERÁTICA, Escrita. Denominação grega da escrita cursiva utilizada pelos sacerdotes egípcios, resultante de uma simplificação dos caracteres hieroglíficos. Surgiu após a descoberta da utilidade do papiro como suporte da escrita, quando os sacerdotes passaram a grafar os hieróglifos de forma esquemática.

HIERÓGLIFOS. Sistema de símbolos da escrita dos antigos egípcios, usado pelo menos desde o terceiro milênio a.C. e abandonado por volta do século IV a.C. *Ver* ESCRITA.

HIMANTÓPODES. Antigo e lendário povo africano, citado na *História Natural*, de Plínio, o Velho.

HIPONA. Cidade fenícia da Numídia, às margens do Mediterrâneo. Depois de ser colônia de Cartago, passou ao domínio romano, sob o qual foi importante núcleo católico, e mais tarde foi ocupada pelos vândalos.

HIPPO ZARITUS. Cidade colonial romana no norte da África, na região da atual Benzert ou Bizerta, na Tunísia.

HITITAS. Povo da região de Anatólia, na atual Turquia. Militarmente poderosos, foram tradicionais adversários dos egípcios no controle sobre a Síria, rica em florestas de cedro, cidades e empórios comerciais, e a Palestina. No século XIII a.C., entretanto, após a batalha de Kadesh, seu rei Hatusil III firmou com Ramsés II um dos mais antigos tratados de paz da História.

HOFRA (HAAIBRE). Faraó do Egito (589-570 a.C.), também conhecido como Apriés, reinante à época de Nabucodonosor. Recebeu apoio dos babilônios contra a revolta do general Amásis, que, vencedor, o sucedeu no trono do Egito, reinando de c. 569 a 526 a.C.

HOGGAR. Maciço do centro do Saara, no sul da atual Argélia, habitado pelos tuaregues de mesmo nome.

HOMENS AZUIS. No século IX d.C., denominação dada, na Irlanda, a escravos, provavelmente africanos, que navegadores viquingues iam buscar nos portos do mar Negro e do mar Cáspio. *Ver* ESCANDINÁVIA.

HOREMHEB. Último faraó egípcio da XVIII dinastia (século XIV a.C.), no Império Novo. Chefe dos exércitos de Amenhotep IV, depois Aquenaton, e dos faraós seguintes, até Ay. Pai de Seti I, coroou-se faraó, em substituição a Ay, em 1343, e apagou os nomes dos faraós Aquenaton, Semencaré, Tutancamon e Ay de todas as inscrições então existentes.

HORI. Nome comum a dois vice-reis da Núbia (Hori I e II) à época de Ramsés II.

HÓRUS. Deus nacional do antigo Egito, filho de Ísis e Osíris. Era representado principalmente como um homem com cabeça de falcão, ostentando duas coroas, uma branca, simbolizando o Baixo Egito, e uma vermelha, simbolizando as terras do Alto Nilo. Divindade com múltiplas atribuições, seu nome era usado como título pelos reis da era pré-dinástica. Da mesma forma, na Núbia, seus vários aspectos recebiam sobrenomes ou epítetos referentes às diversas localidades onde lhe era rendido culto. Um desses era "Hórus do horizonte" ou Harmaquis. Sua origem núbia parece clara no epíteto "touro da Núbia assentado em Tebas", por meio do qual era invocado. Por outro lado, segundo Baines e Málek, a filiação ao culto de Hórus era expressa nos títulos dos faraós. Daí, além do "nome de Hórus", adotado pelos reis a partir da VI dinastia, as referências, na época pré-dinástica, a faraós denominados "Hórus Sereq", "Hórus Escorpião" etc. Este último, originário de Nequen, cidade chamada Hieracômpolis pelos gregos, por volta de 3150 a.C., teria conquistado o norte do Egito e começado a organizar o país, preparando a unificação completada por Narmer. *Ver* FARAÓ – Nomes e Títulos.

HOTENTOTES. O mesmo que khoi-khoi. São semelhantes em aparência aos povos san ou bosquímanos, a cuja história, língua e cultura estão intimamente relacionados.

HOTEP. Elemento presente em diversos antropônimos egípcios, inclusive de faraós. A julgar-se pelo que escreveu Save-Söderberg sobre Thoth-Hotep, denota origem núbia. Segundo Asante, o elemento "hotep" (paz), posposto a nomes de divindades para formar antropônimos, tem o significado de "está satisfeito" ou "está em paz". Ex.: Ptah-Hotep, "Ptah está satisfeito"; Amenhotep, "Amon está em paz".

HOTEPSEQUEMUI. Faraó egípcio, fundador da II dinastia. Foi provavelmente o fixador da capital em Mênfis.

HUÍ (HUY). Vice-rei da Núbia à época de Aquenaton e Tutancamon (cf. A. Costa e Silva). Sua tumba foi descoberta em Tebas, atual Luxor.

HUNI. Faraó egípcio da III dinastia, época menfita, século XXVI a.C. Sua pirâmide, cuja construção foi iniciada durante seu reinado, foi a última das primitivas pirâmides em degraus da arquitetura egípcia.

HURRITA. Natural ou habitante de Hurru.

HURRU. Primitiva denominação de Canaã, a atual Palestina, a qual, segundo Cazelles, foi registrada principalmente por escribas de Tutmés III. *Ver* MITANI.

IAM (YAM), País de. Na Antiguidade africana, país de localização incerta, de onde o nomarca Harcufe, em uma de suas viagens, teria levado para o faraó Pepi II um "anão dançarino". Por esse fato, Laffont aventa a hipótese da localização em Ituri, no atual Congo--Kinshasa, habitat de pigmeus. Outra possibilidade é que o nome "Iam" se refira ao Iêmen, uma vez que nos relatos de viagens de Harcufe há referências a Punt, incenso, perfumes etc., que induzem a essa especulação.

ICTIÓFAGOS. Denominação usada por Heródoto para os habitantes de Elefantina; significa "comedores de peixe". Falavam a língua cuxita e alguns deles foram enviados por Cambises, durante o domínio persa do Egito, para espionar Meroe, com o pretexto de levar uma mensagem de paz. Entre vários povos do nordeste africano até hoje a ingestão de peixes é grande tabu, já que eles seriam materialização de espíritos das águas.

IEBU. Antigo nome da localidade de Elefantina, berço da escola cosmogônica de Abu.

IEHA. Cidade da Etiópia na atual província de Tigré. Foi a primeira capital dos povos falantes do gueês, função mais tarde desempenhada por Axum, mais ao sul.

IÊMEN. País do sul da península arábica. Na Antiguidade, a região foi berço de uma forte cultura na qual floresceram cidades depois unificadas em reinos, como o dos sabeus, o legendário reino de Sabá, cuja estreita ligação com a costa africana deu origem ao reino etíope de Axum.

Em contrapartida, séculos depois, os axumitas estenderam seu domínio sobre o Iêmen.

IESBEQUEAMANI. Rei de Cuxe em Meroe, c. 283-300 d.C. O derradeiro de sua linhagem, é referido como o último rei cuxita de Meroe. Após seu reinado, outros soberanos governaram provavelmente em Napata.

IFÉ (ILÊ-IFÉ). Cidade-Estado no sudoeste da atual Nigéria, situada na orla da floresta equatorial. Habitada, segundo Adèkòyà, possivelmente desde o século VI d.C., foi o núcleo de origem e centro religioso do povo iorubá, liderado por Agbonmiregun ou Setilu. No dizer de Fabunmi, citado por Adékòyà, de Ilê-Ifé, especificamente da localidade de Itajerô, teriam saído 27 descendentes de Odudua para fundar várias cidades e províncias, inclusive a que constituiria, mais tarde, o reino de Benin. O povo de Ilê-Ifé destacou-se pelo desenvolvimento de sua arte, notadamente por suas esculturas em bronze. Essa arte transmitida ao reino de Benin, onde experimentou um novo desenvolvimento, e também a presença da escultura em pedra, tudo isso prova a existência de um grande polo de civilização na região. A comparação dessas técnicas e formas artísticas com outras surgidas na Núbia pode apontar sua origem; e para alguns autores essa filiação núbia da arte de Ifé teria sido um prolongamento da influência helenística. Outros autores, ainda, buscam explicar a surpreendente arte do eixo Ifé-Benin por meio de uma suposta colonização fenícia, com base na legendária expedição de Hanon. *Ver* IORUBÁS.

IGBO-UKWU. Sítio arqueológico no centro-sul da atual Nigéria, território do povo Ibo. Abrigou importante civilização na Idade do Bronze entre os séculos VIII e IX d.C.

IJEBU. Estado iorubano, oriundo da dinastia fundada por Adjibotá ou Acarigbô. Nele, consoante Pedrals, na cidade de Ijebu Odé, uma filha da Rainha de Sabá, chamada Shongbaou ou Barquisso, teria edificado uma poderosa cidadela fortificada, afirmação que, entretanto, resulta em anacronismo, já que a legendária rainha teria vivido no século X a.C. *Ver* ILÊ-IFÉ.

ILÊ-IFÉ. *Ver* IFÉ.

IMBANGALA. Grupo étnico da atual Angola. As primeiras organizações políticas do povo Imbangala formaram-se no vale do rio Cuango, nos atuais territórios de Angola e República Democrática do Congo, antes do século XV d.C., dando origem depois ao reino de Matamba. *Ver* BAIXO CONGO; BANTOS; KINGURI.

IMHOTEP. Sábio egípcio. Viveu por volta de 2700 a.C., durante a III dinastia, à época do faraó Djoser, destacando-se como médico, astrônomo, matemático e arquiteto. Segundo M. K. Asante, foi a mais antiga personalidade da história a formular questões relativas a espaço, tempo, volume, natureza das enfermidades, diferença entre males físicos e mentais, bem como sobre a imortalidade da alma. Durante toda sua vida ativa, refletiu sobre o significado e a origem das coisas, bem como sobre seu desenvolvimento e sua conclusão. Ainda segundo Asante, foi o primeiro entre os sábios humanistas. Nesse sentido, pode ser considerado o pai da medicina, da arquitetura e da filosofia em todo o mundo. No campo médico, sacerdote da mais alta hierarquia, detentor de conhecimentos ancestrais, foi a primeira personalidade a escrever sobre diagnóstico de doenças, sendo por isso considerado o grande patrono das artes médicas. Associado pelos gregos a Hermes Trismegisto e venerado como um deus, foi a primeira personalidade multidimensional do mundo, e sua contribuição aparece no mais remoto alvorecer da razão e da ciência, colocadas a serviço da sociedade humana. Gênio da matemática, inventou muitos dos mais antigos instrumentos de medição, sem os quais seria impossível conceber, por exemplo, o complexo da pirâmide de degraus do faraó Djoser, cuja construção planejou. Na famosa estátua de bronze, reproduzida fotograficamente em Hart (1992), na qual aparece sentado, um rolo de papiro no colo, cabeça coberta e túnica longa, "como incorporação da sabedoria dos escribas", segundo a legenda, sua aparência fisionômica é a de um homem negro. O elemento "hotep" de seu nome, a julgar pelo que escreveu Save-Söderberg sobre Thoth-Hotep, denota origem núbia. Outro Imhotep, filho de Hapu e igualmente sacerdote, viveu durante a XVIII dinastia, tendo sido o mentor espiritual do faraó Amenófis IV, depois chamado Aquenaton. O nome Imhotep parece ser uma das transliterações de "Amen-hotep" ou "Amenófis".

IMPÉRIO, Antigo. Período da história egípcia compreendido aproximadamente entre os governos da III e da VI dinastias.

IMPÉRIO, Médio. Período da história egípcia compreendido aproximadamente entre os governos da XI e da XII dinastias.

IMPÉRIO, Novo. Período da história egípcia compreendido aproximadamente entre os governos da XVIII e da XX dinastias. Instaurado após a expulsão dos hicsos, foi época de grande esplendor e desenvolvimento, com o Egito ascendendo à condição de grande potência.

INCENSO. Espécie de resina aromática. Durante a Antiguidade, o ativo e rendoso comércio de incenso movimentou somas fabulosas, a ponto de os historiadores reconhecerem uma "rota do incenso" que incluía parte da costa oriental africana. A fonte principal dessa riqueza era a região de Dhofar, na atual Eritreia, seguida da região de Ras Hafun, na costa somaliana de Berbera. Os egípcios, que desenvolveram importante indústria de cosméticos, faziam largo uso ritual de incensos e perfumes. *Ver* ERVAS AROMÁTICAS.

INCESTO REAL. Entendido como a consumação de relação sexual entre parentes consanguíneos em grau próximo, o incesto, com justificação religiosa, foi largamente praticado nas antigas linhagens reais africanas. No Egito antigo era comum o casamento real entre irmãos, o qual, justificado pelo mito de Ísis e Osíris, irmãos e esposos, era realizado também por motivação política. Da mesma forma, o fenômeno é assinalado na formação de outras dinastias reais, como a fundadora do povo Luba.

ÍNDIA MÉDIA. Expressão pela qual se referia à costa oriental africana na época medieval. Essa referência parece ser um eco da afirmação de Heródoto sobre a existência de uma "nação etíope" na Índia.

INSTRUÇÕES. Gênero de literatura do Egito antigo, consubstanciado em textos de cunho pedagógico, filosófico e religioso. Segundo diversos autores, muito dessa literatura constituiu a base de textos bíblicos como os

Provérbios de Salomão, o Eclesiastes e os Salmos. Quanto a estes, Lourdes Bacha destaca especialmente o conteúdo dos de números 6, 37, 51, 101, 129, 142 e 150.

INTEF. *Ver* ANTEF.

IORUBÁS. Denominação genérica atribuída, no final do século XIX, a um conjunto de povos da África Ocidental, localizados principalmente no sudoeste da atual Nigéria e na fronteira do Benin. Têm como ancestral comum o herói fundador Odudua e como núcleo inicial Ilê-Ifé ou simplesmente Ifé, cidade fundada entre 900 e 1200 d.C. **Origens** — López-Davalillo data o estabelecimento dos ancestrais dos modernos iorubás em seu atual sítio entre os anos 600 e 700 a.C. Outros autores, como P. A. Talbot, autor da obra *People of Southern Nigeria*, defendem a tese da origem egípcia do povo iorubá, cujos ancestrais teriam migrado do norte africano para o oeste por volta do ano 800 a.C. Cheikh Anta Diop, fazendo eco a esses autores e alinhando argumentos linguísticos, históricos e religiosos, esposa a tese. Mas acrescenta que as migrações desses ancestrais dos iorubanos para seu sítio histórico foi certamente posterior ao contato dos egípcios com gregos e romanos. Ao chegarem a seu ambiente subsaariano, os migrantes protoiorubanos encontraram a resistência de povos autóctones. Baseado na linguística e em relatos tradicionais, J. A. Atàndá (citado por Adékòyà) afirma que, antes da chegada do fundador Odudua, o povo de Ifé era liderado por um chefe chamado Agbonmiregum e já falava a língua iorubá. Afirma ainda que Odudua teria lutado contra povos vizinhos e que a facção liderada por Morémi Ajàsoró, ou simplesmente Moremi, era constantemente assediada pela agressividade do povo Ugboh ou Ibo, seu vizinho. Esse ibos são descritos nas tradições iorubanas como criaturas horrendas, mas apenas porque se cobriam de palha para atacar os inimigos. Graças, entretanto, a Moremi, eles foram afinal derrotados e afastados. O padre Olumide Lucas tentou provar a origem egípcia dos iorubanos por meio da linguística. Saburi O. Biobaku achava que o antigo reino de Meroe tinha sido a origem dos iorubanos.

Mas a linguística liga os iorubanos ao ramo Níger-Congo da grande família linguística Congo-Cordofaniana, que inclui muitas línguas oeste-africanas. Segundo W. Bascom, então, se os iorubanos vieram do leste, não vieram de muito além do Níger, o que é mais provável. Se eles migraram de algum outro lugar mais distante, a direção de seu movimento migratório foi no sentido de oeste para leste. Observe-se que Nok teve ligações com Cartago, na atual Tunísia. Adékòyà, depois de enumerar e discutir as várias teorias sobre as origens dos iorubás, expõe a tese de F. A. Fabunmi, na seguinte linha: "Os ingleses receberam sua civilização de Roma; os romanos da Grécia; a Grécia da Pérsia; a Pérsia da Caldeia; a Caldeia da Babilônia; a Babilônia e os hebreus do Egito; e Ilê-Ifé dos egípcios." Mas essa hipótese extrema tem por base apenas o mito de criação dos iorubás. O *Dictionary of World History* consigna que, para alguns linguistas, os falantes do iorubá fixaram-se em seu ambiente oeste-africano por volta de 2000 a.C. Veja-se, finalmente, que para Molefi K. Asante as concepções dos iorubás sobre o universo revestem-se do mesmo holismo e da mesma harmonia encontrados na concepção quemética do Maat. **Migrações** – De Ifé, grupos iorubás partiram na direção das florestas e savanas ao norte, bem como na direção das nascentes do rio Níger; outros, ainda, rumaram para outras regiões do oeste africano. Assim, integrariam essa diáspora iorubana os bavas e gogobiris, no atual Estado de Kano; os beriberis, em Socoto; os badagris, em Lagos; os baribas, no antigo Daomé; os Ga, na atual Gana etc. *Ver* IFÉ; NOQ; ODUDUA; ORÊ; OIÓ.

IQNATON. Uma das transliterações para o nome "Aquenaton".

IRIQUE-AMANNOTE. *Ver* AMANI-NETE-IERIQUE.

IRIQUE-PIYE-CO. Governante de Cuxe após Nastasen e antes de Arnecamani, provavelmente em uma dinastia paralela, reinante em Napata.

IRRIGAÇÃO, Obras de. Extremamente dependentes da agricultura, os antigos egípcios desenvolveram, já na época arcaica, importantes obras de irrigação, por meio de sistemas de barragens e canais de distribuição, para aproveitamento racional das inundações do rio Nilo. Essas obras contam-se entre as primeiras da Humanidade. Na Antiguidade da África Central, povos como o de Engaruca também desenvolveram complexos sistemas de irrigação.

IRTJET. Uma das unidades políticas da Núbia, próxima a Elefantina, tributária do Egito à época da VI dinastia.

ISAÍAS. Profeta bíblico atuante no reino de Judá entre 740 e 687 a.C., durante o domínio da XXV dinastia cuxita, dita "etíope", no Egito. Na Bíblia, os capítulos de 18 a 20 do "Livro de Isaías", conjunto de mensagens oraculares a ele atribuído, aludem ao povo da "Etiópia", certamente em referência aos cuxitas, qualificando-os como "povo forte e poderoso", cujos mensageiros "descem o rio Nilo em barcos feitos de junco", "gente alta e de pele lustrosa, um povo de quem muita gente tem medo e que vive numa região dividida por rios". Sobre o Egito, o profeta, entre outras referências, condena os "ídolos e os adivinhos, os médiuns e os feiticeiros".

ISHANGO. Vilarejo às margens do lago Rutanzige, na atual República Democrática do Congo, na fronteira com Uganda. Nessa localidade, pesquisas arqueológicas descobriram, na década de 1950, o que se conhece como o primeiro instrumento utilizado por seres humanos para efetuar operações aritméticas, datado de mais de 20 mil anos.

ÍSIS. Importante divindade egípcia, irmã-esposa de Osíris e mãe de Hórus. Deusa da medicina, da magia e do culto aos mortos. Segundo a tradição, as cheias do Nilo eram consequência de suas lágrimas pela morte do marido, morto e esquartejado por Seth. Deusa especialmente adorada pelos núbios, seu culto estendeu-se até York, na Inglaterra.

ISLÃ, Advento do. A adoção progressiva do islamismo em cada uma das regiões africanas a partir do século VII d.C. delimita, para os fins desta obra, o final da Idade Antiga nessas regiões. Assim, estabelecemos (cf. Appiah e Gates) a seguinte sequência aproximada para o início do processo de islamização, nas várias regiões do continente, até a chegada das primeiras expedições europeias – evento histórico que, por sua vez, é outro marco do término da Antiguidade para cada região onde ocorreu: a) século VII − Norte-nordeste da África; b) século X − Somália e litoral do Índico; c) século XI − Nigéria setentrional, Mauritânia, Senegâmbia; d) século XIV − Nigéria central; e) século XVI − Chade; f) século XVIII − Magreb, Somália e Núbia.

ISMAELITAS. Descendentes de Ismael, filho do patriarca hebreu Abraão com Agar, sua escrava egípcia. Seu território, na África, estendia-se até Havilá, no atual Djibuti.

ISÓCRATES. Filósofo grego (c. 550 a.C.). Passou vários anos de sua vida estudando com sábios egípcios em Busíris.

ISRAELITAS. Na Antiguidade, denominação dos hebreus da tribo de Israel ou Jacó, em contraposição aos "judeus", da tribo de Judá. Entre c. 1197 e 1165 a.C., os israelitas viveram sob forte pressão egípcia. O enfraquecimento do Egito, que impunha pesados tributos na região da Palestina, possibilitou o surgimento, em c. 1020 a.C., de um Estado forte em Israel. Além disso, a invasão do Egito pelos chamados "povos do mar" levou a acordos entre as tribos que acabaram evoluindo para um governo central. Em 920 a.C., porém, o faraó Xexonq I invadiu Israel.

ITAM'RA. *Ver* SAMSI.

ITITAVI. Capital fundada por Amenemat I na região do Faium.

ITSEQUIRI. Reino estabelecido a oeste do delta do Níger, na atual Nigéria, em meados do século XIV d.C., sob a influência do antigo Benin.

IUNTIU. Povo núbio repelido para o sul durante o reinado do faraó Adjib, da I dinastia egípcia.

IUNU. Nome egípcio para Heliópolis.

JACÓ. O último dos patriarcas hebreus, contemporâneo da XV dinastia egípcia. Segundo a tradição bíblica, aos 97 anos recebeu de Deus o nome "Israel". Morreu no Egito, para onde seu filho José o chamara quando de uma grande seca em Canaã.

JALOFO. Antiga forma portuguesa para o nome étnico "uolofe".

JEN DARABA. Personagem da história etíope, mencionado como o favorito da rainha Gersemat Candaque VI (c. 86-93 d.C.), o qual fez peregrinação a Jerusalém em cumprimento à lei dos antepassados, tendo, na viagem de volta, recebido do apóstolo Felipe ensinamentos sobre o Evangelho. *Ver* AMANITARE; ETIÓPIA; EUNUCO.

JEROBOÃO. Rei de Israel. Segundo Cazelles, teria aprendido no Egito, onde foi acolhido por Xexonq I, o modelo de governo que empreendeu. *Ver* XEXONQ.

JEZIRA. *Ver* GEZIRA.

JOLOF. Reino florescido nas savanas do noroeste do atual Senegal, no século XIII, após a queda do Teqrur ante o império do Mali. No século seguinte, dominou os reinos sereres de Siné Salum, opondo firme resistência ao avanço do Islã. *Ver* UOLOFE.

JOS, Planalto de. *Ver* NOK.

JOSÉ. Patriarca hebreu, filho de Jacó e Raquel (século XVI a.C.). Vendido como escravo e levado para o Egito, transformou-se, segundo a Bíblia, em um dos líderes mais poderosos do delta do Nilo. Com seu poder de decifrar sonhos, teria aconselhado o faraó (provavelmente Caian ou Apófis, na XV dinastia egípcia, durante o domínio dos hicsos) a aproveitar melhor a produção agrícola e reservar alimentos para os períodos de seca. Assim, acabou sendo elevado à condição de vizir ou primeiro-ministro. É também referido como "José do Egito". *Ver* SAFNAT-PÂNEAH.

JUBA I. Rei da Numídia de 60 a 46 a.C., era filho de Hiempsal II. Aliou-se a Pompeu na guerra civil contra os exércitos imperiais romanos e, depois que suas hostes foram derrotadas por César em Thapsus, em 46 a.C., cometeu suicídio, juntamente com Cipião e Catão. Seu antigo reino tornou-se a província romana de África Nova.

JUBA II. Rei da Mauritânia, filho de Juba I, governou entre 25 e 24 a.C. Ainda criança, por ocasião da morte do pai, foi levado para Roma e educado pela irmã de Otávio. Depois de casar-se com Cleópatra Selene, filha de Antônio e Cleópatra VII, foi colocado por Augusto no trono de uma Mauritânia já expandida. Não detendo nenhum poder concreto, dedicou-se aos estudos e ao embelezamento de seu reino com obras de arte. Intelectual e humanista – falando e escrevendo fluentemente grego e latim, além de sua língua materna –, interessou-se por vários ramos do conhecimento científico. Observe-se que, na Antiguidade, a Mauritânia, localizada a oeste da Numídia, correspondia aproximadamente ao atual território do Marrocos.

JUDEU. Na Antiguidade, gentílico referente a cada um dos hebreus da tribo ou do reino de Judá (aplica-se a pessoas, enquanto o termo "judaico" qualifica coisas), em contraposição a "israelita", que é o hebreu da tribo de Israel ou Jacó. Os judeus e israelitas constituíam o povo Hebreu. *Ver* CUXITA.

JUGURTA. Rei da Numídia (118-104 a.C.), neto de Massinissa. Filho ilegítimo de Mastanabal, após a morte do pai foi educado e finalmente adotado pelo tio Macipsa. Com a morte deste, em 118 a.C., dividiu o reino com dois de seus primos, Hiempsal I e Aderbal, mas logo os assassinou, o que provocou a intervenção armada de Roma. Antes, porém, obteve o apoio de seu sogro Boco I, rei da Mauritânia, sendo, porém, mais tarde abandonado por ele nas mãos dos romanos, que o carregaram em triunfo para depois o estrangular. A resistência de Jugurta à dominação romana mereceu um relato do escritor romano Salustio, cerca de 50 anos depois, justamente chamado *Bellum Iugurthinum*, i.e., *A guerra de Jugurta*. *Ver* NUMÍDIA.

KA. Entre os egípcios, ao lado do *akh* e do *ba*, um dos três princípios constituintes da identidade humana. Nascia com o corpo, do qual era a força vital ou personalidade. Depois da morte, o *ka* se deslocava através da porta falsa existente entre o túmulo e a capela, para consumir as oferendas.

KAA. Último faraó egípcio da I dinastia, encerrada em c. 2980 a.C., na época arcaica ou tinita.

KADESH, Batalha de. Confronto ocorrido na cidade síria que lhe dá nome, em c. 1299 a.C., entre o exército egípcio de Tutmés III e os hititas. As duas potências disputavam o controle da Síria e da Palestina; a batalha foi vencida pelos hititas sob o comando de Mutalu. Apesar da derrota, os egípcios, com Ramsés II, recuperaram a região, celebrando um tratado que propiciou a vitória definitiva contra a coalizão liderada por Mitani.

KAKONG. *Ver* CACONGO.

KAMÓSIS. *Ver* CAMÉS.

KARAGWE. Ver CARAGÚE.

KARNAK. *Ver* CARNAC.

KEBRA NAGAST (KEBRE NEGUEST). "Glória dos Reis". Repertório da história e das tradições da Antiguidade etíope, escrito em língua copta no início do século XIV d.C. Contém as leis de toda a Etiópia e os nomes dos *shuns* (governadores), das igrejas e províncias. Em 1872, o príncipe Casa o reivindicou à rainha Vitória, da Inglaterra, pois o livro se encontrava no Arquivo Nacional de Londres; e a Inglaterra o devolveu.

Os primeiros capítulos contêm interpretações de textos do Antigo Testamento; tradições folclóricas e históricas; a história do estabelecimento da religião dos hebreus na Etiópia, e a afirmação tanto da soberania como da divina autoridade dos reis tidos como da linhagem de Salomão e da Casa de Davi.

KEMET. *Ver* QUEMET.

KERMA. *Ver* QUERMA.

KHABA. *Ver* CABA.

KHAFRA. *Ver* QUEFRÉM.

KHAMÉS. *Ver* CAMÉS.

KHARTUM. *Ver* CARTUM.

KHEMS. *Ver* QUEM.

KHOI-KHOI. Grupo de línguas da África Austral antes conhecido como "hotentote". *Ver* SAN.

KHOI-SAN. *Ver* BOSQUÍMANOS; SAN.

KHONS. *Ver* CONS.

KHUFU. *Ver* QUEÓPS.

KISAMA. *Ver* QUISSAMA.

KORDOFAN. *Ver* CORDOFÃO.

KOSHEISH, Represa de. A represa mais antiga da História. Tratava-se de um dique de 15 m de altura construído no Nilo para abastecer Mênfis, a capital do faraó Menés. *Ver* IRRIGAÇÃO.

KUMBI SALEH. Capital do antigo Gana. Estudos arqueológicos descobriram nesse sítio túmulos de grandes dimensões, sarcófagos, oficinas de metalurgia, ruínas de torres e de diversos edifícios, ou seja, vestígios de que a cidade já existia à época do Egito faraônico (cf. Diop II, 1979, p. 348).

KUSH. *Ver* Cuxe.

KWALE. Sítio arqueológico localizado desde o interior da atual Mombaça até a vertente meridional do monte Kilimanjaro, no Quênia de hoje. No local, um povo em estado bastante adiantado desenvolveu uma das mais antigas tradições africanas em produção de utensílios de ferro, como panelas e caçarolas. O início da povoação local, segundo Phillipson, citado por Obenga (1985), verificou-se com a chegada de migrantes oriundos do Baixo Congo, entre c. 100 e 200 d.C.

LAQUIDEAMANI. Rei de Cuxe em Meroe, em c. 300-308 d.C.

LEBU (LEBOU). Povo nômade da Antiguidade africana que teria dado origem ao topônimo "Líbia". Ramsés II lhes deu combate, impôs tributo e vedou seu acesso ao Egito, com a construção de fortificações nas modernas localidades de Marsa Matrouq e El-Alamein, segundo Laffont. A atualidade conhece um povo Lebou, negro, de pescadores e agricultores, que vive na península de Cabo Verde, próximo a Dacar, no Senegal.

LEMBAS (VHALEMBA). Povo negro do Zimbábue, tido como de origem judaica. À época de Baumann, viviam dispersos entre os vendas e os xonas, formando uma população misteriosa, sem chefes, sem qualquer tipo de organização política, que morava em cabanas espalhadas por aldeias. Destacando-se como comerciantes e ferreiros em sua área cultural, caracterizavam-se por usos e costumes que os ligariam a antigos judeus, árabes, fenícios etc. Os modernos lembas constituem um clã endógamo e, embora de aparência negro-africana, reivindicam ancestralidade judaica, comprovada, segundo alguns autores como Rudo Mathiva (cf. www.haruth.com), por testes genéticos recentes.

LEOPARDO. *Ver* PANTERA.

LEVANTE. Denominação da região litorânea no leste do Mediterrâneo.

LEVIATÃ. Nome pelo qual se designa, no Velho Testamento, um animal monstruoso, de grande porte e força. No salmo 73, na figura de um dragão, simboliza o Egito faraônico.

LIBAÇÃO. Cerimônia religiosa que consiste em encher um recipiente com líquido e, depois de prová-lo, derramá-lo sobre o altar de uma divindade ou no chão, em sua honra. A libação é parte inicial obrigatória dos ritos da tradição africana, certamente desde a Antiguidade.

LÍBIA. Região do norte da África, habitada originalmente por povos berberes. Segundo Diop, o mais antigo substrato da população da Líbia foi uma população negra do Saara meridional. Os berberes líbios começaram a fustigar o Egito no século XIV a.C, sendo duramente reprimidos no tempo de Ramsés I e Seti I. No século X, tomaram o poder em Tebas e reinaram sobre grande parte do Egito por meio da XXII dinastia. A Líbia foi colônia fenícia e mais tarde tornou-se domínio romano, dividido em três províncias: Cirenaica, Tripolitânia e Fezânia; esta, em permanente contato com a África Subsaariana. À época de Heródoto, segundo seus escritos, a região era habitada por "quatro nações: duas indígenas e duas estrangeiras". Os "indígenas" eram "líbios" (berberes) e "etíopes" (negros); aqueles habitavam a parte norte do país e estes, a parte meridional. As duas "nações estrangeiras" eram constituídas por fenícios e gregos. *Ver* BERBERES; LEBU; TEMEHU; TEHENU.

LIBONGO. Denominação de um tecido de fibra de palmeira usado também como moeda na Antiguidade da atual Angola. O mesmo que *sambu* ou *zamba*.

LIMPOPO. Rio do leste da África Austral. Com 1.600 km de curso, deságua no oceano Índico e marca as fronteiras entre Botsuana, Zimbábue e África do Sul. *Ver* TRANSVAAL.

LÍNGUAS NEGRO-AFRICANAS. Toda língua é resultado da criação de um grupo social. Daí a utilidade de se compreender o desenvolvimento de uma língua quando se estuda a história do povo ao qual ela pertence. Partindo dessa constatação, cientistas como Théophile Obenga, usando o método linguístico comparativo, têm estabelecido a transição entre a pré-história e os tempos antigos, para revelar o imenso panorama da herança da África Profunda, inclusive em suas relações com a Antiguidade egípcia e do norte do continente. **Unidade** – A unidade entre diversas línguas negro-africanas e a língua egípcia moderna é comprovada pela linguística desde M. N. Reich, no início do século XX. Cheikh Anta Diop, concentrando seus estudos na comparação entre o egípcio e o uolofe, falado principalmente no Senegal e no Mali, reafirmou essa unidade. M. Delafosse defendeu a existência de uma família linguística negro-africana e da similitude entre as línguas bantas e as sudanesas. Mais recentemente, Bernal comprovou a existência também de um grande conjunto de línguas aparentadas, expandido a partir da Núbia para dar origem à família linguística que denominou afro-asiática. *Ver* NEGRO-EGÍPCIO.

LINHAGEM. Na tradição africana, agrupamento de várias famílias extensas que reconhecem a descendência de um mesmo ancestral, em linha paterna ou materna. O clã é um agrupamento de várias linhagens. Presente em todas as sociedades tradicionais africanas, notadamente na África Subsaariana, e em cada uma referido por um nome específico, esse tipo de agrupamento baseia-se no parentesco consanguíneo, podendo ser estabelecido, como já foi dito, tanto pela ascendência materna quanto pela paterna. O fundador de cada linhagem é sempre a pessoa que deixou um exemplo marcante de vida, seja por seu saber, seja por sua riqueza, seja por um ato ou ação de importante consequência. Os membros de uma mesma linhagem entendem o laço que os une como uma comunhão profunda e essencial. Por isso, no plano religioso, costumam celebrar essa comunhão por meio de oferendas ao ancestral comum, feitas periodicamente ou em situações especiais, principalmente de crises ou problemas, para solicitar sua proteção e seus bons ofícios junto às forças superiores. A linhagem é, então, acima de tudo, um grupo de pessoas solidárias entre si; e sobre ela, como instituição, repousa, desde a Antiguidade, a estrutura da sociedade africana tradicional, tanto do ponto de vista espiritual quanto do material, em tempos de paz ou em tempos de guerra, na defesa contra as agressões – humanas ou naturais –, e nos ataques contra eventuais e possíveis inimigos. Rompidos esses laços de solidariedade, por força de uma disputa ou até mesmo de uma migração – quando um grupo resolvia partir, e outro, ficar –, a linhagem em geral dava nascimento a outra, pela emergência de um novo líder, futuro ancestral de outras gerações.

LINHO. Tecido feito com as fibras da planta de mesmo nome (*Linum usitatissimum*), também medicinal. Os antigos egípcios, por considerar impuras as peles de animais e dominando a técnica da tecelagem de fibras, usavam preferencialmente roupas de linho. Com esse material, teciam o *kalasiris*, uma túnica longa drapeada, usada, por ambos os sexos, sobre uma espécie de tanga.

LITERATURA EGÍPCIA. Os antigos egípcios escreviam sobre os temas mais diversos, servindo-se, para tanto, de variados suportes, desde o papiro até as bandagens que envolviam as múmias, além de grafar inscrições em paredes de templos, túmulos e residências. Essas inscrições abordavam os mais diferentes assuntos, tais como ritos religiosos, biografias, cartas comerciais e pessoais. O conjunto desses textos, nos quais se destacam ensinamentos de cunho científico e pedagógico, além de contos, lendas, fábulas e poesia, constitui um rico acervo literário, de grande influência e valor. *Ver* ESCRITA; INSTRUÇÕES.

LIVRO DOS MORTOS. Título dado por egiptólogos à coletânea de textos egípcios relativos à morte e à vida no outro plano da existência. Contém textos religiosos, bem como fórmulas mágicas heterogêneas, compostas durante várias gerações e por meio das quais se acreditava que a alma de um indivíduo conseguiria superar os obstáculos em seu caminho até o além.

LOBI. Grupo étnico localizado na atual fronteira entre a Costa do Marfim e o Alto Volta. Em seu território chamam a atenção ruínas de construções em pedra que se estendem por vários quilômetros, como vestígio de uma antiga civilização ainda não identificada.

LOTÓFAGOS. Nome atribuído pelo historiador Heródoto a um antigo povo africano que, segundo ele, se alimentava basicamente de frutos de lótus. *Ver* ICTIÓFAGOS.

LÓTUS. Planta da família das ninfeáceas (*Nymphaea lotus*). Muito cultivada como ornamental e pelos rizomas e sementes comestíveis. Símbolo do Alto Egito, é também conhecida como "lótus-sagrado-do-egito".

LUA, Montanhas da. Conjunto de elevações na Etiópia, onde na Antiguidade se supunha que estivessem localizadas as nascentes do rio Nilo.

LUANGO. Antigo reino africano formado no litoral dos atuais Gabão e República Democrática do Congo antes do século XV d.C. *Ver* BAIXO CONGO; BANTOS; GABÃO.

LUBA. Povo da região de Catanga (Shaba), na atual República Democrática do Congo, também referido como Baluba. Com organização política que remontava ao século VIII d.C., constituiu importantes unidades das quais a mais significativa foi o Luba Lomani; a povoação da região, entretanto, remonta a migrações provenientes do leste do continente, em vagas progressivas, a partir do século V. Seu poder e influência estendiam-se ao nordeste de Angola, ao sul do Congo e ao norte da Zâmbia. Os restos de uma necrópole encontrados às margens do rio Quisale, no norte de Catanga, datados de c. 800 d.C., são indícios de uma civilização antiga. Segundo Obenga (1991), diversos aspectos de sua cultura e da organização de seu poder, como entre o povo Cuba, ligam os lubas ao Egito faraônico. *Ver* CATANGA; QUIBINDA ILUNGA.

LUNDA. Região do nordeste da atual Angola. O início da povoação local deu-se provavelmente em consequência de correntes migratórias provenientes do Baixo Congo em c. 100 a.C. Entre os séculos XIII e XIV d.C., os lundas formaram um reino nos campos ao longo do curso superior do rio Casai (Kasai), o qual evoluiu para um Estado importante, bastante desenvolvido no século XV. Seu soberano ostentava o título de *mwata yamwo*, aportuguesado para "muatiânvua", e dividia parte do poder com sua real esposa, intitulada *lukocheka*. Num claro exemplo de matrilinearidade, seu sucessor era escolhido, por um conselho, entre seus irmãos e não entre seus filhos, como ocorria, por exemplo, na Núbia, entre os cuxitas, à época de Meroe. *Ver* QUIBINDA ILUNGA.

LUXOR. Cidade do Alto Egito, na margem direita do Nilo, antes da primeira catarata e a cerca de 3 km de Carnac.

MAAT (MA'AT). Sistema filosófico da Antiguidade egípcia. Ciência da verdade, definia e valorizava os princípios básicos da justiça e da vida em comum: ordem, equilíbrio, harmonia, justiça, retidão e reciprocidade, os quais eram, segundo a tradição, recebidos pelo faraó diretamente do Ser Supremo, Ra ou Amon. Conforme M. K. Asante, o grande objetivo da sociedade quemética era a manutenção do Maat. Representado como uma deusa, era o princípio básico do equilíbrio da sociedade.

MABVENI. Sítio arqueológico na Zâmbia, datado de 140 d.C.

MACÁRIO DO EGITO. *Ver* SÃO MACÁRIO.

MACIPSA (MICIPSA). Rei da Numídia entre 148 e 118 a.C. Foi tio e educador de Jugurta.

MACÚRIA (MACURRA). Reino independente da Núbia, entre a terceira e a quarta cataratas, convertido ao cristianismo no século VI. No século seguinte uniu-se à Nobácia sob um mesmo rei, que governou a partir da antiga Dongola, em seu território. *Ver* NÚBIA CRISTÃ.

MADAGASCAR. Ilha no oceano Índico, separada do continente africano pelo canal de Moçambique. Foi colonizada por negros africanos e povos asiáticos, provavelmente entre os séculos I e V d.C., segundo alguns autores, ou no primeiro milênio antes de Cristo, conforme outros, citados por Appiah e Gates. Os primeiros migrantes teriam sido navegantes malaio-polinésios que, saídos da Indonésia em diferentes vagas migratórias, no rumo sudoeste, alcançaram o continente africano. Em algumas dessas migrações, parte dos grupos teria ido diretamente para a costa oriental da ilha, enquanto outros foram primeiro para o litoral do continente, de lá chegando a Madagascar, já miscigenados às populações negro-africanas.

MAGIA. Definida como prática ou conjunto de práticas rituais, utilizadas com o objetivo de controlar ou influenciar os processos naturais do Universo, a magia era parte integrante do cotidiano das antigas sociedades africanas e foi largamente usada tanto pelas cortes quanto pelo povo, para fins terapêuticos e nos negócios de Estado. **Magia egípcia** – Entre os antigos egípcios, cada deus era relacionado com um astro celeste, um dia da semana e uma hora do dia. Essa relação fazia com que cada indivíduo, ao nascer sob a regência de uma divindade, permanecesse a ela ligado por toda a vida. Assim, segundo Bacha, a cada nascimento, a primeira providência paterna era levar a criança ao templo, para que a divindade regente, por meio de um sacerdote especializado, informasse o traçado do destino do recém-nascido. Tal prática remete-nos a procedimentos tradicionais até hoje vigentes, como, entre os iorubás, o estabelecimento, pelo oráculo Ifá, da trajetória vital consubstanciada no odu (signo regente do destino) de cada criança que nasce. Os antigos egípcios costumavam também, ainda segundo Bacha, canalizar e direcionar, em benefício dos humanos, as forças vitais emanadas das divindades. Isso era realizado por meio do pensamento e da visualização, bem como pela aposição de mãos ou pela energização de objetos, que eram utilizados como amuletos; ou mesmo pela água, depois bebida com fins terapêuticos. Cientes de que a palavra falada ou escrita, quando empregada adequada e corretamente, reveste-se de grande força, os sacerdotes faziam uso constante de evocações e invocações rituais, além de conjurações, sempre em voz alta, inclusive para comunicação com os mortos. A exemplo de todas as sociedades africanas posteriores, a dos egípcios repudiava a magia maléfica, o "feiticeiro" sendo considerado um ser antissocial, desagregador, constituindo, portanto, uma ameaça ao equilíbrio do grupo. Entretanto, como salienta L. Bacha, e como comprovam diversos achados arqueológicos, o uso da magia com fins nem sempre benéficos era popularmente disseminado. Fórmulas e poções para alcançar favores pessoais, propiciar conquistas amorosas, provocar catalepsia ou morte de um desafeto povoam o universo mágico do passado egípcio. **Magia núbia** – Com sistemas religiosos e práticas mágicas tidos como ancestrais dos similares egípcios, os antigos núbios contavam em suas cortes com magos temidos e respeitados. Amen-hotep (Amenófis) II, conforme Brissaud, recomendou a seu vice-rei na Núbia, Uesertatet, que não se fiasse nos núbios e se protegesse contra sua magia. **Magia berbere** – A história romana registra um episódio em que, no século I d.C., o general Hosidius Geta, em campanha no deserto do Saara, vendo seus exércitos acossados e quase derrotados pela sede, resolveu aceder ao conselho de um aliado nativo para que recorresse à magia. Segundo Dion Cassius, citado em Laffont, assim feito, caiu do céu água em abundância, saciando os soldados e afugentando os adversários, que então optaram pela rendição.

MAGON. Cientista cartaginês (século I a.C.), ao tempo de Sila. Redigiu um tratado de agricultura em 28 volumes, sendo por isso considerado "o pai da economia rural".

MAGREB. Região do norte da África situada entre o Mediterrâneo e o Saara. *Ver* BERBERES; LÍBIA.

MAHARRACA. Localidade no Egito, ao sul de Assuã. Sítio arqueológico importante. A descoberta de uma necrópole meroítica nessa região atesta quão distante de Meroe, no rumo norte, a cultura cuxita impôs sua influência.

MALANDELA. Ancestral considerado o pai do povo Zulu. *Ver* NGUNI.

MALAPATI. Sítio arqueológico no Zimbábue onde se acharam vestígios de aldeias, datados dos séculos VI, IV e II d.C., segundo A. Costa e Silva. Esses achados incluem fios e fragmentos de cobre, contas de ferro, vidro, conchas e estatuetas antropomórficas de argila. *Ver* ZÂMBIA; ZIMBÁBUE.

MALAQUITA. Carbonato de cobre. *Ver* MAQUILAGEM DOS OLHOS.

MALEQUEREABAR. Rei de Cuxe em Meroe, em c. 266-283 d.C.

MALENAQUEM (MALONAQUEM). Rei cuxita em Napata, em c. 555-542 a.C.

MALEUIEBAMANI (MALOWIEBAMANI). Rei cuxita em Napata, em c. 463-435 a.C.

MANASSÉS. Primogênito egípcio de José e Azenate. Tornou-se patriarca de uma das 12 tribos de Israel.

MANDINGA. Etnônimo que inclui vários povos da África Ocidental (do Mali à Costa do Marfim) falantes de línguas do grupo mandê. O mesmo que malinquê, mandenca e maninca. Segundo N'Diaye, os povos mandingas teriam vindo do leste, numa época muito remota, numa invasão lenta e progressiva até atingir as regiões onde se fixaram definitivamente, deixando, entretanto, ao longo de seu percurso, grupos mais ou menos importantes. Na opinião de Winters, os ancestrais desses povos, cumprindo uma rota nilo-saariana, teriam, entre c. 3700 e 1300 a.C., vivido no atual Sudão e depois na Fezânia e em outras regiões altas do Saara. Consoante López-Davalillo, seus primeiros núcleos no oeste africano formaram-se entre 500 e 400 a.C. Segundo Clyde Winters, migrantes de fala mandê teriam ido para a América por volta de 1700 a.C., constituído o núcleo inicial do povo olmeca. *Ver* OLMECAS.

MANEROS. Filho único de Menés. Sua morte prematura deu origem a cantos fúnebres entoados em sua honra e por isso chamados "maneros".

MÂNETON (MANETO). Sacerdote egípcio, natural de Saís. Viveu durante a ocupação grega. Historiador anterior a Heródoto, escreveu um tratado completo, de cunho histórico, literário, filosófico e teológico sobre seu povo. Nesse tratado, estabeleceu a listagem clássica dos governantes egípcios, divididos em trinta dinastias. Sua obra, destruída em parte por ordem do imperador Diocleciano e por muito tempo menosprezada, vem sendo aos poucos reabilitada, mostrando-se, em muitos aspectos, mais confiável que a de Heródoto.

MANICONGO. Deturpação da expressão *mwene-e-kongo*, designativa do rei do Congo. Conforme lembra Ki-Zerbo, as insígnias do exército do "manicongo", à época da chegada dos portugueses, eram ídolos levantados sobre hastes, como as do exército faraônico egípcio. *Ver* BAIXO CONGO; CONGO, Rio.

MAPUNGUBUE. Núcleo populacional banto florescido na margem direita do rio Limpopo, no nordeste do Transvaal, África do Sul, entre os anos 1000 e 1200 d.C. Antecessor do Grande Zimbábue, seus construtores, na Idade do Ferro, quando lá estabelecidos, desenvolveram uma economia baseada na atividade agropastoril, na produção de víveres e bens de consumo, como revelou a presença, no local, de restos arqueológicos, miçangas etc., além de objetos e utensílios feitos de ouro e marfim. Segundo pesquisas recentes, esses fundadores teriam vindo da região dos Grandes Lagos. Sendo, provavelmente, o primeiro centro da civilização xona, a povoação foi abandonada com o apogeu do Grande Zimbábue. *Ver* TRANSVAAL; XONAS.

MAQUEDA. Rainha de Sabá (c. 1005-950 a.C.). Foi soberana de um reino que se estendeu, em dado momento histórico, do Egito à Etiópia, Arábia, Síria e a regiões da Índia (cf. Larkin Nascimento). É também referida, em alguns textos antigos, como Belkiss. *Ver* SABÁ.

MAQUILAGEM DOS OLHOS. Durante todos os períodos e dinastias, a maquilagem dos olhos foi obrigatoriamente usada por mulheres e homens egípcios. Mas esse uso não era somente decorativo e ornamental, servindo também a fins medicinais, mágicos e espirituais. Para tanto, os egípcios usavam malaquita (carbonato de cobre, que produz uma tinta verde) trazida do Sinai – região que, por suas minas, era considerada sob o domínio espiritual de Hathor, deusa da beleza, da alegria, do amor e da feminilidade. Utilizavam também galena, sulfeto de chumbo, extraída das cercanias de Assuã, no litoral do mar Vermelho. A galena inclusive constava entre os materiais buscados pela rainha Hatchepsut em sua célebre expedição ao país de Punt e costumava ser-lhe entregue como tributo por nômades asiáticos. A galena possui propriedades desinfetantes e repelentes de insetos; e os egípcios acreditavam que ela também protegesse contra as radiações solares intensas. A maquilagem dos olhos propiciava ainda proteção psíquica e mágica, contra os efeitos do chamado "mau-olhado" (cf. Judith Illes em www.touregypt.net.magazine).

MAR ERITREU. *Ver* PÉRIPLO DO MAR ERITREU.

MAR ETIÓPICO. Antiga denominação para o oceano Atlântico.
MARROCOS. *Ver* MAURITÂNIA.
MASQUIR. *Ver* SOFER.
MASSESSILOS e MASSILOS. Povos berberes da Numídia.
MASSINISSA. Chefe berbere dos massilos (c. 201-148 a.C.). Aliado dos romanos, foi o maior entre os soberanos do noroeste africano em sua época. Propagou a agricultura, desenvolveu a vida urbana e estendeu seus domínios da antiga Mauritânia à Cirenaica. *Ver* NUMÍDIA.
MASTABA. Espécie de túmulo usado pelos antigos egípcios com a forma de uma pirâmide truncada. A câmara funerária era subterrânea e o acesso a ela se fazia por um poço.
MATAMAN. Antiga denominação da região de Huíla e Namibe, no sul da atual Angola. Segundo D.W. Phillipson, citado por Obenga (1985), a povoação local começou a se estabelecer por volta de 100 a.C., com a chegada de povos bantos provenientes da região entre os rios Cunene e Cubango, num longo fluxo migratório iniciado no Baixo Congo. O reino de Mataman, formado em época muito antiga, foi, bem mais tarde, dividido em dois: Huíla e Húmbi.
MATAMBA. Região a norte do rio Lucala, entre este e o Cuango. No vale do Cuango, nos atuais territórios da República Democrática do Congo e de Angola, antes do século XV d.C., formou-se o reino de Matamba, fundado pelo povo Imbangala. A região foi também importante centro de comércio. *Ver* BANTOS; CATANGA.
MATEMÁTICA. *Ver* ARITMÉTICA e ÁLGEBRA; ISHANGO.
MATÍDIA. Sogra do imperador romano Adriano (76-138 d.C.). Dela, o imperador herdou suas terras africanas, provavelmente na Mauritânia Cesariana, cujas fronteiras fixou.
MATRIARCADO. Regime social e político em que a mulher desempenha papel preponderante. Nele, o parentesco conta-se pela linha materna e o chefe da família é não o pai, mas o tio, irmão da mãe. Herda-se precisamente a posição social da mãe, responsável pela educação do filho. Assim, quando exercido pelos homens, o poder político se transmite não de pai

para filho, e sim de tio materno para sobrinho. Vigente em muitas sociedades africanas, o matriarcado foi notório, por exemplo, no reino núbio de Cuxe, especialmente à época de Meroe. *Ver* CANDACES; LUNDA.

MAURITÂNIA. Antiga região do noroeste africano, cujo território correspondia aproximadamente ao do atual Marrocos e de parte da Argélia. Habitada por povos nômades dedicados ao pastoreio, no século II a.C., a introdução do camelo na região determinou a fixação dessas populações. O poderio e o expansionismo de Cartago logo subjugaram os povos locais, colocando-os sob seu domínio. Entretanto, mesmo assim os mauritânios chegaram, sob proteção romana, a constituir um reino autônomo cujo apogeu artístico e científico foi alcançado com Juba II (25 a.C.-24 d.C.). Com a vitória romana sobre Cartago, a dependência tornou-se mais estreita. Em 40 d.C., sob Calígula, a Mauritânia foi feita província romana, dividida em Mauritânia Cesariense ou Cesariana, a leste, e Mauritânia Tingitana, a oeste, sendo frequentemente perturbada pelas incursões ou revoltas dos nômades. O nome Mauritânia foi dado em alusão aos habitantes autóctones da região, berberes do grupo mouro — *mauri*, em latim. A atual República da Mauritânia localiza-se em território onde, na Antiguidade, floresceu o império de Gana. *Ver* GANA, Antigo.

MBANZA-A-CONGO. Povoação principal do reino do Congo, local de residência do Ntotila. Situada em território da moderna Angola, na atual província de Zaire, próximo à fronteira com o Congo-Kinshasa, era também importante centro comercial. O termo *mbanza* significa em quicongo exatamente "aldeia principal, capital"; e a povoação era também denominada Mbaji-a-Econgo, Mbaji-a-Ncano e Econgo-dia-Ngúngu.

MBUNDU. *Ver* AMBUNDOS.

MEDICINA. Conjunto de conhecimentos relativos à manutenção da saúde física e mental. **Medicina egípcia.** Segundo M. K. Asante, nenhum outro povo antigo praticou a medicina no mesmo grau e com a mesma perfeição que os egípcios. Suas escolas médicas, ligadas ao clero e aos templos, eram conhecidas por sua habilidade na cura dos males da humanidade. Provavelmente no século IX a.C., o poeta grego Homero afirmou que, em termos de medicina, os egípcios suplantaram todos os povos de seu tempo. Cerca de dois mil anos antes da chegada de Homero ao Egito, Imhotep já se destacava como pioneiro nas ciências médicas. Os egípcios tinham, além disso, suas divindades curadoras, como Ptah em Mênfis, Auset em File e Qnum em Siena. Os sacerdotes médicos do Egito desenvolveram especializações como cirurgia, gastroenterologia, oftalmologia, odontologia e veterinária; isso é, mostrado no livro *The Physicians of Pharaonic Egypt*, de Paulo Ghalioungui et al., publicado na Alemanha Ocidental em 1983. A medicina do Egito antigo, chamada *sunt*, compreendia quatro aspectos básicos: a cura pelos contrários; a cura pelos semelhantes; a prevenção de doenças e a magia. Cada um desses aspectos envolvia, na prática, especialização e sistematização, com registro de sintomas, diagnóstico, prognóstico e prescrições, além de técnicas cirúrgicas. Em Quemet, o médico era sempre um sacerdote, de maior ou menor grau hierárquico, formado nos templos, que funcionavam também como locais de atendimento aos pacientes. Por volta de 2000 a.C., os médicos quemétricos já realizavam testes de gravidez por meio da urina e receitavam medicamentos anticoncepcionais. Segundo documentos de época um pouco posterior, seus sucessores faziam teste de acuidade visual e prescreviam remédios preventivos de infecções no globo ocular (aplicados em volta dos olhos e equivocadamente percebidos, nas esculturas e pinturas que nos chegaram, apenas como maquilagem). Também por esse tempo, os sábios egípcios detinham conhecimentos anatômicos, inclusive sobre o cérebro e a medula humanos, que lhes permitiam realizar delicados procedimentos cirúrgicos. Da mesma forma que dominavam complexas técnicas de cirurgia plástica reparadora, ortopedia e odontologia, esses médicos-sacerdotes serviam-se também da chamada "medicina dos excretos", utilizando secreções e excrementos animais, bem como mofo, lama, ervas e metais danosos em combinações farmacológicas que anteciparam a composição de alguns dos modernos antibióticos e anti-inflamatórios. No campo da medicina preventiva, o Egito desenvolveu práticas contra doenças como cólera, lepra, tuberculose, tifo e moléstias venéreas. Isolamento, quarentena, cauterizações e imunizações por meio de fumigações ou banhos purificadores eram práticas corriqueiras em tempos de epidemias ou por conta de eventuais ameaças de contaminação. O conjunto de documentos conhecido como "Papiros Eberts", datado de c. 1500 a.C. e hoje no Museu de Leipzig, relaciona cerca de 120 plantas medicinais e fornece 811 receitas de cataplasmas, drágeas, elixires, gargarejos, inalações, instruções para fumigação, lavagens intestinais e unguentos. Segundo Adele Dawson, os diagnósticos e medicamentos desses papiros aplicam-se a uma vasta gama de males, de afecções do aparelho respiratório a doenças cardiovasculares; de leucemia a males gastrointestinais, de queimaduras a afecções do aparelho geniturinário; de inchaço de gânglios a oftalmias. Mas paralela e complementarmente a essa medicina (*sunt*) que tratava do corpo, médicos-sacerdotes egípcios serviam-se também de procedimentos curativos ritualísticos, ditos *peck--har*, por entenderem que a base das doenças físicas, morais e espirituais dos indivíduos estava no desequilíbrio entre sua relação com o Cosmo e sua natureza humana, desequilíbrio provocado por comportamentos excessivos ou faltosos de todo gênero. Segundo esse entendimento, o "mau comportamento" provocava sempre malefício ao corpo, manifestado numa perturbação de ordem física ou mental. O sacerdote-médico, então, trabalhava para reequilibrar a relação do paciente com o Cosmo, por meio de passes, canalização da energia vital da divindade afim ao paciente; e, em casos extremos, do recolhimento temporário desse paciente ao templo, para contato mais direto com as divindades. Em qualquer desses procedimentos, a palavra falada representava papel importante. Daí o uso, em qualquer processo de cura, de fórmulas pronunciadas tanto para conjurar influências e presenças espirituais negativas, chamadas *afrits*, quanto para invocar e atrair espíritos e energias benfazejas (cf. Lourdes Bacha). No século IV d.C., fanáticos cristãos incineraram, com cerca de 700 mil livros, quase todos os textos que concentravam os conhecimentos médicos dos antigos egípcios. Entretanto, o sistema grego, oriundo da escola egípcia de medicina fundada em Alexandria em c. 300 a.C., conseguiu conservar muito desse saber. **Medicina e farmacopeia dos povos bantos** — A medicina tradicional dos povos bantos e sua farmacopeia é o conjunto representado pelos métodos, técnicas e substâncias utilizados pelos terapeutas tradicionais com o fim de proteger e curar os indivíduos das consequências da quebra do equilíbrio vital, bem como restabelecer esse equilíbrio. Com base em um conhecimento empírico, de fundo místico e religioso, os terapeutas desenvolveram medicamentos, muitos deles assimilados e industrializados pela prática dita científica, a qual, não obstante, muitas vezes rotulou essa farmacopeia como retrógrada e ineficaz. Entretanto, como salienta a cientista angolana Maria Manuela Batalha, esse conjunto de práticas terapêuticas, que remonta aos primórdios das descobertas sobre a utilidade das plantas, envolve inclusive uma medicina preventiva. Herdados dos antigos bantos e transmitidos através das gerações, esses sistemas médicos tiveram suas racionalidade, validade e eficácia atestadas por missionários católicos europeus no século XVI, os quais validaram também a competência dos terapeutas tradicionais na prescrição de remédios e na realização de procedimentos curativos, inclusive cirurgias. É assim que Del Priore e Venâncio reproduzem extenso índice de drogas medicinais angolanas, com as respectivas aplicações, mencionadas em documentos dos séculos XVI-XVIII, conforme publicado na edição n° 45/1995 da *Revista Portuguesa de Farmácia*. *Ver* IMHOTEP.

MÉDIO IMPÉRIO. *Ver* IMPÉRIO, MÉDIO.

MEDJAYU. Cada um dos nômades núbios engajados no exército egípcio à época de Senusret III, segundo Vercoutter.

MEGIDO. Cidade cananeia. Palco da vitória de Tutmés III sobre uma confederação de povos no início de seu reinado; e de Necau II sobre Judá no século VII a.C.

MELANO-AFRICANOS. Expressão frequentemente usada para adjetivar africanos de pigmentação epidérmica mais acentuada, tidos, por alguns, como os "verdadeiros negros", em oposição, por exemplo, aos etíopes, antigos e contemporâneos. Segundo antigas formulações, essa classificação abrangeria sudaneses (da região da Senegâmbia etc.), guineanos (do

Golfo da Guiné), sul-africanos ou zambezianos (da África Austral) e niloticos (da região pantanosa do Alto Nilo e do Bahr-el-Ghazal, de Cartum até o lago Vitória). A moderna ciência, baseada em distinções principalmente etnolinguísticas, questiona esse tipo de classificação, que se funda apenas em características exteriores dos indivíduos. *Ver* MESTIÇAGEM; NEGRO.

MELANTO (MELÂNIA). Ninfa da mitologia grega, filha de Deucalião e Cefisa e mãe do herói Delfos. Seu nome significava "negra". *Ver* MITOS E LENDAS.

MÊMNON. Legendário rei de Susa, filho de Titono, usualmente referido como "Mêmnon, o Etíope". No século XIII a.C., liderou uma força de 20 mil guerreiros susianos e etíopes em defesa de Troia contra a Grécia. Morto em combate por Aquiles, foi louvado por Homero, Ovídio, Virgílio e Diodoro da Sicília. Consoante a tradição, era negro "como ébano", extremamente belo e muito valente. Segundo relatos gregos, matou Antiloco, filho de Nestor, mas foi morto por Aquiles. Heródoto aponta Susa, no Elam, como "a cidade de Mêmnon". **Colosso de Mêmnon** — Nome grego da estátua monumental erguida em Tebas, junto ao templo funerário de Amenhotep III, às margens do rio Nilo, representando a imagem de um rei negro. Os gregos associaram-na a Mêmnon, cuja mãe, depois de sua morte, chorava por ele todas as manhãs. Por isso, a figura foi célebre no tempo dos romanos, pelos estranhos fulgores que emitia às primeiras claridades da aurora, fenômeno que desapareceu após a restauração do monumento em 200 d.C.

MEN NEFER. *Ver* MÊNFIS.

MENCAURE. Faraó egípcio, o penúltimo da IV dinastia, comumente mencionado como Miquerinos. Filho e sucessor de Quefrém, seu reinado foi breve. Segundo Brancaglion Júnior, seus restos mortais perderam-se em um naufrágio, quando eram transportados para a Inglaterra.

MENCAUTOR. Faraó egípcio, sucessor de Niuserrê (século XXV a.C.). Empreendeu expedição até o Sinai.

MENDÉS. Cidade no delta do Nilo, chamada pelos locais Tell el-Rub'. Foi um dos centros do culto de Qnum, um deus com cabeça de carneiro, e o berço da XXIX dinastia egípcia.

MENEFTÁ (MINEPTAH). Faraó egípcio da XIX dinastia também mencionado como Merneptah e Merenptah. Filho de Ramsés II, subiu ao trono com 60 anos, segundo Brissaud. Impediu as primeiras tentativas de invasão do Egito pelos "povos do mar" e assegurou a supremacia egípcia sobre Canaã, ao sul do Líbano. Segundo algumas correntes, era o faraó à época do Êxodo bíblico. E, segundo Cazelles, por meio da estela que narra seus feitos foi que se estabeleceu boa parte dos registros da história de Israel.

MENEFTÁ-SIPTAH. *Ver* SIPTAH.

MENELIQ (QADAMAVI MENELIQ) I. Filho lendário da rainha de Sabá e de Salomão, rei de Israel, no século X a.C. Segundo o *Kebra Nagast*, Meneliq saiu de Israel com toda a elite governante, levando consigo a Arca da Aliança, símbolo da união do Deus Supremo com o povo daquele reino. Com 22 anos, teria voltado a Israel para as festas do jubileu do rei Salomão, seu pai, nas quais seria efetivamente consagrado. Segundo ainda o *Kebra Nagast*, Qadamavi Meneliq I fundou uma dinastia e reinou na Etiópia, provavelmente em Axum, de 975 a 950 a.C.

MENÉS. Nome dado pelos gregos ao faraó Narmer.

MÊNFIS (MEN NEFER). Cidade do Egito, capital do Antigo Império, fundada por Narmer ou Menés em c. 3200 a.C. Localizava-se no delta, à margem esquerda do Nilo, a 30 km da atual Cairo. Também conhecida como Nofe e chamada por Heródoto, devido às suas fortificações, de "Grande Muralha Branca", foi importante centro teológico, onde se reverenciava o deus Ptah, na forma ou qualidade de Ptah-Sequer-Asar, ou Socaris, associada a Osíris-Sequer ou Neb-Hê, uma das manifestações mais importantes de Osíris. Primeira capital do Egito faraônico, perdeu importância após a conquista do país por Alexandre.

MENFITA. Relativo a Mênfis.

MENILEQ. Uma das transliterações do nome Meneliq.

MENMARÂ. Nome pelo qual Seti I era chamado por Hatuzil, rei dos hititas (cf. Laffont).

MENPEHTIRÂ. Nome pelo qual Ramsés I era chamado por Hatuzil, rei dos hititas (cf. Laffont).

MENQUEPERRÊ. Na história egípcia, nome ou título comum a um alto sacerdote de Tebas, governante durante a XX dinastia; a Tutmés III; e também ao faraó núbio Piye.

MENTHOU RAÏ e RACOU. Príncipes núbios que teriam feito, por volta de 5500 a.C., segundo D. P. Pedrals, a codificação do culto solar.

MENTUHOTEP. Nome de seis faraós egípcios, os quatro primeiros integrando a XI dinastia (c. 2130-1990 a.C.) e os dois últimos a XIII e a XIV, entre 1733 e 1567 a.C. Mentuhotep II – Entre c. 2190 e 2050 a.C., o Egito vê-se envolvido em convulsões políticas que culminam na cisão em dois países distintos. É Nebhetepre Mentuhotep ou Mentuhotep II, que, governando em Tebas, reunifica novamente o país e inicia a XI dinastia. Nesse reinado, vence o nomarca de Assiut, um dos nomos do Alto Egito, que substitui alguns nomarcas por seus aliados e dá continuidade à luta contra Heracleópolis. Segundo Anta Diop, legendando foto de uma estátua em que é representado sentado, braços cruzados sobre o peito, esse faraó era um "negro típico". Mentuhotep III – Governa pouco tempo (c. 2010-1998 a.C.), mas, preocupado com a defesa, constrói inúmeras fortalezas. Do ponto de vista comercial, organiza expedição a Punt, em busca de especiarias e resinas odoríferas. Mentuhotep IV – Governou entre c. 1998 e 1990 a.C. Seu vizir, Amenemat I, o sucedeu como faraó, iniciando a XII dinastia. Os últimos faraós Mentuhotep reinaram durante o tumultuado Segundo Período Intermediário, que culminou no domínio do Egito pelos hicsos.

MEQUETATON. *Ver* ANQUESENPAAMON.

MERCA-MERCARE. Nome monárquico do rei cuxita Aspelta.

MERENPTAH. *Ver* MENEFTÁ.

MERENPTAH-SIPTAH. *Ver* SIPTAH.
MERENRÉ. Nome de dois faraós da VI dinastia egípcia (c. 2345-2180 a.C.). O segundo, antecessor de Netiquerti ou Nitócris, foi entronizado mas não chegou a reinar.
MERICARE. Filósofo egípcio (c. 1990 a.C.). Escreveu sobre a importância do falar bem e do uso do bom senso nas relações humanas. Segundo M. K. Asante, seus ensinamentos, principalmente sobre a arte de bem falar, atravessaram gerações.
MERIMÉS. Vice-rei da Núbia à época de Amenófis II e Tutmés IV.
MEROE. Antiga cidade-Estado cuxita, situada na Núbia, à margem direita do Nilo Azul, a cerca de 200 km a norte da atual Cartum, nas proximidades da sexta catarata. Do século VI a.C. ao IV d.C., foi a capital do reino de Cuxe e a residência dos seus soberanos, condição antes ocupada por Napata, até ser conquistada pelas tropas etíopes de Axum. Segundo V. C. Ferkiss, foi de Meroe que a metalurgia, a instituição da realeza dinástica, bem como novas formas de organização política e militar propagaram-se para as porções oeste e sul do continente, criando as bases para o surgimento de quase todas as grandes civilizações africanas posteriores. *Ver* CUXE.
MEROÍTICA, Escrita. Denominação do sistema usado para grafar a língua falada em Meroe, utilizado pelos cuxitas quando a escrita egípcia, que era de uso oficial nos tempos de Napata, caiu em desuso. Desenvolveu-se em duas formas – a hieroglífica e a cursiva –, e os signos, naturalmente baseados no modelo egípcio, tinham valores alfabéticos. A mais antiga inscrição meroítica, em hieróglifos, data do tempo da rainha Xanaqdaquete e foi encontrada em Naqa, próximo a Meroe. A escrita meroítica cursiva substituiu gradualmente a hieroglífica, mas, após o reinado de Netecamani, ainda era empregada. Embora os valores fonéticos do alfabeto meroítico sejam conhecidos e algumas inscrições possam ser lidas, as palavras ainda não encontram tradução nas línguas atuais (cf. *Dictionary of World History*). Sabe-se apenas que os meroítas usavam um sinal para separar as palavras umas das outras, o que os gregos não faziam.

Mas, embora pesquisadores se empenhem nesse trabalho, a chave para a decifração da escrita e da língua do povo de Meroe ainda não tinha sido encontrada até a época desta obra.

MEROVE. Cidade contemporânea, no Sudão; ocupa o lugar da antiga Napata, a 300 km ao norte da Meroe antiga.

MERSUVI. Vice-rei da Núbia à época de Ramsés II.

MESTIÇAGEM. As modernas historiografia e antropologia africanas rejeitam a afirmação da mestiçagem, principalmente com povos ditos "hamitas" na Antiguidade, como fator excludente da negritude. Na África e em Madagascar, povos nativos de peles menos ou mais pigmentadas, narizes mais ou menos aquilinos, cabelos menos ou mais crespos compartilham da mesma experiência histórica e cultural e, portanto, podem todos, sem distinção, ser considerados povos negro-africanos. *Ver* PEÚLES.

METALURGIA. Conjunto de técnicas utilizadas na extração e no aproveitamento dos metais. Na África, segundo E. Belinga (ver Bibliografia), a metalurgia tradicional data de 5000 a.C. Esse é, com efeito, o período em que o Egito antigo conheceu o cobre. Sobre o ferro, consoante Obenga, a obtenção desse metal em altos-fornos, a partir do minério, foi introduzida no Egito em c. 3000 a.C. A partir daí, essa tecnologia desenvolveu-se em várias partes da África ao mesmo tempo; mas tudo leva a crer que a expansão tenha se dado da África Ocidental para a região interlacustre, chegando à África Oriental e daí até a parte austral do continente. Entre 600 e 350 a.C. extrai-se, funde-se e forja-se o ferro, particularmente em três regiões: Nok, centro da atual Nigéria; zona interlacustre (noroeste da Tanzânia atual); e vale médio do rio Nilo. No atual Gabão, o ferro foi conhecido desde o início da Era Cristã. Algumas pesquisas fazem supor que a produção desse metal fosse muito antiga na região, tendo-se difundido ao longo do litoral gabonês na direção norte-sul. Entre os séculos V e I a.C., Meroe tornou-se um importante centro de metalurgia do ferro; e, conforme Basil Davidson, pouco depois do advento da Era Cristã, habitantes da região de Catanga, na atual República Democrática do Congo, começaram a explorar os ricos filões de minério de cobre existentes no local. A metalurgia do bronze e do latão chegou à África Ocidental antes do século X d.C., como exemplifica a variedade de estilos de trabalho nesses materiais encontrados nos atuais Camarões, Chade, Benin, Costa do Marfim, Gana, Nigéria etc. Os mais antigos e marcantes trabalhos em bronze e latão são os da atual Nigéria, onde as artes do antigo Benin e de Ifé conquistaram lugar entre as melhores do mundo. *Ver* FERREIRO; HAIA.

METEMPSICOSE. Teoria filosófico-religiosa baseada na crença de que a alma é imortal e, depois do falecimento do indivíduo, transmigra para outros corpos em reencarnações sucessivas mas sem o sentido de expiar faltas e evoluir, como no espiritismo kardecista. Foi a base da religião do Egito antigo e subsiste em sociedades africanas contemporâneas.

MIDIANITAS. Povo da Antiguidade, relacionado na Bíblia a Mídiã, um dos filhos de Abraão. Habitantes do sudeste de Canaã, são mencionados, segundo Bernal, como um povo de pele escura. *Ver* CUXE.

MIGRAÇÕES. Os deslocamentos de grandes contingentes populacionais, em busca de condições ideais de vida, desempenharam desde a Antiguidade importante papel na história africana. Essas migrações, em vários locais e direções do continente, contribuíram de modo decisivo para a formação e o desenvolvimento das diversas regiões, tanto pela difusão de conquistas culturais e técnicas quanto pela adoção, direta ou indireta, de novas práticas culturais. Graças aos contatos entre migrantes e povos locais, autóctones ou não, as regiões periféricas acumularam, durante largos períodos, as realizações culturais emanadas dos grandes centros, o que lhes permitiu saltos em seu desenvolvimento sociocultural.

MIN. Deus de Coptos, ao norte de Tebas, associado às populações negro-africanas do sul. Parece ser um aspecto de Osíris, pois, segundo algumas tradições, tinha Ísis como esposa e Hórus como filho. *Ver* MENÉS.

MINEPTAH. *Ver* MENEFTÁ.

MIQUERINOS. *Ver* MENCAURE.

MIRIAM. Personagem bíblica, irmã de Moisés. É descrita como "uma menina de pele escura" no livro *Aspectos do Egito antigo* (Ordem do Graal na Terra, 2004).

MIRRA. Planta da família das Burseráceas (*Commyphora myrrha.*), natural da Arábia e do nordeste africano. Produz resina oleogomosa, aromática, quando cortada. Essa resina incluía-se entre os itens valorizados no comércio afro-asiático da Antiguidade. *Ver* ERVAS e INCENSO.

MISR. Nome árabe para o território do antigo Egito. *Ver* MIZRAIM.

MISSAROU (MISSROU). Grafias francesas para o antigo topônimo árabe que designava o Egito. Variantes árabe-africanas: Missouri, Missour, Missouret. *Ver* MISR; MIZRAIM.

MITANI. Reino do povo hurrita, situado a leste do rio Eufrates, nas proximidades da atual Armênia, florescido aproximadamente entre 1500 e 1365 a.C. Em seu apogeu, no século XV a.C., manteve boas relações com o Egito, do qual foi inclusive aliado. Mais tarde foi, com os reinos dos hititas, arzavas, cassitas e elamitas, uma das forças que se opuseram ao poderio faraônico durante o Império Novo.

MITOS e LENDAS. Os relatos míticos e lendários não podem ser desprezados como fonte histórica pois não são apenas fruto da imaginação ou da criatividade dos antigos. Sempre constituem versões alteradas de acontecimentos reais, originados entretanto de uma verdade. O que é preciso é, em cada um deles, identificar o respectivo mitologema, o fato gerador do mito, para chegar à essência do fato narrado por meio de sua interpretação.

MITUMBA, Montes. Cadeia de montanhas na atual República Democrática do Congo, ao longo da fronteira com Ruanda. Entre os anos 100 e 200 d.C., teria sido local de fixação de contingentes bantos provenientes do Baixo Congo. *Ver* KWALE.

MIZRAIM. Nome hebraico do Egito, dado em função de ser, segundo a Bíblia, habitado pelos descendentes do personagem de mesmo nome, filho de Cam, tido como "pai do povo negro".

MOÇAMBIQUE. Moderno país da costa oriental africana. No século III d.C., migrações bantas ultrapassaram o rio Rovuma em direção à região da atual Maputo e cerca de cem anos mais tarde chegaram à região de Manica. Esses migrantes, segundo Obenga (1985), provinham da região interlacustre, tendo passado pelas terras altas a oeste do lago Niassa. Repetindo o mesmo processo ocorrido na atual Angola, esses bantos, em sua passagem, foram deslocando populações Khoi-khoi ou Khoi-san (bosquímanos) cujos ancestrais, por sua vez, já tinham sido deslocados para o norte por força de outras migrações bantas. O traço característico de cada uma das sociedades aí surgidas definiu-se fortemente em função da geografia física: no sul, os xopes e tongas, descendentes de grupos provenientes da atual África do Sul, organizaram-se em chefaturas de tipo aldeão; nas regiões centrais, em torno do rio Zambeze, estabeleceram-se os baruês, maravis, macuas e xongas. Esses grupos, entretanto, não eram homogêneos entre si, e se organizavam de formas diversas. Alguns, como os maravis, reuniam-se em pequenos reinos descentralizados, enquanto outros, como os macuas, organizavam-se em clãs que se aliavam constantemente contra grupos invasores, como os próprios maravis. Mais para o norte ficavam os macondes e iaos, vivendo isolados entre as montanhas do planalto Mueda (cf. Eric Young, in Appiah e Gates, verbete "Mozambique"). No século X d.C., a foz do Zambeze já sediava um importante comércio de marfim e ouro. *Ver* BANTOS; MADAGASCAR; OFIR; RIFT VALLEY; SOFALA; SUAÍLE; ZAMBEZE; ZÂMBIA; ZIMBÁBUE.

MOCORVE VA GATHANGA. Localidade mítica, sagrada, no território do atual Quênia. Na tradição local, é tido como o lugar de origem das instituições do povo quicuio. *Ver* GICUIU.

MOERIS. Nome grego do lago Mer-our ("o grande lago", em egípcio) ou Qarun, situado no Faium. Às suas margens Amenemat III construiu um templo em honra do deus crocodilo Sobq, além de suntuoso complexo arquitetônico, que incluía seus palácios e seu monumento funerário, além de duas grandes estátuas emergindo da água.

MOERO (MWERU). Lago na fronteira da Tanzânia com a República Democrática do Congo, formado pelo rio Luvua e com cerca de 4.500 km² de superfície. Em quicongo, o vocábulo *mwelu* significa "grande abertura".

MOGO VA QUEBIRO. Profeta quicuio. Em época não determinada, no dizer de Kenyatta, previu em sonho a chegada dos europeus e a tragédia que isso acarretaria ao seu povo. *Ver* GICUIU.

MOISÉS. Primeiro grande chefe do povo de Israel, legislador e líder religioso. Nascido próximo a Mênfis, no Egito, em c. 1250 a.C., segundo a tradição, foi recolhido no rio Nilo e criado na corte do faraó, provavelmente Ramsés II. Seu nome é derivado do egípcio *msw* (*mosu*), vocábulo ligado à ideia de nascimento e presente em antropônimos como Ahmés (Amósis) e Tutmés (Tutmósis). Sua rebeldia em relação ao Egito revelou-se, segundo a Bíblia, ao tempo do "faraó da opressão", talvez o próprio Ramsés II ou seu sucessor Meneftá. **Casamento** — "Moisés tinha-se casado com uma mulher da Etiópia, e Miriam e Arão começaram a criticá-lo por causa disso" (Números, 12,1). Segundo o livro do Êxodo, Moisés casou-se com Séfora ou Zípora, filha do sacerdote de Madiã, chamado Jetro ou Reuel; e, segundo a Bíblia (Vozes, 1986), "os madianitas são uma tribo nômade da Transjordânia e da península do Sinai". H. Cazelles levanta dúvida sobre esse casamento ter sido madianita ou cuxita. Alguns estudiosos afirmam que Moisés teria sido instruído nas ciências queméticas. *Ver* ZÍPORA.

MON. *Ver* AMON.

MONOMOTAPA. *Ver* ZIMBÁBUE.

MOSSI, Império. Estado fundado no planalto central do moderno Burquina-Fasso por uma facção guerreira proveniente do norte da atual República de Gana, liderada por Uedraogo. Nasceu da assimilação de dois reinos locais: Uagadugu, provável remanescente do antigo Gana, e Iatenga, florescido entre os séculos XI e XII. Dois séculos mais tarde, Iatenga, o mais setentrional dos dois, iniciou sua expansão, convertendo-se em império. Em seu ímpeto expansionista, os exércitos do Mossi saquearam Tumbuctu e atacaram outras cidades, como Ualata, até o século XV. Os contra-ataques vieram principalmente do Sonrai; mas não os conseguiram derrotar nem converter ao islamismo. O Islã só penetrou na região no século XIX.

MOUROS. Denominação dada pelos romanos aos berberes independentes da antiga Mauritânia. Os mouros atuais são tidos como descendentes de diversas populações do noroeste africano, entre os quais zenagas e garamantes.

MUARES. Antes da introdução do camelo e do cavalo, o animal preferencialmente utilizado para transporte de cargas no continente africano era o jumento, usado sobretudo pelos egípcios. Graças a esse animal, por exemplo, Harcufe teria feito sua célebre viagem entre o Assiut e o Darfur. O cavalo chegou à África pela mão dos hicsos, como animal de tração e não de montaria; a utilização geral do camelo, como animal de montaria e transporte de cargas, ocorreu provavelmente já quase na Era Cristã.

MUATIÂNVUA, Reino do. *Ver* LUNDA.

MULEMBA. *Ficus doliaria.* Árvore da família das moráceas, conhecida no Brasil como gameleira ou figueira-brava. Entre os ambundos, plantada à frente das aldeias, simbolizava a autoridade do chefe e a ligação entre os ancestrais e os vivos. Na moderna Luanda, o sítio histórico e religioso chamado Mulemba Uaxa Ngola, marcado por uma dessas árvores centenárias, é local de culto à memória do primeiro Ngola-a-Kiluanje, grande ancestral dos ambundos.

MÚMIA. Resultado da mumificação.

MUMIFICAÇÃO. O costume de conservar cadáveres por meio de embalsamamento baseava-se, entre os egípcios, na crença de que a vida no além só se tornava possível com a preservação do corpo do defunto, que assim recebia de novo sua alma. A mumificação, então, requeria um ritual complexo, que durava, segundo L. Bacha, cerca de 70 dias, envolvendo sacerdotes de diversos níveis hierárquicos e dividido em duas fases distintas: a cirúrgica, com a retirada das vísceras e os necessários cuidados para preservação; e o enfaixe, referência simbólica à reconstituição da pele do deus Osíris após seu esquartejamento.

MUSAWARAT-AS-SAFRA. Sítio núbio, no atual Sudão, onde se localizou, próximo a Meroe, o grande centro religioso dos cuxitas a partir de 500 a.C.

MUSEU NACIONAL DE CARTUM. Instituição criada a partir das obras de preservação arqueológica realizadas na Núbia quando da construção da represa de Assuã, nas décadas de 1960-1980. Reúne um acervo por meio do qual se pode reconstruir o passado da Núbia, desde o Paleolítico até o advento do Islã.

MUT. Deusa egípcia, representante por excelência do instinto materno, mãe de Consú.

MUTOTA. Soberano da etnia Xona, falecido por volta de 1450 d.C. Iniciador das monumentais construções do Grande Zimbábue, entre os rios Zambeze e Limpopo. *Ver* ZIMBÁBUE.

MUXICONGO. Indivíduo dos bacongos. Segundo Parreira, o termo é designativo de todos aqueles que "reivindicavam parentesco com as linhagens associadas a Mbanza-a-Kongo".

MWERU. *Ver* MOERO.

NAGRINSAN (NAKIERINSAN). Rei de Cuxe em Meroe, em c. 145-120 a.C.

NAHAL MUSUR. Expressão hebraica que designava a fronteira do reino de Israel com o Egito no século VIII a.C.

NAKIERINSAN. *Ver* NAGRINSAN.

NALDAMAQ (NAWIDEMAK). Governante cuxita em Meroe, em c. 90-50 a.C. Esse nome é, em algumas fontes, atribuído a uma candace e, em outras, a um rei.

NAPATA. Cidade cuxita sucessora do poder de Querma situada na Núbia, abaixo da quarta catarata do Nilo. Originalmente, posto alfandegário egípcio, Napata ficava no cruzamento do Nilo com rotas de caravanas vindas do interior. Ao tempo de Tutmés III constituía o limite meridional do Egito. Após Ramsés XI, quando Cuxe tornou-se independente do Egito, uma linhagem dinástica permaneceu em Querma e outra constituiu, por volta de 920 a.C., um reino independente, com capital em Napata, mais ao sul, apoiado pelo clero de Amon, expulso de Tebas. Então, o *djebel* Barcal foi sacralizado como o centro do culto desse deus. No século VIII a.C., a dinastia reinante conquista o Egito, por ela governado durante quase um século. Com a derrota de Aspelta pelos egípcios em c. 593 a.C. e a destruição da cidade, a capital cuxita é transferida para Meroe. Mas alguns registros parecem indicar o erguimento de uma nova Napata, onde teriam reinado alguns soberanos dissidentes. Em algumas referências históricas, o etnônimo "Napata" designa o próprio Estado: o "reino de Napata".

NAQADA. *Ver* EL-AMRA.

NARMER. Soberano egípcio, chamado Menés pelos gregos. Segundo alguns autores, o nome "Menés" parece ser um título, ligado à ideia de unificação, e não um antropônimo. Para outros, Narmer seria apenas o nome sagrado ou iniciático de Menés no culto ao deus Hórus. Tido como o primeiro faraó efetivamente humano do Egito, uma vez que os anteriores são, pela tradição, considerados semideuses, por volta de 3500 a.C. unificou os reinos do Alto Egito e do delta do Nilo, iniciando a primeira dinastia faraônica. Então, fundou Mênfis, levantou os grandes diques que protegiam a cidade contra as cheias do Nilo e introduziu o culto de Sobeq, o deus crocodilo, e o do boi Ápis no Faium. M. Bernal estabelece intrigante correlação entre esse faraó, chamado Min por Heródoto e introdutor do culto do boi Ápis no Egito, e o talvez lendário rei Minos, soberano cretense de Cnossos, senhor de vasto império marítimo, filho de Zeus e Europa, o qual, segundo um mito, teria dominado o monstro minotauro, trancando-o num labirinto. Lembra ainda Bernal que o labirinto era uma tradição egípcia. Em abono a essa afirmação, veja-se que Heródoto descreveu com esse nome o palácio de Amenemat III, próximo ao Faium, formado por uma infinidade de câmaras idênticas. Segundo Anta Diop, a partir de exame de uma escultura que o representa, reproduzida no primeiro tomo de sua obra *Nations nègres et culture*, Narmer "não era, seguramente, ariano, indo-europeu nem semita, mas indiscutivelmente um negro". Ver HÓRUS NARMER.

NASAQMA. Rei de Cuxe em Meroe, em c. 468-463 a.C.

NASALSA. Rainha cuxita, mulher de Sencamanisquen, mãe de Anlamani e Aspelta.

NASAMÕES (NASAMONS). Povo da Líbia, habitante de Sirta ou das proximidades do oásis de Aoudjila, segundo Heródoto. No século V a.C. teriam feito incursão até o Níger, através do deserto, na direção oeste, e chegado a uma cidade à margem de um grande rio, provavelmente o Níger, onde todos os habitantes eram negros.

NASTASEN. Rei de Cuxe em c. 335-315 a.C. Em seu reinado, marcado por expedições e guerras contra povos invasores, e que assinalou o verdadeiro início da formação da identidade meroítica, Meroe arrebatou à antiga capital, Napata, a primazia de ser o local de coroação e sepultamento dos soberanos cuxitas. Durante seu governo e até o de Amanibaqui, provavelmente, outra dinastia reinou em Napata.
NATECAMANI. *Ver* NETECAMANI.
NAUCRÁTIS. Antiga cidade do Egito, fundada pelos gregos em meados do século VII a.C. e tomada pelos persas em c. 525 a.C.
NAWIDEMAX. *Ver* NALDAMAQ.
NDAURA QUIARUBINDA. *Ver* BUNIORO.
NDIAYE SABUR MINGUÊ. *Ver* SABUR MINGUÊ N'DIAYE.
NDONGO. Estado ambundo, limitado a norte pelo reino do Congo, a leste pela Matamba, a sul pelos Estados ovimbundos e pela Quisama e a oeste pelo oceano Atlântico. *Ver* AMBUNDOS.
NEBCA. Faraó da II dinastia egípcia, filho e sucessor de Casequemui, reinante à época arcaica ou tinita (c. 2980-2686 a.C.), num período de estabilidade política e paz externa.
NEBRÉ (RANEB). Faraó egípcio, o segundo da II dinastia, sucessor de Hotepsequemui.
NECAU (NECO). Nome de dois faraós egípcios da XXVI dinastia, saíta. O primeiro, fundador de sua linhagem dinástica, reinou talvez entre 672-664 a.C., não deixando nenhum registro importante. O segundo, reinando de 610 a 595 a.C., aproximadamente, reforça o poder egípcio sobre a Palestina, aproveitando-se do fim da hegemonia assíria. Lançando-se sobre Judá, derrota o rei Josias, matando-o em Megido, em c. 609 a.C. Estabilizado o front, impõe pesado tributo aos hebreus, prende Joacaz, aclamado pelo povo como sucessor de Josias, e leva-o cativo para o Egito, onde esse nobre permanece até a morte. Ato contínuo, nomeia Eliaquim, irmão de Joacaz; muda, numa demonstração de poder, seu nome para Joaquim e estabelece um protetorado sobre os hebreus. Tentando impor-se sobre a Babilônia é, entretanto, derrotado em Carquemis, perto do rio Eufrates, pelas tropas

de Nabucodonosor. Então, volta-se para interesses menos explicitamente bélicos e mais políticos e comerciais. Assim, projeta abrir um canal ligando o Nilo ao mar Vermelho, na atual região de Suez. Abandonado esse intento, comanda um périplo na África, contornando as Colunas de Hércules, montanhas que ladeiam o estreito de Gibraltar, por volta de 600 a.C. Não obstante, Necao teve ainda que conter os exércitos do rei cuxita Aspelta, que se preparavam para investir contra o Egito, com o objetivo de restabelecer sua dinastia em Tebas. A conclusão dessa tarefa caberia, entretanto, a seu sucessor, Psamético II.

NECRÓPOLES REAIS NÚBIAS. Já por volta do século IX a.C., a necrópole de Curru, na margem direita do Nilo, cerca de 13 km ao sul do *djebel* Barcal, recebia a sepultura dos faraós da XXV dinastia, com exceção de Taharca. Os restos desse faraó inauguraram o cemitério de Nuri, 10 km acima de Napata, na margem esquerda do Nilo, o qual recebeu os despojos de todos os soberanos de Napata e Meroe, de Atlanersa a Nastasen, num total de 82 túmulos, pirâmides na maioria.

NECTANEBO. Nome de dois faraós egípcios, respectivamente o primeiro e o último da XXX dinastia, entre 378 e 341 a.C. O último deles, vencido pelos invasores persas, foi buscar refúgio em território núbio, provavelmente em Napata.

NEDJEH. Soberano cuxita de Querma (c. 1550 a.C.). Aliado aos hicsos, tomou o poder, instalou sua capital em Buhen e reinou de Elefantina à segunda catarata, até a conquista de Buhen por Camósis.

NEFER. Elemento presente na formação de antropônimos egípcios, conota a ideia de beleza, bondade ou perfeição.

NEFEREFRÉ (RANEFEREF). Faraó da V dinastia egípcia, época menfita. Sucessor de Chepsescaré, desfrutou de reinado pacífico e próspero.

NEFERIRCARÉ. Faraó da V dinastia egípcia, época menfita, sucessor de Sahurê.

NEFERCARE. Um dos títulos do faraó núbio Xabaca.

NEFERITÉS. Nome de dois faraós egípcios da II dinastia, sediada em Mendés. O primeiro fundou sua linhagem dinástica.

NEFERNEFRUATON. Nome de trono do governante egípcio Smenqcarê. Segundo alguns autores, poderia tratar-se de um nome críptico, assumido por Nefertite após a morte de Aquenaton.

NEFERTARE. Nome comum a duas rainhas egípcias. A primeira foi irmã e esposa do faraó Amósis ou Ahmés (século XVI a.C.), e por isso é também referida como Ahmés-Nefertári. Princesa cuxita, é retratada como uma mulher negra em um papiro reproduzido na capa do livro *L' Antiquité africaine par l'image*, de Cheikh Anta Diop; sendo essa condição étnica comprovada por cálculos antropométricos realizados por E. Chantre, conforme Obenga (1973). Segundo Pedrals, que grafa seu nome como "Nowertari", era filha de Nover Afi, o "senhor das cataratas". A segunda foi a esposa favorita de Ramsés II, que mandou construir, em sua honra, o primeiro e mais impressionante monumento funerário do Vale das Rainhas.

NEFERTITE. Rainha do Egito, esposa do faraó Amenhotep IV, depois Aquenaton, no século XIV a.C. Famosa por sua beleza, desempenhou papel político importante, entrando em choque com os sacerdotes de Amon quando da adoção do culto de Aton e da mudança do nome de Amenófis para Aquenaton. Segundo algumas versões, após a morte de Aquenaton, e sendo ainda o futuro Tutancamon bem criança, teria assumido uma personalidade masculina e governado sob o nome Nefernefruaton, mantendo sua filha Meritaton no cargo cerimonial de "Grande Esposa Real". Segundo outras correntes, teria morrido antes de Aquenaton, provavelmente assassinada, sendo este, sim, sucedido pela filha Meritaton, à qual seguiu-se Tutancaton, cujo nome foi logo mudado para Tutancamon. Outra corrente histórica ainda menciona o nome Smenqcarê como a terceira das identidades de Nefertite.

NEFERTUM. Deus egípcio cultuado na região de Mênfis. Um dos nomes ou aspectos de Hórus.

NEFERUSOBEQ. *Ver* SOBEQNEFRU.

NEGRO. Indivíduo pertencente a cada um dos grandes grupos humanos portadores em maior ou menor grau de características fenotípicas como pele escura, cabelos crespos, narizes largos e lábios grossos, e distribuídos pela África, parte da Oceania, Américas e outras regiões do mundo. A cor escura da pele dos negros é determinada por granulações microscópicas do pigmento chamado melanina. Os indivíduos assim caracterizados dividem-se, segundo Obenga, em dois grandes grupos: os de cabelos ondulados ou frisados, chamados cimótricos; e os de cabelos lanosos e crespos, chamados ulótricos. Entre os primeiros, encontram-se os negros do nordeste africano, da Índia e da Austrália; entre os segundos, os negros da África Ocidental, Central e Austral, bem como os da Melanésia. Segundo Heródoto, os antigos egípcios e os habitantes da Cólquida, seus aparentados, incluir-se-iam entre os ulótricos. Como denuncia a publicação *História de Angola*, constante da bibliografia desta obra, antigas teorias afirmam que o elemento caracteristicamente "negro" não é originário da África e sim do continente asiático. Assim agindo, segundo a publicação, essas teorias pretenderiam lançar também sobre os negros a mesma pecha de "invasores" que recaiu sobre os colonizadores europeus do continente. Para completar essa teoria, afirmam seus formuladores que, em certo momento histórico, teriam chegado à África povos camitas, tidos como "brancos". A partir dessa construção teórica, todos os grandes passos da civilização no continente africano teriam sido atribuídos a influência externa, o que é falso: as mais modernas teses científicas comprovam que o elemento negro formou-se e desenvolveu-se na própria África. *Ver* NEGRO-AFRICANO.

NEGRO-AFRICANO. Relativo às populações negras da África. Como acentua Joseph Ki-Zerbo, as atuais civilizações negro-africanas têm alto grau de parentesco com a antiga civilização egípcia e, em termos culturais, estão mais próximas dela do que qualquer outra civilização conhecida. Enfatiza ele que a causa do progresso dos egípcios deveu-se a condições econômicas, demográficas e sociológicas e não a razões etnorraciais. Quando do dessecamento do Saara, os povos que se dirigiram para o sul, em vez de demandar o leste e atingir o vale do Nilo, ficaram à mercê de outras condições: terras menos férteis e não tolerantes à exploração intensiva e à charrua; dispersão do povoamento, convidando à vida itinerante; falta de contato com outros povos de mesmo nível de desenvolvimento; rigores do clima e das doenças tropicais etc. Entretanto, traços de parentesco cultural muito marcantes subsistiram entre as duas zonas de dispersão a partir do Saara. Migrantes partidos da Núbia levaram até a África Tropical ecos da civilização do Nilo. Assim, as insígnias do exército egípcio e as do reino do Congo eram ídolos levantados sobre hastes; os túmulos dos agnis da atual Costa do Marfim lembram em muito os do vale do Nilo; os apoios para nuca colocados pelos dogons sob as cabeças de seus mortos são do mesmo feitio dos utilizados nos funerais do Egito antigo; as barbas entrançadas das máscaras baulês são semelhantes às da famosa máscara de Tutancamon etc. Além disso, como lembra Ki-Zerbo, a circuncisão, o casamento real entre irmãos, o culto da serpente são apenas algumas entre as muitas similaridades que ligam a África Negra à antiguidade egípcia. Por fim, conclui Ki-Zerbo pela existência de um "fundo comum paleoafricano" centrado no Saara e por um contínuo intercâmbio entre a África Negra e o vale do Nilo durante milênios. Baseados no fato de que, nos dias atuais, alguns grupos étnicos da África Oriental e Central apresentam o que se convencionou como "perfil grego" ou nariz adunco, do tipo tido como "semítico" (apesar da pele escura), alguns antropólogos recusam-se a enquadrar esses tipos como negro-africanos. Entretanto, na defesa de interesses políticos e econômicos, pensamento da mesma linha eurocêntrica qualifica modernos afromestiços, mesmo com "perfil grego", "nariz hamítico" ou cabelos lisos, como mulatos, *colored*, oitavões, quadrarões etc., pospondo-lhes, sem hesitação, o qualificativo de "negros". O conhecimento estabelecido serve-se, em geral, de definições linguísticas para, com base nelas, estabelecer classificações ditas raciais. Assim, denominações como "nilótico" ou "etiópico", em termos biológicos, não fazem nenhum sentido, expressando tão somente classificações de base linguística ou cultural, em acepção mais ampla. Então, um "nilótico" (shilluq, dinca ou nuer), apesar das diferenças físicas, é tão negro-africano quanto um "etiópico" (galla, copta, omoro etc.) ou, ainda, quanto um "sudanês" iorubano ou, mais, quanto um "banto" da África Meridional. A ciência eurocêntrica, segundo Obenga, abusou de classificações como a de "negroide", por exemplo, para descaracterizar e desvirtuar a origem autóctone de boa parte das construções culturais negro-africanas. *Ver* ÁFRICA; MELANO--AFRICANOS; NEGRO.

NEGRO-EGÍPCIO. Expressão (em francês, *négro-égyptien*) empregada por Théophile Obenga para designar o território comum à antiga língua egípcia e ao copta, bem como às modernas línguas da chamada "África Negra". Com base em um minucioso estudo comparativo, Obenga (1973), provou a existência de parentesco genético entre elas. *Ver* ONTOLOGIA EGÍPCIA E NEGRO-AFRICANA.

NEHANDA. *Ver* XAMINUCA.

NEHÉSIS. Antigo povo negro da Núbia, ferrenho adversário dos egípcios, vencido por Senusret ou Sesóstris III. Segundo Jean Vercoutter, não era por serem negros, como durante muito tempo se difundiu, que os nehésis eram proibidos de entrar no Egito e, sim, por pertencerem a uma nação que representava um perigo potencial para os habitantes do baixo vale do Nilo. Os nehésis forneciam gado, ébano, incenso, marfim, peles, plumas, animais vivos etc. ao Egito. Sendo o principal fornecedor do império, era uma nação rica e poderosa, perigosa portanto. O etnônimo "nehésis" (também grafado "nehésiu" ou "nehésyu") deriva do antigo egípcio *nhsw* (*nhasou, nahasou*), nome com que, conforme Obenga, os egípcios designavam os habitantes do país de Cuxe, significando "os do sul", segundo Ki-Zerbo. *Ver* RACISMO, Núbios e.

NÉHI. Vice-rei da Núbia à época de Tutmés III.

NEITH. Deusa egípcia pré-dinástica cujo santuário principal se localizava na cidade de Saís. Reunindo todos os atributos das divindades femininas, era invocada reverentemente como "Mãe", tanto por sua antiguidade quanto pelo mistério que envolvia seus rituais. Segundo a tradição, nas guerras, era ela que se punha à frente dos exércitos, para protegê-los e garantir-lhes a vitória. Saraiva a tem como correspondente à deusa Minerva.

NEITH-IKERET. *Ver* NETIQUERTI.

NEMROD (NIMROD) [1]. Personagem do Gênesis bíblico, filho de Cuxe, tido como o primeiro grande conquistador do mundo. Caçador e desbravador, teria conquistado, em Sinar, as cidades de Babilônia, Eraque e Acade. De Sinar, teria ido para a Assíria, onde lhe é atribuída a fundação de Nínive, Rebote-Ir, Calá e Resém. Herói mítico, sua saga integra também tradições árabes e persas, além de, na mitologia iorubana, ser às vezes associado ao herói fundador Odudua.

NEMROD (NIMROD) [2]. Príncipe da cidade de Hatuered, vassalo do faraó núbio Piye, opôs-se a Tefnacte, príncipe de Saís, mas depois, insurgindo-se contra o faraó, passou-se para o lado do inimigo. Derrotado por Piye, foi perdoado por intervenção de sua mulher, Nestent.

NEOPLATONISMO e RELIGIÕES AFRICANAS. *Ver* PLOTINO.

NEQUEN. Nome egípcio para Hieracômpolis, cidade do Alto Egito. Fundada no período pré-dinástico, em c. 3.000 a.C., segundo López-Davalillo, a cidade era palco de um pioneiro surto de urbanização. Também referida sob o nome árabe Com El-Ahmar, expressão que significa, ao que consta, "o morro vermelho", foi a mais venerada das capitais antigas do Alto Egito.

NESUT TAUI. Outro nome para Napata.

NETECAMANI. Rei de Cuxe em Meroe, em 12 a.C.-12 d.C. Reinou juntamente com a mulher, a rainha Amanitare.

NETER. Vocábulo egípcio que significa "divino". Segundo alguns autores, estaria na origem etimológica do latim *natura*, natureza.

NETIQUERTI (NEITH-IKERET). Rainha do Egito, encerrou a VI dinastia. Também referida como Nitócris, sucedeu Merinrê II, seu marido, morto durante curto reinado. Outra personagem da história egípcia também chamada Nitócris ou Nitquerti, porém em outra época, foi a filha do faraó Psamético I.

NGANGULA-A-CONGO. Título do herói civilizador dos bacongos: o "forjador do Congo". *Ver* FERREIRO; NIMI-A-LUQUENI.

NGOLA. Antigo título, equivalente a "rei", da principal autoridade dos ambundos. O termo está na origem do etnônimo Angola.

NGOLA-A-ARI. Título dos principais chefes ambundos da região de Mpungo-a-Ndongo, mais tarde reconhecidos como soberanos do Dongo, atual Angola.

NGOLA-A-NZINGA. Líder africano ao redor do qual, no século XIV d.C., uniram-se todos os clãs e tribos dos ambundos, para formar o reino de Ndongo ou Ngola.

NGOLA-A-QUILUANJE. Título dos reis ambundos do Ndongo. Segundo a tradição, o primeiro a usar esse título, provavelmente Ngola-a-Nzinga ou Ngola-a-Quiluanje-quia-Samba, filho de Feti e Coia, teria recusado o poder no Estado ovimbundo de Huambo para fundar o Ndongo.

NGOLA-INENE. "O grande Ngola": título honorífico do grande líder fundador do povo ambundo, Ngola-a-Nzinga.

NGOLA-MUSUDI. Título do herói civilizador dos ambundos: o "rei ferreiro, forjador"; o mesmo que o precedente. *Ver* FERREIRO.

NGOYO. Antigo reino africano formado no interior da atual República do Congo antes do século XV d.C. *Ver* BANTOS; CATANGA.

NGÚNI. Conjunto de povos bantos localizados na porção mais meridional do continente africano. Compreendem, hoje, entre outros grupos étnicos, os zulus (e os lalas, seus aparentados), ndebeles, xhosas (outrora chamados "cafres") e suazis. Receberam sua denominação do nome de um líder chamado Nguni que, aproximadamente entre 300 e 400 d.C., teria comandado uma vaga migratória em direção à região dos Grandes Lagos. A essa migração seguiu-se outra, passando pelas terras altas a oeste do lago Niassa e alcançando o Transvaal. Por volta de 1000 d.C., grupos ngunis, notadamente os lalas, motivados pelo crescimento populacional e de seus rebanhos, empreendiam novo movimento migratório, nas direções leste e sudeste, chegando às bordas do litoral do Índico, defrontando-se aí com o poder dos xonas e também com os povos bosquímanos, vivendo ainda na Idade da Pedra. Contornados e acomodados os conflitos, alguns grupos fixaram-se nessa luxuriante e aprazível região e outros prosseguiram sempre em direção ao sul. No século XVI, outros grupos do povo Nguni chegam à região dos montes Inianga, colocando o estilo de vida dos bosquímanos sob extrema pressão, o que os empurra para o deserto de Calaari e compele o povo Lala a se integrar ou afastar-se também. É nesse momento que surge a liderança de Malandela, cujo nome, em zulu moderno, parece significar "aquele que prossegue, que vai em frente". Indo, efetivamente, em frente, Malandela chega à região da atual província sul-africana de Natal, no extremo sudeste do continente. Ao fim de sua vida, segundo a tradição, seu filho, Zulu, um jovem de espírito forte e determinado, cujo nome significa "céu", fundava ali sua Quazulu, a "terra do Céu", dando seu nome ao povo, bastante conhecido, principalmente a partir do século XVIII, como Umzulu ou Zulu, o "povo do Céu".

NIASSA. Lago do sudeste africano, antigo lago Malaui, localizado no moderno país de mesmo nome. Com cerca de 30 mil km^2 de superfície, é o terceiro maior do continente. Segundo Phillipson, citado por Obenga (1985), o povoamento de suas margens está ligado a correntes migratórias vindas da região do lago Vitória, entre 300 e 400 d.C., em direção ao sul do continente. *Ver* BAMBANDIANALO.

NICAULA CANDAQUE. Rainha etíope da dinastia de Meneliq I, tendo governado, supostamente, entre 335 e 325 a.C. Segundo alguns autores, seria ela a candace referida como a guerreira que, em 332 a.C., montada sobre um elefante e diante de suas tropas, garbosa e ameaçadoramente colocadas em posição de combate, fizeram Alexandre Magno recuar para o Egito. Observe-se, entretanto, que, conforme datações disponíveis, no ano mencionado, Meroe não estaria sob o governo de uma candace e sim sob o do rei Nastasen.

NIFURIRIA. Transliteração (cf. Laffont) do nome pelo qual o faraó Tutancamon era chamado em cartas de Burraburiaxe, rei de Caraduniaxe, a Babilônia.

NÍGER. Rio da África Ocidental. Nasce com o nome de Djolibá no limite da Guiné com Serra Leoa, atravessa o Mali, chega à República do

Níger e, após receber, já na Nigéria, as águas do Benuê, deságua no golfo da Guiné, num largo delta, depois de correr por cerca de 4.160 km. Entre os séculos XI e XIII, suas margens e proximidades foram cenário de importantes eventos geopolíticos, determinantes na história da região. *Ver* GUINÉ.

NÍGERO-CHADIANO. Relativo à região entre o rio Níger e o lago Chade.

NIGRETAI (NIGRETES). Antiga tribo da Líbia. Seus integrantes corriam o território do país, da costa ao interior, a cavalo ou em charretes. Segundo Bernal, sua bela negritude teria dado origem ao vocábulo latino *niger*, raiz etimológica do termo multilinguístico "negro". A *História Natural*, do romano Plínio, o Velho, refere-se a um antigo povo africano como "nigritas".

NIGRITAS. Antiga denominação, em latim *nigritae, arum*, dos habitantes das margens do rio Níger, segundo Saraiva.

NI HOR. Manifestação do deus Hórus, mencionado pela tradição como governante do Egito em época pré-dinástica indeterminada.

NILO (AL-NIL). Rio africano, com 6.450 km de extensão. Nasce num curso de água no Burundi, com o nome de Cagera, depois se lança no lago Vitória, em Uganda. Atravessa o lago Quioga e o lago Rutanzige, recebe vários afluentes e penetra no Sudão. Mais além, chega a Cartum, onde encontra o Nilo Azul, vindo do lago Tana, na Etiópia. Suas cheias periódicas, levando húmus fertilizante até o delta, foram o vetor da prosperidade do Egito faraônico. O Nilo transbordava todo ano, inundando durante três meses todo o vale. Quando as águas baixavam, ele deixava suas margens pantanosas cheias de papiros onde se debatiam crocodilos e hipopótamos. Para os habitantes locais, segundo Laffont, a observação da intensa força vegetal que se sucedia à inundação anual impunha a invenção da agricultura e até mesmo a forma religiosa de reconhecimento ao rio que os alimentava. **Cataratas** — As cataratas do Nilo são corredeiras e não quedas d'água, provocadas por barreiras rochosas. Algumas delas desapareceram com a construção de barragens, como a de Assuã. A primeira, próxima a essa localidade, com 5 km de

extensão e 1 m de desnivelamento, permanece abaixo de Sadd El-Aaali; a segunda, abaixo de Uadi Halfa, já no atual Sudão, estendia-se por 17 km; a terceira, abaixo de Querma, tinha 7 km; a quarta, abaixo de Carima, corria por cerca de 6 km; a quinta, abaixo de Gananita, estendia-se por 10 km; a sexta, situada abaixo de Cartum, corria por 18 km.
Vale do Nilo – Na condição ímpar de único rio africano ligando o interior ao mar num curso navegável de mais de 6 mil km, o Nilo foi, por excelência, um vetor de civilização. Assim, da região de seu vale, homens e mulheres, como também utensílios, artefatos e bens dos mais diversos gêneros, chegaram, em sucessivas vagas migratórias, a diferentes pontos do continente, do Saara montanhoso às savanas do Barh-el--Ghazal e do Chade. Esses focos culturais, quando devidamente mostrados, evidenciam e consolidam a unidade cultural dos negros da África. O vale do Nilo, compreendendo a Núbia e o Egito faraônico, foi o grande berço das comunidades negro-africanas tradicionais.

NILO AZUL (Al-Bahr al-Azraq). Um dos formadores do rio Nilo. Nasce no lago Tana na Etiópia e corre aproximadamente 1.600 km até encontrar em Cartum o Nilo Branco e formar o Nilo propriamente dito.

NILO BRANCO (Al-Bahr al-Abyad). Nome que toma o rio Nilo ao deixar as regiões pantanosas do Sudão meridional (entre o lago Nô e sua confluência com o Nilo Azul).

NILO-SAARIANO. Relativo ao conjunto de populações da parte setentrional do continente africano, no eixo entre o Vale do Nilo e o deserto do Saara, correspondente a partes dos atuais territórios de Sudão, Chade, Níger, Mali, Mauritânia, Saara Oriental, Marrocos, Argélia, Tunísia, Líbia e Egito.

NILÓTICOS. Denominação que abrange as populações autóctones da bacia do Nilo Branco. Os primeiros contatos entre povos falantes de línguas nilóticas e populações cuxitas deu-se, de acordo com Martin e Martin, entre o segundo e o quarto milênio antes de Cristo nos confins dos atuais territórios de Etiópia, Sudão e Quênia. Depois, desenvolvendo-se em permanente interação, esses povos pastores, por meio de sucessivos movimentos migratórios, alcançaram a região dos Grandes Lagos, onde, compelidos por bem-sucedidos agricultores bantos, viram-se obrigados a buscar pastagens mais ao sul e a oeste. Todos esses eventos deram margem ao surgimento de novos povos e unidades políticas, como os importantes reinos florescidos na região interlacustre, principalmente a partir do século XIII d.C. *Ver* GRANDES LAGOS; SHEVA.

NIMI-A-LUQUENI. Chefe africano, também chamado Ntinu Uenê, sob cuja liderança, no século XIII d.C., todos os clãs e tribos dos bacongos se uniram para formar o reino do Congo. De origem luba, aparece nas tradições locais como o *ngangula*, ferreiro primordial, que deu ao seu povo as armas de guerra e os utensílios agrícolas. Ver CONGO, rio; FERREIRO.

NIMROD. *Ver* NEMROD.

NINETJER. Faraó egípcio da II dinastia, época arcaica, sucessor de Nebré ou Raneb.

NITÓCRIS. *Ver* NETIQUERTI.

NIUSERRÊ. Faraó egípcio da V dinastia, à época menfita, sucessor de Neferefre. Lutou contra os líbios e enviou expedição a Punt.

NKORE. Antigo nome para Ancole, um dos tradicionais reinos de Uganda.

NOBÁCIA. Reino cristão da Núbia, localizado ao norte. Reino independente, estendendo-se da primeira à terceira catarata, sua capital foi transferida de Ballana para Faras, antiga Pachoras, no século VI d.C. Segundo Bernal, "nobatai" era o nome de um antigo povo nômade do Saara oriental que se fixou no Nilo superior, na Núbia, na cidade que ficou conhecida como Nabata ou Napata. Segundo o mesmo Bernal, esse povo esteve presente num tripé formado por Líbia, Núbia e Arábia. *Ver* ALÓDIA; MACÚRIA; NÚBIA CRISTÃ; SILCO.

NOBAS. Povo da antiga Núbia, tido como ancestral dos atuais nubas do Sudão. De hábitos nômades, infiltraram-se em Meroe, à época da decadência da civilização cuxita, abandonando suas tendas, instalando-se nas casas de alvenaria lá existentes e adotando costumes meroíticos. Em 350 d.C., entretanto, foram duramente atacados pelo rei Ezana de Axum, que arrasou seus estabelecimentos. Descrevendo essa campanha, inscrições axumitas distinguem-nos como "nobas vermelhos" e "nobas negros". *Ver* NOBÁCIA.

NOFRETETE. *Ver* Nefertite.

NOK. Localidade na África Ocidental. Núcleo de importante civilização florescida da confluência dos rios Níger e Benuê até as proximidades do lago Chade, no planalto de Joz, na atual Nigéria, entre o século V a.C. (ou no primeiro milênio, segundo alguns autores) até cerca do ano 200 da Era Cristã, quando talvez mantivesse relações com Meroe. Segundo I. E. A. Yeboah, a civilização de Nok destacou-se por sua metalurgia do ferro e pelas ligações comerciais mantidas com Cartago, através do Saara – o que teria despertado a cobiça dos primeiros romanos na África –, e também com Meroe. Nok teria sido ainda, segundo alguns pesquisadores, o centro de expansão das cidades-Estado iorubanas. Os restos arqueológicos deixados por seu povo, notadamente esculturas em terracota e sinais de trabalho metalúrgico, continuam a ser estudados para o estabelecimento do real perfil de sua gente.

NOMARCA. Governante de um nomo.

NOMES FARAÔNICOS. *Ver* FARAÓS, Nomes e títulos.

NOMO. Aportuguesamento de *nomós* (divisão territorial, província, distrito), palavra com que os gregos designavam cada uma das unidades políticas do antigo Egito, governadas por um nomarca. O Egito faraônico era dividido em 42 nomos, sendo 22 no norte e 20 no sul. Cada um tinha sua denominação especial, provavelmente de origem totêmica: Chacal, Coelho, Falcão, Monte das Serpentes, Vaca Negra etc.

NOVO IMPÉRIO. *Ver* IMPÉRIO, Novo.

NSIBIDI. Sistema de escrita desenvolvido na região do Calabar, na atual Nigéria, no habitat dos povos efik ou ekói (subgrupos akaju, atam, ejagham, keaka, manta, nde, obang, olulumaw). No século XX de nossa era, estudos arqueológicos de pedras nas quais se registravam inscrições nesse sistema, como os de P. A. Talbot, citados por Obenga, afirmavam sua alta antiguidade e seu largo uso, contra os argumentos segundo os quais, após o desaparecimento dos hieróglifos e da escrita meroítica, os povos africanos não mais usaram sistemas gráficos de escrita. *Ver* GICÂNDI.

NTINU UENE. Um dos nomes ou títulos do herói fundador do Congo. O termo *ntinu*, em quicongo, traduz-se como "rei". *Ver* NGANGULA- -A-CONGO.

NTOTILA. Forma para *ntóotila*, um dos títulos do rei do Congo.

NUATMEAWN. *Ver* TANAUTAMUN.

NÚBIA. Denominação usada a partir da Idade Média para designar a região ao redor do rio Nilo, entre as atuais localidades de Assuã, no Egito, e Dongola, no Sudão, geográfica e historicamente subdividida em Baixa Núbia, entre a primeira e a segunda cataratas do rio Nilo; Dongola, após a terceira catarata; Cuxe, entre a quarta e a quinta cataratas; e Uauat, mais ao sul. O nome "Cuxe", graças ao importante Estado lá florescido, foi usado, na Antiguidade, para denominar toda a região. Em alguns períodos, entretanto, por conta de divisões políticas numerosas, as fronteiras núbias foram imprecisas. **O nome** – O etnônimo "Núbia" foi durante algum tempo tido como derivado da palavra hieroglífica *nub*, ouro, que teria originado o árabe *nuba*, de mesmo significado. Entretanto, Ali Osman Mohammed Sali, no verbete "Núbia" da enciclopédia *Africana*, organizada por Gates e Apiah, defende a ideia de que os nomes Cuxe, Sudão e Núbia significariam a mesma coisa: "a terra negra", ou "a terra do lodo negro", ou "a terra dos negros", sendo que, em árabe, *sud*, elemento que está na composição do vocábulo "Sudão", é o plural de *aswad*, negro, da mesma forma que *nub* seria uma derivação de *nuger*. O certo é que os antigos egípcios chamavam a região Ta-Seti, o país do arco; os hebreus, Cuxe; e os gregos, Etiópia. Em latim, nos primeiros anos da Era Cristã, o termo correspondente ao português "núbios" era *Nubae, nubarum*. Nesta obra, até mesmo por razões didáticas, o nome "Núbia" refere-se sempre à região onde floresceram as civilizações de Napata e Meroe, herdeiras do antigo reino de Cuxe. **Importância socioeconômica** – Durante cerca de 3 mil anos, antes da Era Cristã, o rio

Nilo e o corredor às suas margens constituíram a única rota comercial ligando o centro e o leste africano ao Mediterrâneo. Até o efetivo surgimento de atividade comercial marítima no mar Vermelho, os núbios detiveram o monopólio do comércio de bens com o norte do continente. Dessa forma, a Núbia participou de todos os movimentos civilizatórios ocorridos no litoral da África Mediterrânea. Tanto assim que, como sustenta W.Y. Adams, até mesmo as tradições faraônicas persistiram por mais tempo entre os núbios que no próprio Egito. Segundo Anta Diop, a Núbia seria um ponto de partida tanto para a civilização egípcia quanto para os grandes impérios oeste-africanos florescidos a partir da Idade Média europeia, como os de Gana, Mali e o Sonrai de Gao. O mesmo autor, advogando a tese da Núbia como berço da civilização e da religião, informa que o poeta grego Homero, em um verso da *Ilíada*, dizia que todo ano Júpiter descia, à frente do cortejo dos deuses, até a Etiópia — ou seja, ao coração da África — para se revigorar. No sul do atual Sudão, nos sítios arqueológicos de Ondurman e Qoz Regat, túmulos datados de c. 3000 a.C. atestam a antiguidade da civilização local. De fato, entre aproximadamente os séculos XXXV e XXX a.C., a Núbia constituiu um todo político unificado, com os atributos de uma civilização suficientemente forte para reunir, sob o mesmo comando, povos de origens diferentes. **A Núbia e o Egito faraônico** — Nos primórdios do poder faraônico, Núbia e Egito mantinham equilibradas e pacíficas relações comerciais. Entretanto, provavelmente a partir da III dinastia, fortalecendo-se econômica e belicamente, os egípcios passaram a expropriar as mercadorias núbias em vez de comprá-las. Assim, já por volta de 2500 a.C., as populações originais da Baixa Núbia tinham sido dizimadas ou expulsas. Mas no século XX a.C., aproximadamente, constituía-se, na Alta Núbia, a civilização de Querma, firmando-se como contraponto histórico para o Egito dos faraós. E é nesse contexto egipto-núbio que a grande civilização do nordeste africano vai-se desenvolver, paradoxalmente ameaçada, entretanto, durante a XII dinastia, com Amenemat I, cuja mãe era natural da região. Em meio ao confuso período que se segue à XIII dinastia, os núbios de Querma aliam-se aos invasores hicsos, o que vai determinar a represália e a destruição chegadas com o Novo Império, por meio de Amósis e Tutmés I. Correlações de forças à parte, Egito e Núbia mostram-se sempre como contrapartes de um mesmo universo cultural. Théophile Obenga, por exemplo, observa que, apesar de no Novo Império o Egito faraônico ter exercido controle militar e econômico sobre vasta região da Ásia Menor, nenhum faraó construiu, por menor que fosse, um templo na Síria ou na Palestina para adorar os deuses egípcios e os deuses locais — o que, ao contrário, muitas vezes ocorreu na Núbia. Veja-se ainda que, durante o domínio colonial egípcio, além dos vice-reis que governaram a região, o poder faraônico honrou jovens nobres núbios cuja memória foi perpetuada em inúmeros monumentos descobertos no século XX de nossa era. Esses nobres, sabe-se hoje, foram quase sempre educados na corte egípcia ao lado dos príncipes locais, para depois retornarem a seu país como membros da elite governante. *Ver* ANÚBIS; CUXE; FORTALEZAS NÚBIAS.

NÚBIA CRISTÃ. Nome pelo qual é referido o conjunto dos três reinos da antiga Núbia, descendentes da civilização meroítica: Nobácia, ao norte; Macúria, no meio; e Alódia, ao sul. Esses reinos, segundo Davidson, floresceram principalmente graças ao trabalho missionário de monges de Constantinopla, notadamente um de nome Juliano, que chegou à região do antigo reino de Cuxe no ano 543 d.C. A partir de 548 d.C., com a conversão de Silco (ou Selqui), rei dos nobatas, desenvolveu-se aí uma brilhante civilização, testemunhada principalmente pela cidade de Faras, seu principal centro político e religioso. *Ver* ALÓDIA; MACÚRIA; NOBÁCIA; SILCO.

NÚBIO, Velho (Old Nubian). Expressão usada para designar uma língua africana, ainda hoje falada, e outrora escrita com alfabeto copta, ao qual se acrescentaram alguns caracteres meroíticos. Seu mais antigo documento data do ano 795.

NUMÍDIA. Antiga região da África, entre Cartago e a Mauritânia, cujo território correspondia aproximadamente ao da moderna Tunísia, além de partes de Líbia e Argélia. A partir do século III a.C., os númidas constituíram dois reinos poderosos e adversários: o dos massessilos, no oeste do território, e o dos massilos, na porção leste. A fama da cavalaria desse reino do leste levou tanto Roma quanto Cartago a pleitear sua aliança. Sob o rei Massinissa, os massilos celebraram aliança com os romanos, ao lado dos quais lutaram na segunda Guerra Púnica. Mais tarde, anexaram o território dos massessilos e expandiram seus domínios sobre Cartago, tendo entretanto, que aceitar um acordo imposto pelos romanos, os quais, após a revolta de Jugurta, entre 112 e 105 a.C., transformaram a Numídia em protetorado e depois colônia, com o nome de África Nova. No ano 17 d.C., o chefe Tacfarinate rebelou-se contra Roma, lutando por cerca de dez anos, sem sucesso, contra a opressão colonial. Durante vários séculos, a província foi grande produtora de trigo, abastecendo as demagógicas distribuições gratuitas de pão feitas pelo poder de Roma (*"panis et circensis"*), que a explorou até a exaustão. Observe-se que, embora o termo *numidae* (em grego, *nomades*) fosse aplicado a uma variedade de povos do norte africano desde o início do século III a.C., a partir de Massinissa, o nome Numídia significou especificamente a região habitada pelos massessilos e massilos, situada entre a Mauritânia, a oeste, a dos getulos ao sul, e Cartago a leste. Depois do ano 42 d.C., consoante o *Dictionary of World History*, a denominação Numídia passou a aplicar-se somente ao território entre o rio Ampsaga (Oued el Quebir) e a África Nova. A região foi conquistada pelos vândalos no século V. Ver PÚNICAS, Guerras.

NUN. Na filosofia quemética, segundo L. Bacha, estado de latência ou inércia, anterior à Criação; águas primordiais; oceano primordial; o elemento cósmico água, "de onde tudo veio". Essa formulação, que situa a água como o princípio fundador do Universo, foi levada do Egito e difundida no Ocidente por Tales de Mileto.

NÚRI. *Ver* NECRÓPOLES REAIS NÚBIAS.

NUT. Deusa egípcia que simboliza o Céu, como complemento de Geb, a Terra.

OÁSIS. Nos desertos, pequenas zonas com vegetação e água. Heródoto descreve uma cidade denominada Oásis, chamando-a "Ilha dos Bem-Aventurados". Ficava a sete dias de Tebas e era habitada pelo povo conhecido como Sâmios.
OCAVANGO. O mesmo que Cubango.
ODUDUA (ODÙDUWÀ). Patriarca do povo Iorubá, tido como fundador de Ilê-Ifé entre os séculos IX e XII d.C. Segundo citação em Adèkòyà, teria vindo do leste com seu povo, sendo, segundo a tradição, um príncipe do povo Edo, no antigo Benin, onde seu nome seria Idoduwal ou Ekaladerhan. Consoante a tradição, cada um de seus filhos fundou um reino iorubano, entre os quais Ijebu Odé, Ilexá, Ondô, Aquê, Acurê e Adô Equiti. Odudua teria sido um lídimo representante do que a África conheceu, desde o Egito faraônico, como realeza divina. Segundo A. Costa e Silva, a ser real sua existência, teria sido o líder de um grupo, vindo provavelmente de oeste, do Borgu, que impôs sobre Ifé um novo regime político, de chefia centralizada e dinástica. *Ver* AGBONMIREGUM; IFÉ; IORUBÁS; MITOS e LENDAS.
OFIR. Localidade mítica, citada no Antigo Testamento como a região para onde o rei Salomão enviava navegadores fenícios em busca de ouro e pedras preciosas. Para alguns autores, sua localização estaria em Moçambique ou no atual Zimbábue, onde, durante a Idade Média, floresceu a civilização do povo Xona. *Ver* ZIMBÁBUE.
OGUN. *Ver* EUARE.
OGUOLÁ. Obá (rei) do antigo Benin, na atual Nigéria, na segunda metade do século XIII d.C. Sucessor de Euedô, fez vir de Ifé mestres e

artistas fundidores, pelo que a arte escultórica de seu reino tornou-se sucessora da majestosa arte de Ifé.

OIÓ. Cidade-Estado iorubá no sudoeste da atual Nigéria, fundada, segundo a tradição, por Oraniã, filho de Odudua. Sediou, na Antiguidade, um dos maiores e mais poderosos impérios do oeste africano e manteve-se livre da influência europeia até o século XIX. *Ver* IORUBÁS; ODUDUA; XANGÔ.

OLMECAS. Antigo povo da América Central, tido como de origem africana. Segundo Clyde Winters, por volta de 1700 a.C. – provavelmente à época do Médio Império egípcio –, migrantes africanos estabeleceram-se no istmo de Tehuantepec, no México atual. Tidos inicialmente como núbios ou cuxitas, esses migrantes seriam, no entanto, segundo pesquisas linguísticas destacadas por Winters, falantes de uma língua do grupo mandê ou mandinga. Os olmecas, artistas, cientistas e tecnólogos, criaram um sistema de escrita, decifrado por Winters na década de 1970, que foi adotado por maias e outros povos americanos. Tradições locais referem-se a um povo que veio do leste, "quando Deus lhes franqueou os 12 caminhos do mar". Essa fórmula tradicional parece, segundo Clyde Winters, ser uma alusão a 12 migrações de africanos ocorridas nos tempos antigos.

ONTOLOGIA QUEMÉTICA E NEGRO-AFRICANA. Ontologia é o conjunto de noções que o ser humano tem sobre si mesmo, sobre o mundo, o presente, o passado e o futuro. Assim, a moderna ciência afrocêntrica mostra que a ontologia quemética, ou seja, o espírito e o pensamento do Egito faraônico, constitui parte integrante do universo cultural negro-africano em seu conjunto, como o sublinham as relações íntimas entre a lógica egípcia e a lógica de grupos étnicos como o dos mboxi, estudado por Théophile Obenga. Com base em evidências linguísticas, Obenga estabeleceu relações definitivas entre as expressões do passado e do futuro em egípcio antigo e na língua dos mboxi. Assim também com os repertórios de povos como os bacongos, cuja diáspora nas Américas gerou produtos civilizatórios altamente relevantes. Para os antigos egípcios, da mesma forma que para todos os povos chamados "negro-africanos", o ser humano é uma reunião definitiva de elementos físicos e entidades espirituais; assim também, entre egípcios e outros africanos contemporâneos, encontram-se definições e representações correlatas: o conjunto de forças que permitem ao homem subsistir como ser biológico e como pessoa moral; o nome, como parte transcendente da personalidade humana; a saúde física e moral ("Vida, saúde e prosperidade!" era uma saudação egípcia); a morte, como evento capaz de fazer do indivíduo outro ser também dotado de força; passando do estado "terroso" para o estado luminoso. Em suma, os laços que existem entre o Egito faraônico e outras comunidades da África Tropical são de natureza totalmente íntima e profunda; e, por isso, Cheikh Anta Diop destacou que os traços de parentesco que existem entre o Egito e a África Profunda são tantos que, na verdade, um e outro são a mesma coisa.

ORANIÃ. Filho de Odudua, fundador mítico de Oió.

ORÍGENES. Teólogo e exegeta nascido em c. 185 d.C. em Alexandria. Falecendo com aproximadamente 70 anos, foi um dos mais fecundos autores do mundo antigo.

ORION DE ALEXANDRIA. Sacerdote egípcio, mestre do filósofo neoplatônico Proclus. Os árabes o chamavam por seu nome copta: Maris.

OROMOS. Grupo étnico do que são hoje os territórios de Etiópia e do Quênia, às vezes referidos como galas, termo que eles repelem como injurioso. Ocupam uma área que se estende, ao norte, dos planaltos meridionais da Etiópia à região de Ogaden, a leste, até a Somália, a oeste, até a fronteira com o Sudão, e ao sul, através da fronteira do Quênia, até o lago Tana. Falam uma língua pertencente à família cuxita oriental, do grupo das línguas afro-asiáticas, assemelhada ao somali. A essa família linguística pertencem o antigo egípcio, hoje só usado nos rituais da Igreja Copta, e também o etíope antigo, o que destaca os oromos como descendentes das primitivas populações da Etiópia, emigradas dos planaltos da Eritreia e de Tigré.

OSÍRIS. Um dos deuses primordiais do Egito antigo. Filho de Nut e Geb, representações do Céu e da Terra, era irmão e marido de Ísis, que o ressuscitou depois de morto e esquartejado por seu irmão Seth. Deus da água e da vegetação, tornou-se depois da ressurreição também o deus do mundo subterrâneo, juiz e soberano dos mortos. Sua morte era associada à estiagem anual; e seu milagroso renascimento, à cheia do Nilo e ao brotar da vegetação. Mestre da filosofia do Maat (teoria da verdade, da justiça e do direito), com seus principais centros de culto em Busíris e Abidos, viajou pelo mundo em missão civilizadora.

OSORCON. Nome de cinco governantes egípcios no Terceiro Período Intermediário. O primeiro integrou a XXI dinastia, tanita; os dois seguintes, a XXII dinastia, bubastita; e os outros dois, a XXIII dinastia, tanita. Osorcon II e Osorcon III seriam príncipes do nomo de Bubastis que se autoproclamaram faraós.

OSORTA-SEN. Faraó da XVI dinastia. De provável origem serere, segundo Cheikh A. Diop.

OTHOES. *Ver* TETI.

OUALATA. *Ver* UALATA.

OUANKARAH. *Ver* UANGARÁ.

OUNA (UMA). Governador do Alto Egito. Ver Pepi I.

OURO. O continente africano apresenta, em algumas regiões, concentrações importantes desse precioso minério, a ponto de parte do litoral da África Ocidental ter sido chamada, à época colonial, "Costa do Ouro". Na Antiguidade, durante a XVIII e a XIX dinastias, a Núbia foi o maior fornecedor de ouro do Egito. Além disso, conforme Heródoto, os cartagineses contaram-lhe que comerciavam com os nativos de um país habitado, além das Colunas de Hércules, no atual estreito de Gibraltar. Nesse comércio, depositavam mercadorias na praia e acendiam fumaça. Assim atraídos, os nativos traziam ouro para o escambo. E os negócios, a acreditar-se nos cartagineses, transcorriam dentro da máxima equidade, o ouro equivalendo sempre ao valor estimado, pelos nativos, para as mercadorias.

OVAMBO. Antigo reino africano, no norte da atual Namíbia, ao sul do planalto angolano da Huíla. Segundo Phillipson, citado por Obenga (1985), a povoação banta do local, já habitado por povos khoi-san, começou a se estabelecer com a chegada, por volta de 100 a.C., de grupos provenientes da região entre os rios Cunene e Cubango, numa onda migratória iniciada no Baixo Congo.

OVIMBUNDOS. Povo banto de Angola, falante do idioma umbundo, historicamente dividido em subgrupos como bailundos, biés, huambos, cacondas etc. Antes do século XV d.C., constituíram unidades políticas entre o rio Cuanza e o litoral atlântico. *Ver* BAIXO CONGO; BANTOS; FETI.

PADIBASTET. Faraó egípcio da XXIII dinastia (c. 1085-750 a.C.), tanita.

PAÍS DOS AROMAS. Expressão pela qual os romanos denominaram a região da atual Somália, fonte do incenso e das especiarias que tanto apreciavam.

PALAVRA. Nas sociedades africanas tradicionais, a palavra, falada ou escrita, sempre foi instrumento de poder mágico. Tanto que muitos dos rituais religiosos até hoje se apoiam na força das palavras, cantadas ou declamadas. Os hieróglifos egípcios que representavam os animais ferozes eram tidos como passíveis de adquirir vida e se tornar perigosos. Engolir um papiro em que estivessem escritas fórmulas mágicas podia fazer um desejo se realizar. *Ver* MAGIA; MEDICINA.

PALEOAFRICANO. Relativo às épocas mais remotas do continente africano.

PAMI. Faraó egípcio da XXII dinastia, bubastita, reinante durante o Terceiro Período Intermediário.

PANEHSI. Vice-rei da Núbia à época de Ramsés X e Ramsés XI.

PANTERA. Mamífero da família dos felídeos. "Desde remota antiguidade, a pele de pantera ou leopardo representa o traje sacerdotal por excelência no seio de todas as civilizações negras." Esta afirmação de Obenga (1988) está na legenda de uma gravura representando Ai, faraó da XVIII dinastia egípcia, mostrado como um homem de cor preta, envolto numa pele desse animal e consumando, segundo o texto, um rito para reanimar a energia vital do falecido faraó Tutancamon. No antigo Daomé, a pantera (*kpò*) era o animal tutelar da família real de Abomé, sendo o rei sua própria representação.

PAPAS AFRICANOS. *Ver* são gelásio; são miltíades; são vítor i.

PAPIRO. Suporte usado pelos escribas egípcios, antecessor do moderno papel, cujo nome é dele derivado. Era produto do beneficiamento da erva aquática da família das ciperáceas classificada como *Cyperus papyrus*. Crescendo abundantemente nos pântanos do Nilo, especialmente no delta, as hastes dessa planta atingiam a grossura de um braço e ultrapassavam a altura de um homem. Os rolos utilizados na escrita, feitos de tiras cortadas das hastes (o miolo era cortado em lâminas, depois prensadas e transformadas em folhas), eram confeccionados em estabelecimentos estatais, templos e também em oficinas particulares. As hastes inservíveis para o uso mais nobre e conhecido eram utilizadas também na feitura de sandálias, esteiras, pequenas embarcações e coberturas de choupanas. As mais grossas ou defeituosas eram utilizadas como invólucros de embalagens, e os rizomas tuberosos, usados como alimento. O papiro era o símbolo por excelência do Baixo Egito.

PASTORÍCIA. Criação de gado, atividade presente desde o V milênio a.C. no norte africano, de onde se expandiu Nilo acima e para as terras altas do Saara central. A partir do III milênio a.C., a desertificação obrigou o gado a migrar em busca de pastagens, deslocando-se até a costa mediterrânea e a região nígero-chadiana. Impedidos pela floresta tropical de expandir-se na direção sul e oeste, os rebanhos acabaram por fixar-se nas terras altas do leste africano. Observe-se que a criação de gado obedecia, como até hoje, a necessidades sociais de maior amplitude do que as simplesmente nutricionais. Oferecido como dote, presente ou tributo, em sacrifícios rituais etc., o gado constituía um verdadeiro capital, menos por seu valor econômico intrínseco do que por sua função social e política. Por meio do rebanho, o indivíduo conseguia mulher e constituía prole, além de capacitar-se para a produção agrícola e a realização de outros múltiplos serviços. *Ver* nilóticos.

PAUSÂNIAS. *Ver* psusenes.

PAZENA EZANA. *Ver* ezana.

PEDIESE. Príncipe do nomo egípcio de Athribiss, ao tempo do faraó Piye.

PEDRA DE XABACA. Placa de granito na qual o faraó núbio Xabaca fez gravar importante texto do pensamento filosófico quemético. *Ver* XABACA.

PEDRA DE ROSETA. *Ver* ROSETA.

PEÍE. *Ver* PIYE.

PENEASI (PANEHSI). Vice-rei de Cuxe à época de Ramsés XI. Mais tarde, teria se tornado rei.

PEPI. Nome de dois faraós egípcios da VI dinastia. Pepi I – Empreendendo expedição até as regiões costeiras do mar Vermelho, empregou um regimento de núbios, comandado por um certo Ouna (Uma), o qual, no governo seguinte, de Merenré I, tornou-se governador do Alto Egito. Pepi II – Governou, segundo Laffont, por cerca de 95 anos, após Merenré, no reinado mais longo da história do Egito faraônico.

PERIBSEN. Faraó egípcio da II dinastia. Foi contemporâneo e opositor de Senedj. Substituiu o falcão de Hórus pelo hipopótamo de Seth como símbolo de seu poder, o que evidencia a dissidência entre ele e o poder estabelecido em Mênfis.

PERÍODO INTERMEDIÁRIO, Primeiro. Período da história egípcia compreendido aproximadamente entre os reinados da VI e da XI dinastias e iniciado com o fim do reinado de Pepi II.

PERÍODO INTERMEDIÁRIO, Segundo. Período da história egípcia aproximadamente entre os reinados da XIII e da XVII dinastias.

PERÍODO INTERMEDIÁRIO, Terceiro (Período Tardio). Período da história egípcia compreendido a partir do governo da XXI dinastia, em c. 1085 a.C.

PERÍODOS DE OURO. M. K. Asante destaca como primeiro, segundo e terceiro "períodos de ouro" da história do Egito faraônico, respectivamente, os da III, XI e XXV dinastias, esta última, a dinastia cuxita, dos faraós Piye, Xabaca, Taharca e Xabataca.

PERÍODO TARDIO. Denominação do período da história egípcia transcorrido entre a conquista persa, em 525 a.C., e o início do domínio romano, com o fim da civilização faraônica, em 30 a.C.

PÉRIPLO DO MAR ERITREU. Documento escrito no início da Era Cristã por um mercador marítimo não identificado. Um dos textos mais preciosos sobre a história da África pré-islâmica, é, na verdade, um guia náutico redigido com a intenção de instruir sobre as possibilidades comerciais da costa oriental africana. Observe-se que essa porção do continente era frequentada desde o Antigo Império por egípcios em busca de incenso e resinas aromáticas e por fenícios desde o século X a.C.

PEÚLES (PEUL). Povo de pastores da África Ocidental, também referidos em português como fulas e fulânis, localizados, atualmente, no Senegal, ao norte de Camarões. Envoltos numa aura de lenda, em função da pigmentação mais clara ou acobreada da pele de alguns de seus elementos, são muitas vezes tidos como de origem asiática. Segundo Moussa Lam, citado por Clyde Winters, os peúles migraram do vale do Nilo até o Senegal, através do Sahel. A semelhança entre o fulbé ou fulâni, língua dos peúles, e outras línguas locais, como o uolofe e o serere, confirma a expansão desse povo a partir do atual território senegalês. Para Ki-Zerbo, esses peúles de pele acobreada ou mais clara devem seus traços físicos, em alguns casos, a um cruzamento mais longo e consolidado, desde há muito, com ramos afro-asiáticos, tendo talvez origem nas terras altas da Etiópia ou no vale do Nilo, muito embora os peúles da região do Adamaua ostentem fenotipia marcadamente negra. Uma das hipóteses tradicionais para a origem dos peúles, segundo N'Dyaie, apoia-se no episódio do Êxodo dos judeus do Egito, quando um grupo teria se dirigido à região do Sinai sob o comando de Moisés e outro teria atravessado o Nilo e tomado o rumo oeste. Uma parte desses estabeleceu-se no Touat e no Air e, mais tarde, no Macina, no delta interior do rio Níger, onde os soninquês os acolheram com boa vontade. Outro grupo ainda, estendendo-se para o norte do deserto, teria fundado colônias ao sul do Marrocos. No século IX, uma dinastia peúle, os Dia Ogo, reinou no Senegal. O que parece certo é que a longa história dos peúles encerra episódios de interação e miscigenação com outros povos. *Ver* LEMBAS; MESTIÇAGEM.

PI-RAMSÉS. Cidade erguida por Ramsés II no leste do delta, no antigo sítio de Avaris, outrora capital dos hicsos. Foi o ponto de partida dos hebreus em seu êxodo em direção à "terra prometida".
PIANQ. Sacerdote de Amon em Tebas, reinante sobre parte do Egito durante o Terceiro Período Intermediário.
PIÂNQUI. *Ver* PIYE.
PIGMEUS. Antigas populações africanas, habitam, hoje principalmente as florestas do centro do continente. Caracterizam-se por uma aparência física peculiar, com altura em geral não superior a 1,55 m e traços físicos definidos como acentuadamente arcaicos. Sua existência histórica, como uma população de baixa estatura, é atestada, na África Central, há milhares de anos. E sua saga registra, desde o fim da pré-história, um constante movimento de fuga e isolamento, repelidos que foram por outros povos. *Ver* IAM.
PINEDJEN. Nome de dois sacerdotes de Amon em Tebas, reinantes sobre parte do Egito durante o Terceiro Período Intermediário.
PIRÂMIDES. Monumentos funerários, de forma geométrica quadrangular, comuns no Egito antigo. As principais, por tamanho, foram as de Cufu ou Queops, Cafra ou Quefrém e Mencaure ou Miquerinos; todas elas tinham como anexo um pequeno templo para culto do faraó ali sepultado. Eram feitas de pedra e destinavam-se a abrigar os restos de faraós e nobres, sendo construídas até a XII dinastia. Símbolo do poder dos governantes e da organização do Estado egípcio, originaram-se das mastabas, sepulcros mais simples, construídos até a III dinastia, às quais se seguiram pirâmides de degraus, constituídas de séries de mastabas superpostas, entre as quais constam as erguidas na localidade de Gizé. **Pirâmides de degraus** – A primeira pirâmide de degraus foi construída em c. 2600 a.C. pelo sábio Imhotep, que a projetou como tumba para o faraó Djeser ou Zoser. Primeiro edifício egípcio a ser erguido com pedras, em vez de tijolos de barro, foi em sua época a maior estrutura construída no mundo com esse tipo de material. Inicialmente, Imhotep teria feito construir um andar, depois

mais cinco, e finalmente teria coberto a estrutura com calcário fino. À frente da pirâmide, havia uma estrutura de pedra contendo uma caixa de madeira perfurada com dois visores. Olhando-se através deles, via-se uma estátua em tamanho natural do faraó. O monumento foi criado para que o *ka* (essência espiritual) do rei se comunicasse com o mundo exterior. **A Pirâmide de Cufu ou Queops** — Celebrada como a "grande pirâmide", seu estudo revela os fundamentos da matemática e da astronomia, conhecimentos que, segundo Marcel Griaule, citado por Diop, sobrevivem entre o povo Dogon. Mais alta construção arquitetônica do mundo até o erguimento da Torre Eiffel parisiense, segundo Peter Tompkins (1971), na construção da grande pirâmide de Cufu foram empregadas técnicas matemáticas, de astronomia e geodésia, além de mensurações altamente técnicas. Seus construtores conheciam com precisão a circunferência da Terra, a extensão da órbita do planeta, a aceleração da gravidade, a velocidade da luz, valores trigonométricos etc. Observe-se que as primeiras pirâmides egípcias foram construídas mais de 2 mil anos antes do florescimento da civilização grega. **Pirâmides Núbias** — Na Núbia, as mais de 80 pirâmides descobertas por Caillioud em 1820, próximo à aldeia de Es Sous, são menores que as do Egito e, embora sejam também túmulos, são todas precedidas de um santuário com a entrada voltada para leste, para o Oriente. *Ver* KA; MASTABA.

PISACAR. Rei de Cuxe em Meroe, aproximadamente entre os anos 30 e 40 d.C.

PITÁGORAS. Filósofo e matemático grego (c. 582-500 a.C.). Foi para o Egito incentivado por Tales de Mileto, para estudar matemática especulativa, e lá teria se instruído nos princípios matemáticos e filosóficos que nortearam a fundação de sua Irmandade Pitagórica.

PIYE (PIÂNQUI). Soberano do reino núbio de Cuxe e primeiro faraó da XXV dinastia egípcia, também referido como Peíe Piy ou Meriamon Piânqui e pelo nome de coroação "Menqueperrê". Sucessor de Cachta, inspirado nos feitos de Ramsés II e Tutmés III, por volta de 724 a.C., depois de tomar, ao longo do Nilo, cidade após cidade, conquistou a fortificada Mênfis. Partindo em socorro de Tebas, ameaçada por inimigos internos, numa expedição que acabou resultando na conquista do Egito até o Mediterrâneo, tornou-se faraó do Baixo e do Alto Egito, mantendo, entretanto, sua capital em Napata, de onde exigia tributo aos príncipes do delta. Em sua vitoriosa expedição, teria dito a seus comandados que o deus Amon de Napata o tinha feito soberano de todos os povos e que o deus Amon de Tebas o fizera, por isso, soberano do Egito. "Vocês sabem que Amon é o deus que nos comanda", teria dito ele. Piye estendeu seu poder desde a Tebaida, onde reinou por intermédio de sua esposa e irmã Amenirdis, até Heracleópolis. Ao mesmo tempo guerreiro e homem piedoso, liderou uma revolução nas artes e na cultura ao restaurar templos e monumentos. E depois de unir as civilizações do vale do Nilo, a núbia e a egípcia, mudou a capital de Tebas para sua nativa Napata. Grande apreciador de cavalos, quando de sua morte, oito desses animais de montaria foram sacrificados e enterrados próximo à sua tumba. *Ver* CUXE.

PLATÃO. Filósofo grego (427-327 a.C.). Estudou por 13 anos no Egito, onde teria adquirido conhecimentos iniciáticos e científicos, o que reforça a tese da anterioridade do saber egípcio em relação às concepções filosóficas da antiguidade greco-latina. *Ver* FILOSOFIA.

PLÍNIO, O VELHO. Nome pelo qual passou à História o escritor romano Caius Plinius Secundus (23-79 d.C.). É autor de uma *Naturalis Historia* (História Natural), na qual, entre outros assuntos, localiza e menciona diversos povos africanos e seus costumes.

PLOTINO. Filósofo (205-270 d.C.) nascido em Licópolis, no Egito, sob o domínio romano. Foi o criador do neoplatonismo, doutrina segundo a qual o Ser Supremo está além da compreensão humana e não possui qualquer representação, pelo que era mencionado apenas como "Uno". As religiões africanas tradicionais, como as dos iorubás, axantis, congos etc., também esposam essa visão. Para elas, o Ser Supremo é inacessível e, embora reconhecido como a fonte de energia que move o Universo, não tem representação nem é objeto de nenhum culto, características essas que são atributos de divindades secundárias, como orixás e voduns.

POLÍBIO. Navegador romano. No século II d.C., encarregado do reconhecimento das colônias cartaginesas no Atlântico, realizou expedição marítima na qual chegou até a região das ilhas Canárias.

PORTUGAL NA ÁFRICA. Na busca por novas rotas marítimas mais viáveis que as rotas comerciais terrestres então em uso, Portugal iniciou, após a tomada de Ceuta, em 1415, o período de suas grandes descobertas. Sua posição geográfica privilegiada, potencializada pela preexistência de relações comerciais com o norte da África e a Ásia muçulmana, fez com que as naus lusitanas, ao longo do século XV, marcassem sua presença em vários pontos da costa africana, em eventos históricos que indicam o término da Antiguidade para algumas das regiões onde ocorreram, tais como: 1418 – Canárias; 1420 – Ilha da Madeira; 1444 – Arguim, na atual Mauritânia; 1445 – Cabo Verde; 1446 – Gâmbia; 1454 – Senegal; 1470 – Camarões e Gabão; 1472 – São Tomé; 1482 – Costa do Ouro; 1484 – Golfo de Benin e Bacia do Congo; 1486 – litoral de Angola; 1493 – Etiópia; 1498 – Cabo da Boa Esperança e Costa oriental.

POSEIDON. Deus grego dos oceanos. Segundo Heródoto, seu culto era originário da Líbia.

POTÍFERA. Sacerdote egípcio de Om, em Heliópolis, sogro do patriarca hebreu José.

POVOS DO MAR. Expressão com que, na história egípcia, se designam os invasores, vindos através do Mediterrâneo, à época do faraó Meneftá e, mais tarde, de Ramsés III. Constituíam uma confederação de povos indo-europeus, tidos como oriundos principalmente da Anatólia, no oeste asiático, e de Chipre, no leste do Mediterrâneo. Por volta de 1185 a.C., Ramsés III os rechaçou com grande esforço, o que acabou por esgotar o império faraônico, que logo chegou ao seu terceiro período de incertezas. *Ver* HITITAS.

PRÉ-DINÁSTICO. Denominação do período da história egípcia anterior à unificação dos reinos do Baixo e do Alto Egito e ao advento da I dinastia, iniciada pelo rei conhecido como Narmer ou Menés.

PRESTE JOÃO. Legendário rei sacerdote etíope, de época incerta, cujo nome é recorrente em relatos de viajantes europeus. O elemento "preste", padre, sacerdote, é arcaísmo, com a mesma origem do inglês *priest*.

PROTOBANTOS. Qualificativo dos povos tidos como ancestrais dos atuais falantes das línguas do grupo banto, localizados na região dos montes Adamaua, na atual República de Camarões, antes de sua grande dispersão em direção ao leste e ao sul do continente africano. Esses povos falavam o "Ur-Bantu", denominação criada pelo alemão Carl Meinhof para designar a língua matriz de todas as modernas línguas do grupo banto, matriz essa hoje preferencialmente referida como "protobanto". *Ver* BANTOS.

PROTODINÁSTICO. Período da história egípcia, também mencionado como "Dinastia Zero", que compreende reis de natureza possivelmente mítica, reinantes, segundo a tradição, antes da unificação feita sob a liderança de Narmer.

PSAMÉTICO (PSAMETEQ). Nome de três faraós da XXVI dinastia egípcia. Psamético I – Sucessor de Necao I e inicialmente preposto de Assurbanipal no Egito, livrou-se do jugo assírio, fundando a XXVI dinastia e estabelecendo a capital em Saís. Governando de c. 665 a 610 a.C., tentou devolver a seu país, segundo Brissaud, os antigos fausto e poder. Para tanto, dispôs-se contra o culto das divindades asiáticas que se impusera e procurou voltar-se para as antigas manifestações artísticas e culturais, dando início ao movimento que ficou conhecido como "Renascimento Saíta". Mais tarde, entretanto, transferiu sua capital para Mênfis, ficando Saís como sede da residência e da necrópole real. Enfrentando oposição no Alto Egito, bateu-se contra Napata, onde Tanutamon, o último faraó da dinastia cuxita, se abrigara; teve de enfrentar, também, o clero de Amon, dominado pela "divina adoradora" Xepenupet II, filha do falecido faraó Piye. Para tanto, designou sua própria filha Nitócris (Netiquerti ou Nitquerti) como substituta dessa sacerdotisa, com o título Xepenupet III; do ponto de vista meramente militar, teve ainda de enfrentar a revolta dos soldados de Elefantina, que se passaram para o lado núbio. Seu objetivo maior era separar toda a região núbia do Alto Egito. Em seu reinado, segundo Obenga, os descendentes dos indo-europeus (sírios, palestinos e arameus), escravizados, humilhados e marcados a ferro sob Meneftá e Ramsés III, dedicaram-se à vingança para, ao final, conseguirem minar o poderio egípcio. **Psamético II** – Sucessor de Necao II, reinou em c. 594-588 a.C. Realizou campanhas na Núbia e na Etiópia. Embora tencionasse invadir a Ásia, foi desviado desse propósito por sua campanha na Núbia, com a qual tentou apagar a memória dos faraós da XXV dinastia. Dedicou-se a uma política marítima e à abertura de um canal entre o Nilo e o mar Vermelho. **Psamético III** – Último faraó da XXVI dinastia, reinou apenas seis meses, sendo vencido, aprisionado e morto por Cambises em Pelúsia por volta de 525 a.C.

PSAMITUS. Faraó egípcio da XXIX dinastia. Teria reinado em Mendés no ano 393 a.C.

PSUSENES (PAUSÂNIAS). Nome de dois faraós egípcios da XXI dinastia (c. 1085 a.C.), tanita. Foram, respectivamente, o terceiro e o último dessa linhagem dinástica, a qual teve sete governantes.

PTAH. Deus dinástico de Mênfis, no Antigo Império. Inventor das técnicas e patrono dos artesãos e artistas, é às vezes associado a Ra.

PTAH-HOTEP. Filósofo egípcio de provável origem núbia (c. 2400 a.C.). Produziu o que, no dizer de M. K. Asante, teria sido o primeiro manual de comportamento ético para a idade madura. Foi um sábio sacerdote de enorme influência e poder, e suas instruções e sua filosofia ecoaram através dos séculos. Com seu íntimo conhecimento sobre as condições das classes dominantes e sobre os negócios de Estado, desfrutou de um ponto de vista privilegiado, segundo o qual pôde ver como os homens de seu tempo rapidamente dissipavam a mocidade. Acreditava que a vida consiste em harmonia e paz com a natureza, sendo por isso, talvez, o primeiro formulador da ideia de ecologia.

PTOLOMAICO (greco-romano), **Período**. Período da história egípcia compreendido mais ou menos entre 323 e 30 a.C., sob o governo da dinastia macedônica dos Lágidas, iniciado com Ptolomeu Sóter e terminado com Cleópatra VII.

PTOLOMEU. Nome de 14 governantes do Egito, durante o período de domínio grego. O primeiro, Ptolomeu Sóter, era um dos generais de Alexandre e fundou a Biblioteca de Alexandria. O segundo, Ptolomeu Filadelfo, fez de Alexandria um centro de cultura helenística. O último, Ptolomeu Cesariano, era filho de Cleópatra e Júlio César. As rainhas de todos esses soberanos eram irmãs e esposas, segundo o costume egípcio. *Ver* CLEÓPATRA.

PÚNICAS, **Guerras**. Série de conflitos travados entre Roma e Cartago, entre 246 e 146 a.C., a qual terminou com a destruição do Estado cartaginês. O nome "púnico" deriva do gentílico *poeni*, usado pelos romanos em relação aos cartagineses. Na disputa pelo controle do Mediterrâneo, Roma já tinha travado com Cartago a primeira guerra, na qual foi morto, em 229 a.C., o líder Amílcar Barca, resultando daí o domínio romano sobre a Península Ibérica e a Sicília. Criado no ódio aos romanos, o filho deste, Aníbal, já aos 20 anos promovia incursões guerreiras ao território romano. Tomando uma cidade da Espanha, Aníbal foi instado a devolvê-la, e sua recusa deflagrou em 218 a.C. a segunda guerra Púnica. O líder cartaginês, com um exército estimado em 40 mil homens, mais cavalaria e 37 elefantes, atravessou a Espanha, os Pireneus, a França, os Alpes e conseguiu penetrar na Península Itálica, com suas tropas reduzidas à metade e apenas um elefante. Recrutando mercenários entre os gauleses do norte, Aníbal refez seu exército e infligiu aos adversários, na cidade de Canas, em 216 a.C., a mais séria derrota militar da história do Império Romano. Entretanto, após essa vitória e impedidos de alcançar Roma, os cartagineses de Aníbal foram vencidos, com os romanos revidando na Espanha e em Cartago, afinal conquistada em 210 a.C.

Aníbal fugiu para a Bitínia, onde, para não se render, pôs fim à vida em 183 a.C. *Ver* AMÍLCAR BARCA; ANÍBAL; CARTAGO.

PUNT, País de. Antigo país localizado, provavelmente, na atual Somália ou em partes dos atuais Sudão e Eritreia. Segundo A. Costa e Silva, seu território avançava pelas terras altas do noroeste da Etiópia até, na direção do Nilo, os territórios de Berber e Cassala. Destacando-se como uma espécie de entreposto no comércio de ouro, marfim, ébano e outras madeiras, além de macacos, girafas, leopardos e outros animais, segundo H. Deschamps, era lá que os navegantes egípcios, como os da célebre expedição da rainha Hatchepsut, iam buscar marfim e incenso. Segundo alguns autores, essa expedição teria sido ordenada por um oráculo do deus Amon, o qual qualificava Punt como a "terra dos deuses". Segundo descrições, os habitantes da terra portavam, desde época remota, barba trançada, da forma peculiar que se vê no rosto dos deuses nas representações egípcias. Os reis etíopes locais afirmavam a origem egípcia de seus ancestrais; e os egípcios, por sua vez, acreditavam estar unidos por laços estreitos ao povo de Punt. E segundo Anta Diop, eles acreditavam mesmo em um parentesco biológico, a partir de um ancestral comum. À época do apogeu de Axum, o país de Punt foi incorporado a esse reino.

PURMA. Comandante dos exércitos de Piye.

PUTIFAR. Senhor egípcio de José, filho de Jacó, no século XVII a.C. Foi intendente do faraó e chefe da guarda do palácio.

QAÂ. Faraó egípcio da I dinastia. Teve governo breve, após Semerquet.

QUAERERE FONTES NILO. "Procurar as fontes do Nilo": antiga expressão latina que significa empenhar-se em um empreendimento impossível.

QUEFRÉM (KHAFRA). Faraó egípcio da IV dinastia, sucessor de Radjedef ou Djedefre e também mencionado como Racaef. Construiu em Gizé, ao lado da pirâmide do pai, Queops, a segunda pirâmide do Egito e a famosa esfinge. Segundo Ki-Zerbo, tinha acentuada aparência negro-africana.

QUEM (KHEMS). Vocábulo da antiga língua egípcia que significa "negro" e corresponde ao copta *kame* ou *kemi*. *Ver* QUEMET.

QUEMET (KEMET). Nome pelo qual os antigos egípcios chamavam seu país: "a terra negra", em oposição à "terra vermelha", o deserto não fertilizado pelo Nilo. Segundo Asante, antigos povos africanos, antes de os gregos darem o nome de Aegyptos (Egito) à sua terra, chamavam-na, carinhosamente, Quemet, a terra dos pretos. As representações hieroglíficas desse nome começam com um pedaço de carvão e normalmente terminam com um grafismo significando país, nação, cidade, lugar, sociedade. Na expressão "terra dos pretos" — explica Asante — o vocábulo "preto" não tem a conotação negativa que posteriormente adquiriu, sendo, pura e simplesmente, uma referência de distinção étnica. Segundo Asante e Abarry, "toda sociedade africana deve algo a Quemet. Afora as noções de medicina, monarquia, geometria, calendário, literatura e arte, as sociedades africanas encontraram em Quemet os mitos primordiais que orientariam seu modo de educar os filhos, preservar os valores sociais, rememorar os ancestrais, pintar seus corpos e suas casas, e cultivar a terra".

QUEMÉTICO. Qualificativo do que é egípcio na Antiguidade, principalmente quando se refere ao saber filosófico.

QUÊMIS. Cidade da Tebaida, próxima a Neápolis, mencionada por Heródoto como centro importante.

QUÊNIA. País da África Oriental, limítrofe aos atuais Sudão, Etiópia, Somália, Uganda e Tanzânia, banhado pelo lago Vitória. Seu território, principalmente nas regiões do Rift Valley e do lago Tanganica, foi não só o berço do surgimento da espécie humana, como o palco de encontros entre povos de origem cuxita e bantos em eventos decisivos para a história da humanidade. *Ver* ÁFRICA; BANTOS; GRANDES LAGOS.

QUEÓPS (KHUFU). Faraó egípcio da IV dinastia. Construiu a pirâmide de Gizé ou Giza, a maior do Egito. Era pai de Quefrém e do sábio Hordjedef ou Djedfhor, autor de conhecida obra de literatura moralista. Patrocinou viagem a terras iemenitas (Sabá) para obter resinas de incenso e mirra, utilizadas com fins terapêuticos e como substâncias aromáticas. *Ver* HATCHEPSUT.

QUERMA. Centro político núbio e cuxita, durante o período compreendido aproximadamente entre 2500 e 1500 a.C. Seu núcleo inicial teria sido constituído na região entre a terceira e a quarta catarata do Nilo, em c. 2600 a.C., por populações negras oriundas da Líbia, consoante Diop, citado por Winters. Durante a IV dinastia egípcia, o faraó Snefru ou Senefuru empreendeu expedição a Querma, fazendo cerca de 7 mil cativos e se apoderando de 200 mil cabeças de gado, sendo que, a partir daí, frequentes incursões teriam devastado e despovoado a região da Baixa Núbia. Beneficiando-se, entretanto, do período de desorganização e instabilidade que se estabeleceu no Egito após a VI dinastia, as lideranças de Querma se fortaleceram e, então, a partir da Alta Núbia, o reino, principalmente graças ao seu ouro e ao comércio do marfim vindo da África Profunda, tornou-se próspero e iniciou política expansionista. Essa política, entretanto, foi freada, durante o Médio Império, com a construção do conjunto de fortificações conhecido como "fortalezas núbias" e com as campanhas empreendidas por Amenemat I, Senusret I e principalmente Senusret III, as quais culminaram na ocupação de parte das terras locais. Por esse tempo, então, reinando em Cuxe soberanos como Auaua (c. 1850 a.C.) e Nedjeh (c. 1650 a.C.), o antigo reino núbio de Querma acaba por tornar-se uma província colonial egípcia. Entretanto, com a crise econômica e de poder vivida pelo Egito durante o chamado Segundo Período Intermediário, após a XII dinastia, Querma se recompõe para atingir o auge de seu poder no tempo que transcorre da XV à XVII dinastia. Por essa época, em que muitos escribas egípcios estiveram a serviço de Querma, o reino prosperou, cresceu e fortaleceu-se a ponto de absorver outros pequenos Estados núbios, estrategicamente reunidos em federação, e ameaçar libertar-se do poder central. Durante a invasão dos hicsos no Egito (em c. 1650 a.C.), Querma recupera sua independência e estende seu território até Elefantina. Seus soberanos, instalados em Bouhen, empregam hieróglifos e administram o país à moda egípcia. O rei hicso Apófis chega a enviar a Querma proposta de uma aliança para a tomada do Egito. Chegado, entretanto, o Império Novo, tendo o Egito recuperado a antiga organização, Querma sucumbe ante as tropas de Tutmés I e a cidade é totalmente destruída. Então, toda a Baixa Núbia, com seu centro de poder em Uauat, é integrada ao Egito; e a Alta Núbia, da qual Querma era o núcleo, torna-se estabelecimento colonial, governado por um vice-rei, intitulado "filho real de Cuxe". A conquista egípcia desse poderoso centro político propicia a entrada, no cenário histórico núbio e africano, de outro Estado cuxita, com capital em Napata. Na avaliação de Brissaud, o povo de Querma era portador de uma cultura em alguns pontos semelhante à do Alto Egito, mas desenvolveu uma civilização tipicamente núbia. *Ver* CUXE; TEMEHU.

QUÉTY. Faraó egípcio, fundador da IX dinastia.

QUETY III. Nomarca de Heracleópolis durante a XI dinastia. Conquistou Abidos.

QUIBINDA ILUNGA. Herói fundador do povo Luba ou Baluba. Grande caçador, certo dia, segundo a tradição, perseguindo um elefante com seu grupo, foi ter no território do povo lunda. Lá, pediu abrigo e encantou a bela Luêji, sucessora de um chefe recém-falecido. Repudiando o marido para casar-se com o estrangeiro e investindo-o cerimonialmente na condição de chefe, Luêji provocou revolta em seu povo. A cisão provocada no seio do grupo fez com que Txingúli ou Quingúri, irmão da jovem princesa, fosse para o oeste, onde, no Alto Cuango, deu origem à primeira linhagem do povo Imbangala. No sul, na nascente do rio Zambeze, outro irmão, Quiniama, deu origem ao povo Luena; e a oeste, um sobrinho deles fundou a linhagem inicial do povo Quioco. A história deste último povo confirma a formação de sua nação a partir de um pequeno grupo de guerreiros dissidentes vindos da Lunda, que se uniram a mulheres autóctones, e, posteriormente, pela assimilação de grupos vizinhos, como lubas, pendes, luluas e mesmo lundas. Esses eventos estão provavelmente ligados a sucessivas migrações de povos bantos que, vindos do leste, segundo Phillipson (citado por Obenga, 1985) atingiram a região de Shaba, de 400 a 1100 d.C.

QUICUIOS. Povo do atual Quênia. *Ver* GICUIU.

QUÍMICA AFRICANA. A alquimia era a química dos antigos. Entretanto, modernos estudos confirmam que, ao fabricar sais, sabões, bebidas alcoólicas etc., os antigos africanos utilizavam conhecimentos efetivamente químicos, ainda que rudimentares. *Ver* CONHECIMENTO CIENTÍFICO.

QUINGÚRI (TXINGÚLI). Herói fundador do povo Imbangala. Nobre de origem lunda, era irmão da princesa Luêji. *Ver* QUIBINDA ILUNGA.

QUINTAMPO, Cultura de. Denominação pela qual se tornou conhecida a civilização urbana florescida por volta de 1500 a.C. na região das montanhas Boiasi, próximo à atual Kumasi, em Gana. A origem da agricultura na África Ocidental subsaariana tem sido associada a essa civilização, cujas origens se devem às migrações motivadas pela dessecação do Saara. Esses migrantes desenvolveram o plantio de milhete e sorgo na savana, além do cultivo de inhame, dendezeiros e outras espécies na região da floresta.

QUINTU. Herói fundador do povo Ganda. *Ver* BUGANDA.

QUIOCO (TCHOKWE). Grupo étnico do nordeste de Angola. *Ver* KIBINDA ILUNGA.

QUISALE-A-SANGA. Sítio arqueológico situado na região de Catanga. Na opinião de Phillipson, citado por Obenga (1985), a povoação local começou a se estabelecer com a chegada, entre o século VII e XI d.C., de povos bantos vindos do leste do continente.

QUISSAMA (KISAMA). Região ao sul do rio Cuanza, em Angola. Lá, descendentes de migrantes vindos do Baixo Congo, em c. 100 a.C., foram-se organizando em pequenas unidades políticas até darem surgimento aos Estados independentes de Muxima, Quitangombe, Quizva, Ngola Quicaito e Cafúxi, adversários do Congo e do Ndongo antes da chegada dos portugueses na década de 1480 d.C. Local das famosas minas de sal de Ndemba, era também pródiga na produção de cera e mel de abelhas.

QUITARA. Reino legendário, misteriosamente surgido e desaparecido num passado longínquo, entre os lagos Rutanzige e Vitória, provavelmente constituído por ancestrais do povo Ganda e tido como origem de vários Estados da região dos Grandes Lagos. Rico, desenvolvido e poderoso, era governado por uma dinastia do clã dos Chuezi, pastores de origem etíope. Seus habitantes cultivavam café, pastoreavam gado de boa raça, manufaturavam tecidos de fibras vegetais e confeccionavam cestos. A existência do Quitara está provavelmente ligada ao ciclo migratório banto que, segundo Obenga, vindo do leste entre 400 e 500 d.C., chegou até a região de Catanga, no sul da atual República Democrática do Congo. *Ver* BUNIORO.

QUSTUL. Região da Núbia, a nordeste da atual Cartum. Segundo Williams, citado por Winters, o povo de Qustul foi o fundador da civilização quemética. Para ele, os soberanos de Qustul seriam os governantes egípcios referidos como reis portadores da coroa (uraeus) vermelha nos documentos mais antigos.

RA (RE). Um dos aspectos do deus sol dos egípcios, cultuado principalmente em Heliópolis e representado como um homem com cabeça de falcão. Segundo alguns autores, o deus manifestava-se sob três aspectos, correspondentes às posições do sol: Amon ou Amen, na aurora; Set, no crepúsculo; Re ou Ra, no ocaso. Algumas tradições o diferenciam de Amon, inclusive lançando sobre os sacerdotes de seu culto a pecha de políticos arrogantes, corruptos e intrigantes.
RA-HORAQTI. O mesmo que Ra (Re).
RACISMO, Núbios e. Segundo Draper, o mundo antigo não teria conhecido distinções baseadas na cor da pele dos indivíduos. Somente no século XIX de nossa era, segundo ele, "os estudiosos ocidentais passaram a atribuir importância, de modo pejorativo, à cor dos núbios". *Ver* NEHÉSIS.
RAHOTEP. Faraó egípcio da XVII dinastia, no Segundo Período Intermediário.
RAINHA DE SABÁ. *Ver* MAQUEDA; SABÁ.
RAMÉSSIDA. Qualificativo referente a Ramsés II e à sua época.
RAMSÉS. Nome de 11 faraós egípcios cujos reinados se estenderam da XIX dinastia, fundada em c. 1305 a.C. por Ramsés I, até o fim da dinastia seguinte, em c. 1070 a.C., durante todo o Império Novo, período de grande fortalecimento e expansão. **Ramsés I** – Fundador do ciclo dinástico raméssida, assumiu o trono já septuagenário e reinou pouco mais de um ano. Militar de profissão, originário de Tânis, no delta, foi designado como sucessor por Horemheb. **Ramsés II** – Terceiro faraó da XIX dinastia, é provavelmente o faraó mencionado na Bíblia como opres-

sor dos hebreus. Um dos grandes soberanos do Egito faraônico, no plano militar, disposto a reconquistar totalmente a região do Retenu e tornar-se imperador da Ásia, equipou um poderoso exército e marchou contra os hititas. Foi, entretanto, emboscado em Kadesh, tendo que romper o cerco com bravura e ousadia, assim retornando a Tebas como vencedor, para preparar nova investida. Seus adversários, não podendo suportar a luta contra Egito e Mitani ao mesmo tempo, propuseram um tratado de paz, que foi aceito. Consolidando essa paz, casou-se com a filha de Hatuzil, rei dos hititas, firmando-se aí, segundo alguns historiadores, o primeiro tratado de cooperação internacional de que se tem notícia. Apesar desse casamento, entretanto, a mulher que passou à História como sua esposa predileta foi Nefertare. Ramsés II foi também, como continuador da obra de seu pai e antecessor, Seti II, o responsável pelo restabelecimento do poder egípcio sobre a Síria. No plano civil, um de seus mais importantes empreendimentos foi a transferência do palácio real para Pi-Ramsés, na antiga região de Avaris. Além disso, construiu, na Núbia, templos famosos, como os de Abu Simbel, Derr e Uadi-es--Sebua. A família de Ramsés II cultuava o deus Seth, supondo-se que essa divindade seria cultuada apenas dentro desse círculo familiar. O pai de Ramsés II, como já mencionado, era Seti, nome que significaria "aquele de Seth" (cf. *Divindades egípcias*, na bibliografia). **Ramsés III** – Filho de Setnact, foi o terceiro faraó da XX dinastia. Considerado o último grande faraó do Novo Império, promoveu reforma administrativa e fortaleceu o poder militar. Assim, repeliu hordas indo-europeias, venceu os povos do mar, debelou ataques de tribos líbias na embocadura do Nilo e instalou os filisteus sobre a costa de Gaza, em Acre, por volta de 1180. Seus exércitos vasculharam também o deserto, batendo-se contra o povo Shosu até os confins de Edom, conforme Gazelles. Além disso, realizou expedições a Punt, morrendo, entretanto, vítima de conspiração supostamente fomentada em seu harém. Segundo Mauny, citado por Ki-Zerbo, seus traços fisionômicos guardavam semelhança com o do tipo padrão etíope. **Ramsés IV-XI** – Seus governos correspondem ao período da anarquia, em que o Egito encontrava-se em lastimável situação. Ramsés IV deixou vestígios de sua presença em Megido e Tamna; Ramsés VIII e Ramsés IX deixaram registros em Gezer ou Gueser.

RAMSÉS-SIPTAH. *Ver* SIPTAH.
RANEB. *Ver* NEBRÉ.
RANEFEREF. *Ver* NEFEREFRÉ.
RE. *Ver* RA.
REALEZA DIVINA. A civilização cuxita, a partir de Querma, depois em Napata e mais tarde em Meroe, foi responsável, segundo Laffont, pela difusão, na África Tropical, de inúmeras crenças e práticas religiosas inspiradas no Egito ou que, autóctones, já tinham antes influenciado o sistema religioso faraônico, ou, ainda, sincretizadas com elementos desse sistema. Entre essas práticas, uma das mais vivas e difundidas é o princípio da "realeza divina", encontrado em inúmeras unidades políticas tradicionais negro-africanas. Detentor do poder, o rei personifica a nação. Assim, dando-se total atenção à sua integridade física, qualquer indício de envelhecimento de seu corpo corresponde a uma ameaça de enfraquecimento do Estado. Como todo rei sacro, o soberano de Meroe, consoante Heródoto e Estrabão, não podia apresentar defeitos físicos ou qualquer incapacidade evidente; devia ser forte, bem constituído e não velho. Além de um corpo saudável, deveria ser versado na arte militar, na criação do gado, na caça, na agricultura, bem como nas artes e em outras indústrias. Afora isso, todo monarca divino era o representante de seu povo perante os ancestrais cultuados, dirigindo os rituais e sacrifícios. Ao mesmo tempo, era o guardião das tradições e dos costumes legados pelos ancestrais mais remotos, dos quais era a representação, e pelos monarcas que o antecederam. Segundo Heródoto, um egípcio não podia governar seu país se não tivesse conhecimento das coisas sagradas. Os reis egípcios eram escolhidos entre os sacerdotes e os guerreiros, duas classes privilegiadas. Se, por acaso, um homem de outra casta viesse a apoderar-se do trono, deveria logo ingressar na casta sacerdotal. E quando um guerreiro era escolhido para rei, admitiam-no logo também na

ordem sacerdotal, para ser iniciado nas doutrinas sagradas. Os sacerdotes orientavam todas as ações dos príncipes, aconselhando-os, censurando-os, fixando os horários de seus compromissos e prazeres, inclusive os conjugais. **Morte ritual** — No Egito faraônico, como em outras sociedades africanas posteriores, depois de um certo tempo de reinado, o soberano deveria se submeter a cerimônias de rejuvenescimento espiritual, como no festival do Sed; e, em caso de doença ou incapacidade, como também ocorreu em civilizações posteriores, como a do antigo Benin, ele poderia ter decretada sua morte ritual. Em Meroe, era a casta sacerdotal que decidia pela aplicação dessa drástica medida, mas muitas vezes ela era aplicada tão somente para pôr fim aos atos de violência do rei. Acrescente-se a essas informações sobre reis divinos que, no Egito pré-dinástico, os primeiros governantes, envoltos numa aura de lenda, confundiam-se com os deuses primordiais. E que, até o século XIX, tanto na Etiópia quanto no antigo Benin, manteve-se o costume de enterrar, com um governante ou aristocrata morto, seus pertences e seus escravos, para que continuassem a lhe prestar serviços no além, da mesma forma que seus súditos vivos ficavam com a obrigação de lhe construir uma morada, onde pudesse continuar recebendo tributos e oferendas. *Ver* MITOS e LENDAS; ODUDUA; RELIGIÕES.

RELIGIÕES. As religiões da Antiguidade, tendo por objeto o culto aos antepassados e por símbolo principal o fogo em torno do qual se reunia o grupo, constituíram a origem da organização familiar e das primeiras leis. Mas além dos ancestrais divinizados, todas as religiões antigas cultuaram divindades personificadoras das forças naturais ou de características humanas — e isso mesmo antes de conceberem a noção de Universo e idealizarem um ser divino criador de todas as coisas. A princípio exclusivas de cada grupo parental, à medida que esses grupos deram origem a clãs e tribos, as divindades dos povos antigos se tornaram clânicas e tribais, da mesma forma que, depois, se transformaram em divindades das cidades que a união das tribos veio a formar. Cada cidade, então, tinha deuses que eram resultado do somatório das divindades dos pequenos grupos familiares originais. Às vezes, duas cidades adoravam deuses de nomes iguais. Mas a natureza deles era sempre diferente, já que nenhuma cidade admitia uma divindade sua protegendo indivíduos potencialmente inimigos, como eram quaisquer estrangeiros. Esses deuses eram propiciados com qualquer tipo de coisa que agradasse os sentidos, como bebidas, comidas, perfumes, música e dança. Em troca, as cidades esperavam deles resguardo contra todo tipo de adversidade e proteção contra os inimigos. No Egito antigo, onde, entre outras crenças, prevaleceu a do deus Ra ou Re como a divindade primordial e criadora, o papel desempenhado pelos deuses locais (cada povoado tinha seu "senhor" ou sua "senhora") chamou a atenção de estudiosos como François Daumas. Segundo ele, em Buto adorava-se uma deusa em forma de serpente; em Mendés, um deus com aparência de bode; em Heliópolis, o deus Aton assumia forma humana; em Atfih, Hathor, embora deusa do amor, exibia orelhas de vaca através da cabeleira; em Heracleópolis, rendia-se culto ao deus carneiro Harsafés ou Hercheft, e assim por diante. Esse aspecto de pertencimento a uma localidade é notório também, por exemplo, na antiga tradição dos orixás iorubanos, mantida no Brasil e em outros países das Américas. Nela, Ogum é orixá da cidade de Irê; da mesma forma que Oxum é de Oxogbô; que Oxóssi é de Queto etc. No Egito, não só a capital de cada nomo contava com seus deuses como também as aldeias e pequenas populações no interior dos nomos possuíam deuses diferentes. Quando, por qualquer razão especial, o deus local era elevado à condição de deus do império, o orgulho de sua cidade de origem e seu poder, como acentua Daumas, cresciam ilimitadamente. Uma guerra entre cidades era a guerra entre os deuses dessas cidades. Fustel de Coulanges, escrevendo sobre as guerras da Antiguidade, nos leva a imaginar dois pequenos exércitos se defrontando, entre exortações e imprecações, orações e maldições, cada um tendo ao seu centro os ícones e emblemas de suas divindades, além do oráculo, que indicava os bons ou maus presságios para o combate. Embora Coulanges tenha centrado seu foco na Grécia e em Roma, nossa convicção é de que, em termos africanos, tudo se passava exatamente da mesma forma – como aliás conhecemos, nos relatos sobre a Revolução Haitiana, no século XVIII de nossa era, o papel desempenhado pelos voduns, incorporados em alguns guerreiros durante os combates. **Origens** – Segundo Gromiko, no continente africano, os primeiros deuses e templos teriam sido criados pelos egípcios. Entretanto, segundo Anta Diop, e conforme mencionado em outra parte desta obra, o coração do continente africano, notadamente a Núbia e a Etiópia, foi sempre considerado pelos egípcios a terra sagrada de onde tinham vindo seus ancestrais. Assim, em vez de os povos cuxitas e etíopes terem absorvido influências religiosas egípcias, gregas e árabes, como quer a corrente hegemônica do pensamento ocidental, o processo teria ocorrido, entre o Egito e a Núbia, de modo ambivalente, com trocas significativas entre os dois ambientes culturais, da mesma maneira que ocorreu no campo político. A presença, ainda hoje, de elementos arcaicos na religiosidade de muitos povos africanos liga-os indissoluvelmente a um *continuum* que tem seu ponto de partida na Antiguidade. **Totemismo** – Segundo o já citado Gromiko, uma das formas mais arcaicas da religião é o totemismo, ou seja, a associação íntima de um elemento da natureza, animal ou vegetal, a determinado grupo social humano. O totemismo é característica bastante observada em religiões de muitos povos negro-africanos. Entre os dincas, que concentram hoje o maior contingente populacional entre os povos nilóticos, certos clãs e linhagens veneram, sacralizam e cercam de tabus determinados animais, como o crocodilo, o leão, a serpente etc. Esses animais totêmicos, dos quais se espera proteção e ajuda, nunca são caçados nem perseguidos, sendo, ao contrário, objeto de devoção e respeito, como eram, no Egito antigo, animais como o escaravelho, o abutre etc., notadamente o crocodilo. Outra característica arcaica da religião dos povos nilóticos era a divinização do gado bovino, por meio de práticas que envolvem inúmeros ritos e tabus. No Egito antigo, o culto ao boi Ápis, em Mênfis, é a manifestação mais notória dessa forma de sacralização. Para a maioria dos povos nilóticos, alguns tipos de serpentes estão intimamente ligados ao culto dos antepassados; na mesma medida, por exemplo, que nas crenças ancestrais do povo Fon do atual Benin o vodum-serpente Dan representa, segundo Segurola e Rassinoux, o movimento, a vida, a perpetuação da espécie humana e a fonte de toda a prosperidade. **Crenças** – Nos territórios outrora dominados pela civilização cuxita são também ainda hoje bastante difundidas crenças igualmente arcaicas, como aquela que, segundo Gromiko, atribui a um estrangeiro e a uma determinada casta de artífices ou caçadores a faculdade de, apenas com o olhar, lançar infortúnio a outra pessoa ou, de apenas com presença, profanar ou macular a casa de um pastor ou agricultor. Da mesma forma, a crença no poder mágico das palavras, para o bem ou para o mal. Observe-se também que os egípcios, segundo Heródoto, em atenção a um relato mitológico, evitavam as pessoas de pele clara e cabelos louros, as quais, "no tempo em que ainda se sacrificavam homens", eram estranguladas sobre o sepulcro de Osíris ou queimadas vivas. Ainda segundo o historiador grego, "quase todos os nomes dos deuses passaram do Egito para a Grécia". **Culto** – Entre os egípcios, em todos os atos da vida pública buscava-se a intervenção divina. Como os deuses tanto podiam ser protetores como disciplinadores cruéis, nenhuma ação importante era praticada sem que se tivesse a certeza de que os deuses estavam de acordo. Segundo Heródoto, cada deus tinha vários sacerdotes e um grão-sacerdote, num mister que era transmitido de pai para filho. Outro aspecto religioso notável era a existência, entre os egípcios, de diversos oráculos, cada qual adotando um método divinatório particular. Veja-se a tradição segundo a qual o oráculo de Dodona, na Grécia, da mesma forma que outro existente em terras da Líbia, teria sua criação inspirada por duas pombas negras vindas de Tebas como mensageiras dos deuses. Interpretando a lenda, diz Heródoto que, na realidade, os dois oráculos teriam sido criados por duas sacerdotisas referidas como pombas por falarem uma língua estrangeira, parecida com arrulhos; e como negras "naturalmente por serem egípcias", em mais uma referência do historiador grego à negritude dos habitantes originais do país. Com as incursões colonizadoras dos egípcios até a Alta Núbia, primeiro no século XIX, depois no século XVI a.C., o refluxo da religiosidade negro-africana, já mesclada às tradições elaboradas no delta, deu lugar a uma síntese única. Nessa síntese, destacou-se mais tarde a religião de Meroe, sincrética por natureza, politeísta, complexa e rigorosamente canonizada, segundo Gromiko. Nos arredores da sexta catarata, onde se situava Meroe, a religião egípcia sofreu um processo de grande africanização, predominando nela o culto a deuses do interior da África Profunda, sendo o mais importante deles Apedemaq, representado com corpo humano e cabeça de leão, venerado como a "cabeça da Núbia", protetor do "faraó vitorioso e restaurador da ordem", provavelmente Xabaca. Essa espécie de sincretismo núbio-egípcio teria dado origem, por exemplo, às máscaras zoomorfas presentes até nossos dias em tradições de sociedades secretas em várias regiões do continente africano. Outra característica que até a época contemporânea aproxima sociedades africanas das estruturas religiosas da Antiguidade é o culto de reis sacralizados, o qual, segundo Gromiko, desempenha ainda um papel político importante, como base ideológica da cultura tradicional. *Ver* GUERRAS; REALEZA DIVINA.

RENETUTET. Deusa-serpente dos egípcios cultuada juntamente com Sobeq, o deus-crocodilo, em templo de Medinet Madi, construído no Médio Império, na província do Faium.

RESINAS AROMÁTICAS. *Ver* INCENSO.

RET. Denominação de um povo do Egito antigo, tido como ancestral dos atuais felás. O termo *ret*, como *red* em inglês, significava "vermelho" em egípcio antigo.

RETENU. Antigo nome da região que compreende hoje a área ocupada por Israel, Líbano, Síria e o oeste da Jordânia.

RIFT VALLEY. Fissura de 6.400 km na crosta terrestre, que se estende de Moçambique ao Líbano, também referida como Great Rift Valley (Vale da Grande Depressão). No continente africano, do mar Vermelho até o lago Manyara, começando na depressão de Danaquil e atravessando o lago Turcana, tem seu trecho mais impressionante. Desde muitos milhares de anos, em grande parte do Rift Valley, inclusive as regiões mais brutalmente hostis, como o deserto de Danaquil, há uma grande complexidade de grupos étnicos, falantes de línguas do grupo banto e afro-asiáticas.

ROSETA. Localidade no delta do Nilo, de nome árabe Raschid. Tornou-se célebre devido à descoberta, pelo francês Champollion, da chamada Pedra de Roseta, suporte dos primeiros escritos hieroglíficos decifrados. *Ver* ESCRITA.

ROTAS DE COMÉRCIO. Segundo Don Luke (*ver* bibliografia), as antigas rotas de comércio africanas do vale do Nilo incluíam um ramal que começava na costa do Egito, estendia-se para o oeste através do Mediterrâneo e, para o norte, ao longo do litoral oeste europeu até o mar Báltico. Conforme o mesmo autor, o arqueólogo A. H. Sayce refere-se, em *The Date of Stonehenge*, livro de 1914, a um ramal dessa rota, o qual ligava o vale do Nilo à Europa ocidental, especialmente às Ilhas Britânicas e à Escandinávia. Daí os relatos contidos em antigas tradições dos povos nórdicos, referidas como *Old Norge Sagas*, dando conta da presença de negros africanos na Escandinávia "à época dos viquingues". Ainda segundo Luke, já durante a VI dinastia egípcia, africanos iam buscar âmbar no mar Báltico. Depois do ano 1000 a.C., conforme Davidson, duas rotas principais cortavam o Saara: uma ligando o atual Marrocos ao oeste africano, do Atlântico a aproximadamente o atual Mali; outra unindo a atual Tunísia e o oeste da Líbia à região do lago Chade, aí incluída Nok, centro de expansão das cidades iorubás, ligada a Cartago por uma antiga rota de comércio. Ki-Zerbo refere uma ligação do Alto Nilo ao rio Níger, através do Darfur. E segundo López-Davalillo, entre 200 e 100 a.C., tribos berberes organizaram um sistema de caravanas unindo a região do Chade ao Alto Nilo, bem como à região de Nok e à parte mais ocidental do continente. Segundo Obenga (1973), nas rotas que levavam ao mar Vermelho e de lá à Índia, evitava-se o deserto da Líbia, utilizando-se uma bifurcação que seguia, pela parte leste do Ennedi, em direção ao Alto Egito, através de Assuã. Por volta do século V d.C., os povos do deserto começaram a utilizar cavalos vindos do norte da Arábia. Esses animais facilitaram o comércio transaariano: mercadorias como sal, armas de fogo, contas de vidro, e até mesmo cavalos, eram transportadas para o sul, enquanto mercadores levavam marfim e especialmente escravos para o norte. A apropriação dos excedentes da agricultura e o controle sobre esse comércio deram origem a sociedades estratificadas, incluindo os três históricos reinos de Baguirmi, Kanem-Bornu e Uadai. *Ver* BERBERES; CHADE.

RUANDA. País da África Central, limítrofe com República Democrática do Congo, Uganda, Tanzânia e Burundi. Segundo o conhecimento mais difundido, os primeiros habitantes da região teriam sido os ancestrais dos atuais povos Tua. Após 1000 a.C., ancestrais dos atuais povos bantos vindos da parte mais central do continente teriam se estabelecido nos férteis planaltos dos modernos Ruanda e Burundi. Aos poucos, num longo processo de centralização política, esses povos teriam constituído o grupo étnico Hutu. Por volta do fim do século XIV, segundo versão mais conhecida, teria chegado do leste, dominando técnicas mais avançadas, o povo hoje conhecido como Tutsi, que estabeleceu na região uma monarquia centralizada, assimilando e avassalando os hutus. Entretanto, para outro grupo de historiadores, a teoria da origem estrangeira dos tutsis seria historicamente falsa. Assim, os povos que tradicionalmente habitaram os territórios dos atuais Burundi e Ruanda teriam a mesma origem, partilhando instituições políticas, tradições e um idioma comum, o Quiiaruanda, sendo todos, em conjunto, denominados Baniaruanda. O poder dos tutsis sobre os hutus derivaria apenas de circunstâncias econômicas, fincadas na tradição do *ubuhake*, instituição tradicional segundo a qual uma pessoa de situação econômica inferior oferecia seus serviços a outra mais abastada em troca do usufruto de uma ou duas cabeças do rebanho bovino. Os baniaruandas constituíram, no século XV d.C., o reino de Ruanda, uma das importantes unidades políticas da região dos Grandes Lagos nos tempos antigos. O reino do Burundi foi fundado já no século XVII.

RUDAMON. Faraó egípcio da XXIII dinastia, tanita, irmão e sucessor de Taquelot III durante o Terceiro Período Intermediário.

RUTANZIGE. Lago na divisa dos atuais territórios de Uganda e República Democrática do Congo. Pertence à bacia do Nilo e recebe desse rio as águas do lago Vitória. Ainda no século XX, era chamado lago Alberto.

RUVENZORI. Grupo de montanhas na atual fronteira de Uganda com o Congo-Quinshasa, numa extensão de 130 km entre os lagos Eduardo e Rutanzige.

SAARA. Região desértica com mais de 8 milhões de km², cujas fronteiras são o oceano Atlântico a oeste, a cordilheira do Atlas e o Mediterrâneo ao norte, o mar Vermelho a leste e o vale do rio Níger ao sul. Cobre partes dos atuais territórios de Marrocos, Argélia, Tunísia, Líbia, Egito, Sudão, Chade, Níger, Mali e Mauritânia. Entre os anos 5000 e 2000 a.C., grande parte do atual deserto de Saara era verde e abrigava diversos grupos humanos, vivendo a Idade da Pedra e deslocando-se em várias direções. O planalto de Tassili era coberto de ciprestes; a região do Hoggar era um campo povoado de avestruzes e girafas; e a planície hoje arenosa de Tenerê era um enorme e piscoso lago, do qual o último vestígio é o lago Chade. A partir da região, segundo algumas correntes, é que inúmeras plantas espontâneas se difundiram, como o sorgo; pelo menos uma espécie de arroz; um tipo de milho; um tipo de algodão etc. Acredita-se inclusive que a agricultura tenha surgido no Saara, à época do neolítico, em certas regiões submetidas às inundações anuais do Nilo. Da mesma forma, a pastorícia parece também ter origem saariana. Por força, entretanto, de grandes e progressivas alterações climáticas, os habitantes da região passaram a migrar em busca de pastagens para o gado. Uns tomaram a direção norte, outros buscaram as margens do Mediterrâneo, outros permaneceram na região, como os ancestrais dos tuaregues de hoje. Uma minoria desses remanescentes, utilizando muares como meio de transporte e trilhando duas rotas principais – do Mediterrâneo ao Egito, e da Tunísia e da Líbia até o norte dos atuais Chade e Nigéria –, tornou-se comerciante e acabou por fixar-se em cidades que evoluíram para Estados governados por reis (cf. Basil Davidson). Apesar da aridez crescente, a região foi, desde tempos remotos, cruzada por inúmeras rotas de comércio, numa atividade incrementada, por volta do século III ou logo após o início da Era Cristã (Davidson, 1981, p.30), com a introdução do camelo, animal especialmente dotado para as zonas áridas. Isso permitiu aos grupos que emigravam para o sul manter-se em contato com a civilização original. Segundo o explorador Emile-Félix Gautier, citado por Obenga (1973), antes da introdução do camelo, a população dispersa pelo Saara constituía-se de pastores de "raça negra". Com efeito, estudos de inscrições rupestres mostram essas regiões habitadas por pastores de gado bovino; mas não de boi zebu, como no Sudão atual, e sim de *bos africanus*, o boi de chifres em forma de lira, como os do Egito antigo. Os pastores que deles se ocupavam foram muito provavelmente os ancestrais dos peúles. Com o dessecamento do Saara, esses pastores teriam chegado às terras do atual Senegal, de onde seriam originários todos os peúles atuais.

SAARO-MAGREBINO. Relativo, simultaneamente, ao Saara e ao Magreb.

SABÁ. Antigo reino localizado na Arábia meridional. Seu território compreendia provavelmente os atuais Iêmen e Hadramaut. Teve por capitais Marib e depois Zufar. Por sua localização, separado da antiga Etiópia apenas pelo estreito de Bab-el-Mandeb, Sabá manteve estreitas relações com essa parte do continente africano. À época do rei Salomão, c. 900 a.C., Sabá esteve sob forte influência dos cuxitas de Querma, os quais, durante o Terceiro Período Intermediário da história egípcia, chegaram até a atual Palestina e saquearam Jerusalém. Nesse momento é que se teria desenrolado o conhecido episódio da visita de Maqueda, a rainha de Sabá, ao rei de Israel. A união da rainha com o rei judeu teria, segundo a tradição, dado nascimento a um filho, Meneliq, tido como fundador de uma dinastia na Etiópia do século X a.C. Já na Era Cristã, sendo a elite de Sabá a fundadora de Axum, os sabeus tiveram, a partir do século I d.C., sua cidade principal, Marib, como centro das decisões do poder axumita. Etíopes e sabeus foram tradicionais inimigos dos cuxitas de Querma, Meroe e Napata, mas uniram-se a eles com a conquista do Egito pelos persas, em 525 a.C. **Controvérsias** – Um mapa do mundo do Antigo Testamento, estampado em Boyer, consigna uma localidade denominada "Sebá", às margens africanas do mar Vermelho; outra, próxima ao golfo Pérsico; e uma "Sabá" ou Ofir no atual Iêmen. O nome "Sebá" remete, na Bíblia, ao neto de Cam e bisneto de Noé; e "Sabá", a um neto de Éber, descendente de Sem. Entretanto, o gentílico "sabeu" parece referir-se a ambos os povos. O *Kebra Nagast* localiza Sabá na região montanhosa da Etiópia, ao norte do moderno golfo de Aden. Segundo alguns autores, a confusão com a localidade no atual Iêmen dever-se-ia provavelmente a textos medievais árabes, como os do historiador Ibn Ishaq, escritos no século VII d.C. Em 2005, arqueólogos da Universidade de Toronto iniciavam pesquisas na tentativa de provar a localização do reino de Sabá no sudoeste da Nigéria. A propósito veja-se, nesta obra, referência de Pedrals a uma suposta filha dessa rainha no verbete "Ijebu". Sobre uma alegada identidade egípcia da Rainha de Sabá, invoca-se a XXVII surata, versículos 22-24 do Alcorão, na qual um personagem diz ao rei Salomão: "Porém, não tardou a chegar e disse: 'Tenho estado a inteirar-me do que tu ignoras; trago-te de Sabá uma notícia segura. Divisei uma mulher que governa (o povo), provida de tudo e possuindo um magnífico trono. Encontrei-a, e a seu povo, a adorarem o sol em vez de Deus, porque Satã lhes alucinou as ações e os desviou da senda; e por isso não se encaminham.'" Essa "adoração ao sol" seria um indício de que realmente se tratava de uma rainha egípcia (*ver* ÁTON). Entretanto, observe-se que muitas das tradições religiosas egípcias têm origem núbia, mais precisamente cuxita, e que Sabá, como dito antes, esteve sob forte influência de Querma. *Ver* AXUM; ETIÓPIA; MAQUEDA; MENELEK; SABEUS DE AXUM.

SABEUS. Habitantes do reino de Sabá, no atual Iêmen. Feminino: sabeias. **Sabeus de Axum** – Expressão usada pela arqueóloga Sonia Cole em referência a um ramo de súditos da rainha de Sabá, o que evidencia a integração desse reino asiático com a antiga Etiópia. *Ver* AXUM.

SABRACAMANI. Governante de Cuxe após Nastasen e antes de Arnecamani, provavelmente em uma dinastia paralela, reinante em Napata.

SABUR MINGUÉ N'DIAYE. Herói civilizador do atual Senegal, tido como originário de Mizra, o Egito, na época faraônica. Fundou o reino do Jolof ou Djolof, que engloba uolofes, sereres e diaogos. *Ver* JOLOF; SENEGÂMBIA.

SACARÁ (SAKKARAH). Platô rochoso próximo a Mênfis, na margem oeste do Nilo, a 60 km ao sul da atual Cairo. Local da necrópole de Mênfis, lá se ergue a mais antiga pirâmide do Egito, a do rei Djoser.

SACRIFÍCIOS HUMANOS. O sacrifício ritual tem como motivação a liberação de força vital: quanto mais importante for o animal sacrificado maior a energia vital oferecida à divindade, em agradecimento ou propiciação. Essa a lógica dos sacrifícios humanos, presente em todo o mundo antigo, onde em tempos de calamidade ou crise profunda os pais, para aplacar os deuses por meio de sua maior e mais preciosa oferenda, costumavam oferecer em holocausto os próprios filhos, como se lê em algumas passagens bíblicas. Na África, o sacrifício ritual de seres humanos foi praticado, em sociedades tradicionais, até o fim da Antiguidade nas áreas respectivas.

SAFNAT-PÂNEAH. Nome recebido pelo patriarca hebreu José quando promovido a primeiro-ministro do faraó da dinastia hicsa a quem serviu. Além do nome, José adotou costumes egípcios, casando-se e tendo filho no país onde viveu. Segundo a Bíblia, entretanto, teria se mantido fiel ao Deus dos hebreus e aos tabus alimentares de sua origem — o que parece controverso, já que esses tabus só teriam sido estabelecidos mais tarde.

SAHEL. Região de estepes secas da África, intermediária entre o Saara e a zona tropical do continente.

SAHURÊ. Faraó egípcio da V dinastia, menfita, neto de Mencaurê e sucessor de Usercaf. Reinando no século XXV a.C., enviou expedições ao Sinai, ao país de Punt e à Líbia.

SAI. Ilha da Núbia. Abrigou uma povoação importante à época de Querma.

SAÍS. Cidade do antigo Egito, situada no delta, à margem direita do rio Roseta, afluente do Nilo. Centro de culto da deusa Neith, foi capital do Baixo Egito e de todo o país sob a XXIV, a XXVI e a XXVIII dinastias.

SAÍTA. Relativo a Saís. Denominação da XXIV dinastia de faraós egípcios, no século VIII a.C.

SAKKARAH. *Ver* SACARÁ.

SAL. Cloreto de sódio, produto natural de alto valor econômico, usado pelos povos antigos principalmente na conservação de alimentos. Politicamente, o sal do Saara, extraído de minas de sal-gema, desempenhou um papel fundamental na história da África Subsaariana. A preeminência política e econômica pertencia aos que controlavam as rotas de importação ou mesmo, em certos momentos, as próprias minas.

SALDAE. Cidade romana no norte da África, localizada em território da atual Bejaia, na Argélia. Mais tarde, foi capital dos invasores vândalos.

SALOMÃO. Rei de Israel entre, aproximadamente, 975 e 935 a.C. Promoveu a difusão do saber filosófico em Israel, contando, para tal, com o trabalho de muitos escribas egípcios (cf. H. Cazelles). Por seu casamento com a filha do faraó do Egito, provavelmente Xexonq I ou Siamon, Israel recebeu como dote a cidade egípcia de Gezer ou Gazer. As boas relações entre a nova monarquia representada por Salomão e o enfraquecido Egito da XXI dinastia foram seladas por esse casamento real. Salomão administrou segundo o modelo egípcio, do qual tomou os "sinais numéricos" bem como procedimentos de "sabedoria". *Ver* INSTRUÇÕES.

SALSAVI TOMADION PIIANQUIHI. Soberano etíope (c. 664-652 a.C.) da dinastia de Meneliq, segundo listagem provavelmente extraída do *Kebra Nagast*, conforme www.rastafarionline.com. *Ver* PIYE; PIÂNQUI.

SAMSI E ITAM'RA. Casal real de Sabá, entre 720 e 705 a.C. Sob seu reinado construíram-se grandes complexos arquitetônicos e a grande represa Marib, cujos restos ainda existem.

SAN. Denominação do subgrupo de línguas africanas que, com as do subgrupo Khoi-khoi, formam o grupo das línguas Khoi-san, caracterizadas pelos sons de clique, obtidos pela batida da língua no céu da boca. *Ver* BOSQUÍMANOS.

SANAQT. O mesmo que Nebqa.

SANTA MÔNICA. Mãe de Santo Agostinho. Nascida em Tagasta, na atual Argélia, em 333 d.C., é considerada pela tradição católica o modelo ideal de mãe e esposa.

SANTA TAÍS. *Ver* THAÍS.

SANTO AGOSTINHO. Filósofo católico (354-430 d.C.) nascido em Tagasta, atual Souq-Ahras, na Argélia, de origem berbere, segundo Appiah e Gates. Convertido ao catolicismo e batizado em Milão em 387 d.C., voltou à África, onde foi bispo de Hipona, cidade da Numídia, na qual morreu, durante o cerco dos vândalos. Filósofo, teólogo e pregador incansável, foi uma das maiores personalidades da Igreja Católica. *Ver* SANTA MÔNICA.

SANTO ATANÁSIO. Bispo e doutor da Igreja (c. 295-373 d.C.), nascido e falecido em Alexandria. Em virtude de suas condições, sempre na defesa da ortodoxia católica, entrou em choque com o poder estabelecido e esteve várias vezes exilado. Deixou importante obra publicada.

SAO. Povo localizado, em época remota, no planalto do Chade, em região pertencente ao reino do Bornu, sendo seus integrantes tidos como ancestrais do atual povo Kotoko. São também conhecidos como soo, sôou, saw, sal, tsoh ou nsooh. Chegados ao Chade no século VII, em vagas sucessivas, vindos do norte, instalaram-se no curso inferior do rio Logone e no delta do Chari, onde criaram uma civilização vigorosa e notável em sua época. Suas tradições, entretanto, falam de época anterior, quando teriam vindo do leste, da Palestina ou da Arábia para o Saara. Seriam descendentes de uma mulher de Jerusalém, mãe de um casal de gêmeos que se uniram em matrimônio e deram origem ao povo. Segundo alguns relatos tradicionais, foram banidos por um faraó chamado Jitotadi (nome que nos remete, como pura hipótese, ao hauçá, uma das línguas da região, na qual encontramos: *jito*, fazer acordo com um inimigo; *tadi*, conversação, conversa). Após atravessarem um "mar escuro", um deserto, que pode ser o Darfur, os sobreviventes da fuga teriam chegado ao planalto do Chade. Outra versão tradicional diz tratar-se de um povo de gigantes, em certo momento invadido em seu território por outro povo, vindo de além do mar Vermelho, da região do atual Iêmen. Segundo a lenda, teriam sido derrotados quando, ingenuamente, estenderam as mãos para que os iemenitas as tingissem com hena, como era seu costume. Foram manietados e exterminados (cf. Pedrals). O povo Sao provavelmente manteve relações econômicas com os Estados da antiga Núbia e com o antigo Egito: existem rotas que ligam, desde os tempos pré-históricos, a região do lago Chade ao vale do Nilo. Do lago, essas rotas se multiplicavam e se religavam em itinerários transaarianos. *Ver* MITOS e LENDAS; ROTAS DE COMÉRCIO.

SÃO CIPRIANO. Tácio Cecílio Cipriano, bispo de Cartago. Padre da Igreja e mártir nascido no norte da África, entre 200 e 210 d.C. Morreu decapitado pelo poder romano em 258 d.C.

SÃO FRUMÊNCIO. Santo católico. Tutor do então futuro rei etíope Ezana de Axum, foi o responsável por sua conversão ao cristianismo por volta de 330 d.C. *Ver* AXUM.

SÃO GELÁSIO I. Papa da Igreja Católica (492-496 d.C.), de origem africana. Opondo-se, em seus ensaios teológicos, ao imperador e ao patriarca de Constantinopla, em questões eclesiásticas e doutrinárias, teve pontificado tumultuado e breve. Entretanto, destacou-se por sua preocupação com os humildes e por sua sensibilidade musical, como autor de hinos sacros.

SÃO MACÁRIO. Eremita egípcio (301-394 d.C.). Retirado no deserto do Baixo Egito, foi grande pregador cristão, arrebanhando multidões de discípulos.

SÃO MILTÍADES (MILCÍADES). Papa da Igreja Católica (311-314 d.C.), de origem africana. Em 313, à época do Edito de Milão, reuniu um concílio em Latrão, contra os donatistas, partidários da doutrina herética criada por Donato, bispo de Cartago.

SÃO PACÔMIO. Santo da Igreja Católica, nascido no Egito em 287 d.C.

SÃO VITOR I. Papa da Igreja Católica (189-198 d.C.), de origem africana, retratado em algumas antigas imagens com feições tipicamente negras. Destacou-se principalmente por ter fixado a comemoração da Páscoa católica num domingo, depois da comemoração judaica. Por isso entrou em rota de colisão com alguns setores da Igreja.

SARA. Antigo povo autóctone da região do Chade, descrito como agricultor, caçador e animista.

SARACOLÊ. O mesmo que soninquê.

SÁTIROS. Antigo e lendário povo africano, citado na *História Natural*, de Plínio. Ver PLÍNIO, O VELHO.

SATIS e ANUQUET. Deusas egípcias da região de Assuã, respectivamente filha e mulher de Qnum. Descritas como de acentuado caráter africano.

SATJU. Uma das unidades políticas da Núbia, próxima a Elefantina, tributária do Egito à época da VI dinastia.

SAVANAS, Reinos das. A vasta zona das savanas que se estende do oceano Atlântico ao Índico, ao sul da densa e úmida floresta equatorial, foi — principalmente a partir da desertificação do Saara, da introdução da agricultura na curva do Níger e da descoberta da utilização do ferro — palco de numerosos deslocamentos e migrações de diversos grupos humanos. Os contatos que disso resultaram traduziram-se em empréstimos culturais recíprocos e assim se constituiu, pouco a pouco, um fundo comum e uma unidade cultural, além de uma grande multiplicação de povos, como soninquês, mandingas, sereres, sossos, sonrais etc. **Ligação com o Egito** — Algumas áreas de savanas no continente africano, na bacia do rio Congo, no interior da curva do Níger e na região dos Grandes Lagos, conservaram até a época contemporânea indícios de ligação com o Egito faraônico. A organização sociopolítica de alguns reinos florescidos nessas áreas constitui o mais forte desses indícios. Escrevendo sobre o povo Cuba, federação de comunidades étnicas que teve seu apogeu, no antigo Congo, no século XVII, Théophile Obenga salienta os pontos seguintes: costumeiramente, só o rei tinha direito, como no Egito dos faraós, à poliginia, formando inclusive um harém real; entre os cubas, como entre os antigos egípcios, o governo sustentava-se sobre uma organização matrilinear; as classes sociais eram, *grosso modo*, as mesmas (família real, nobres, camponeses e escravos de guerra); o rei partilhava o poder administrativo com as aristocracias regionais e provinciais (semelhantes aos nomarcas e vizires do Egito faraônico). O rei do povo Cuba, o *nyimi*, era um monarca sagrado, exatamente como o faraó, filho de Amon-Ra, deus solar e criador. Era o intermediário entre os vivos e os mortos, o regente de todo o povo, o dono de todo o país com todas as suas riquezas. Tal como entre os egípcios antigos, entre os cubas, toda vez que o poder caía nas mãos de outro clã real ou de um usurpador, iniciava-se uma nova dinastia. Outra ligação importante entre o povo Cuba e o Egito dos faraós residia nos conhecimentos astronômicos demonstrados por esse povo. Esses indícios fazem supor uma efetiva ligação, na Antiguidade, desses povos com o Egito faraônico. *Ver* NEGRO-AFRICANO; ONTOLOGIA NEGRO-AFRICANA.

SCHISCHAQ. Nome pelo qual é referido, em uma versão da Bíblia, Xexonq, faraó líbio do Egito.

SEBEQUEMSAF. Nome de dois faraós egípcios da XVII dinastia, governante em Tebas durante o Segundo Período Intermediário.

SEBEQNEFRURÊ. *Ver* SOBEQNEFRU.

SEBOIET. Coletânea de textos escritos pelo sábio egípcio Amenemope. Serviu como modelo para vários textos antigos do tipo proverbial, inclusive talvez os de Salomão, rei dos judeus.

SECHNOUPHIS. Filósofo egípcio, mencionado como mestre de Platão em Heliópolis.

SECHSESET. *Ver* TETI.

SED. No Egito faraônico, jubileu festivo periódico que repetia a cerimônia de entronização real para o rejuvenescimento espiritual do rei. Era celebrado quando o faraó completava 30 anos de reinado. Na tradição dos povos Acã, notadamente os axantis, da atual República de Gana, os festivais periódicos denominados adae e odvira têm também como objetivos principais a purificação e o fortalecimento do corpo e do espírito do soberano.

SEDENGA. Localidade na Núbia onde o faraó Amenhotep III fez construir um templo em honra de sua esposa, a rainha Tiy, deificada e aí venerada como uma das manifestações da deusa Hathor.

SEHOTEPIBRE. Filósofo egípcio (c. 1990 a.C.). Foi, segundo M. K. Asante, um dos primeiros sábios nacionalistas — já que pensava nos interesses da nação egípcia —, embora decididamente "realista", pois acreditava no poder dos reis. Incentivou a lealdade e a obediência ao rei e frequentemente usou a si próprio como exemplo de alguém que conquistou grande prestígio por seguir os conselhos do rei. É chamado de "o legalista" por alguns pesquisadores. Segundo algumas fontes, "Sehotepibre" seria outro nome ou título de Amenemat I.

SELQUIS. *Ver* SILCO.

SEMERQUET. Faraó egípcio da I dinastia (c. 3500-2980 a.C.). Teve governo breve, após Adjib.

SEMITAS. Denominação de um grupo de povos do Oriente Próximo, entre os quais costumam ser incluídos árabes e etíopes. Essa inclusão é hoje em parte rejeitada já que deriva de distinção de base biológica altamente discutível, diante de métodos linguísticos tecnologicamente mais eficazes. Segundo Cheikh Anta Diop, a alegada "raça" semita é resultado de mestiçagem, ocorrida, a partir de 1300 a.C., no norte da África e na Ásia ocidental, entre negros e "povos do mar", falantes de línguas indo-europeias. Ainda segundo Diop, no Iraque e no Irã encontram-se evidências de que os elamitas e sumérios eram negros. *Ver* AFRO-ASIÁTICA.

SEMNA. *Ver* SIENA.

SENAR. Região no Nilo Azul, abaixo de Cartum, no atual Sudão.

SENCAMANISQUEN. Rei de Cuxe em Napata, em c. 643-623 a.C. Sucessor de Atlanarsa, era pai de Anlamani e Aspelta.

SENEDJ. Faraó egípcio da II dinastia (c. 2980-2686 a.C.), sucessor de Uneg. Seu poder, não reconhecido por Peribsen, parece ter-se restringido a Mênfis.

SENEFURU (SNEFRU). Faraó egípcio fundador da IV dinastia. Segundo Pedrals, enviou expedição militar à Núbia. Construiu a "pirâmide vermelha", a terceira a ser erguida no Egito. É também mencionado como Seneferu.

SENEGAL. Rio do noroeste da África, com 1.700 km de curso. Nasce na Guiné, no planalto de Futa Djalon, atravessa o sudoeste do Mali e corre pela atual fronteira entre Senegal e Mauritânia, para desaguar no Atlântico, próximo à atual cidade senegalesa de St. Louis.

SENEGÂMBIA. Antiga denominação da região compreendendo as atuais repúblicas de Senegal e Gâmbia, na África Ocidental. Embora a ciência divirja sobre o exato momento em que chegaram e a origem dos povos estabelecidos na região, a Senegâmbia, segundo Obenga, abrigou uma civilização megalítica entre 1500 e 800 a.C. Cheikh Anta Diop chama atenção para similaridades linguísticas e culturais em relação ao antigo Egito existentes entre povos da região, fazendo crer que esses povos sejam originários do vale do Nilo. A confirmar-se essa procedência, veja-se a hipótese de outras etapas migratórias, como é o caso dos mandingas, provavelmente migrados do vale do Níger. O desenvolvimento da metalurgia no século IV d.C. pode ter contribuído para o surgimento do primeiro Estado centralizado da região, o Taqrur, no vale do rio Senegal. Esse Estado manteve intenso contato com povos do norte da África, inclusive com os berberes do grupo Zenaga, povo cujo nome está provavelmente na origem do topônimo "Senegal". *Ver* JOLOF.

SENUFOS. Povo localizado nos atuais territórios das repúblicas de Costa do Marfim, Mali e Burquina Faso. Habitam e cultivam as savanas do norte da Costa do Marfim, provavelmente desde o primeiro milênio da Era Cristã. Entretanto, jamais constituíram um Estado, sendo apenas a soma de várias células sociais, cada uma com seu chefe, o qual só tinha contas a prestar com os ancestrais, seus e de seu povo. Segundo uma tradição local, a aldeia de Nielé, núcleo desse povo, teria sido fundada na Antiguidade por caçadores nômades de pele clara, vindos do norte, com seus cães.

SENUSRET. Nome de três faraós egípcios da XII dinastia, mais comumente referidos como Sesóstris, transliteração grega de seu nome. Escritores clássicos confundiram as realizações do terceiro desses "Sesóstris" e associaram-nas a somente um rei, cujos feitos foram ampliados a ponto de esse faraó mítico ser considerado o maior rei conhecido da História. As realizações desse governante lendário estariam talvez associadas aos feitos de Ramsés II, misto de guerreiro e diplomata, ou de Tutmés III. É assim que Bernal, provavelmente incorrendo no mesmo erro de pessoa, mas acertando no julgamento, afirma que suas conquistas foram desacreditadas a partir do século XIX de nossa era: para o racismo da época, era inconcebível que um monarca africano pudesse empreender expedições militares não apenas ao Levante (orla do Mediterrâneo oriental), como também à Ásia Menor (extremidade ocidental da Ásia) e à Europa. **Senusret I** – Fundador da dinastia, assumiu o trono após o assassinato de seu pai, Amenemat I, punindo os culpados e cumprindo um reinado longo, pacífico e próspero. Dedicou-se principalmente à construção de templos e monumentos funerários. **Senusret II** – Filho de Amenemat II, sucedeu seu pai depois de cinco anos como corregente. Realizou grandes obras de irrigação e de desenvolvimento da região do Faium. Fotografia de escultura reproduzindo sua cabeça, estampada por Obenga (1973), mostra um rosto com nariz achatado, largo e lábios grossos, de aspecto tipicamente negro. **Senusret III** – Após a morte de Sesóstris II, a Núbia rebelou-se contra o Egito. Então, Senusret ou Sesóstris III encetou campanha militar contra os rebeldes, abrindo canais fluviais estratégicos, para melhor tráfego de suas naus guerreiras, e erguendo as célebres Fortalezas Núbias. Foram cinco expedições, com o próprio faraó à frente das tropas, até que se transformasse a Núbia em uma província egípcia. Com o sul dominado, o faraó lançou-se contra a Líbia, a oeste, e a Síria, a leste, estendendo seus domínios até a Palestina, numa época em que os egípcios exploraram minas de turquesa e outros minérios na região do Sinai. Segundo alguns autores, teria realizado também expedições a Punt e estabelecido relações com Creta, do outro lado do Mediterrâneo. No campo interno, através de profunda reforma administrativa, que diminuiu a influência da aristocracia nos negócios do Estado com a criação de um corpo de funcionários de carreira, saídos da classe intermediária, levou o Egito a uma era de grande prosperidade econômica. Segundo Bernal, até os anos 1700 d.C., esse "Sesóstris" foi sempre referido como um faraó negro, assim como seu filho Amenemat III, o que a historiografia do século seguinte teria começado a ocultar. Mâneton, citado por Brancaglion Júnior, o descreveu como "um poderoso guerreiro, com 2 metros de altura". Credita-se a Heródoto uma certa aura de lenda que se criou em torno do nome desse "Sesóstris", por conta, ao que parece, de confusão e cumulação com as também impressionantes realizações guerreiras e expansionistas dos posteriores Tutmés III, no século XV, e Ramsés II, cerca de 300 anos mais tarde. *Ver* RAMSÉS II; TUTMÉS III.

SEQUEMIB. Faraó egípcio da II dinastia (c. 2980-2686 a.C.), época tinita, sucessor de Peribsen.

SEQUEMQUET. Faraó egípcio, sucessor de Djoser.

SEQMET. Um dos nomes ou aspectos da deusa Ísis.

SEQUEMTER DJOSER. Governante egípcio da III dinastia. É provavelmente o mesmo Djoser ou alguém a ele associado.

SEQNAKHT. O mesmo que Setnact.

SEQUENENRÊ. *Ver* TAO.

SERERE. Povo do atual Senegal, localizado na região entre Thiès e o rio Ferlo. No século XI, vindos do vale do rio Senegal, fugindo da desertificação e da ameaça do Islã, estabeleceram-se no seu sítio atual, onde, aliados aos uolofes ou jalofos, fundaram o reino de Ualo (Walo). Cheikh Anta Diop atribui origem serere a alguns faraós egípcios dos primeiros tempos, como Peribsen. *Ver* SENEGÂMBIA.

SESHONQ. *Ver* XEXONQ.

SESÓSTRIS. *Ver* SENUSRET.

SETENÁQUETE. *Ver* SETNACT.

SETH. Divindade egípcia. Arqui-inimigo de Hórus e Osíris, a quem, segundo a mitologia, retalhou em vários pedaços. Personificação da Inteligência do Deus Supremo ao materializar seu pensamento, e das leis físicas que regem a Criação. Associado pelas culturas ocidentais à destruição, à violência e aos sofrimentos pelos quais o ser humano passa durante a vida terrena – e daí, erroneamente, ao "mal" –, seu nome, segundo L. Bacha, seria o étimo remoto da palavra Satã.

SETI. Nome de dois faraós egípcios da XIX dinastia. **Seti I** – Filho e sucessor de Ramsés I, além de restaurar e construir templos e monumentos, empreendeu campanhas no Oriente Próximo, estabelecendo uma série de postos fortificados entre o Delta e Gaza e conseguindo recuperar posições egípcias na Síria. Vendo nos hebreus que viviam no lado leste do delta do Nilo, sob a proteção de faraós anteriores, uma ameaça, resolveu torná-los escravos do Estado egípcio. Seu nome significaria "aquele de Seth", o deus cultuado por sua família. **Seti II** – Vice-rei da Núbia durante o reinado de Ramsés II, marchou sobre Tebas para restabelecer a ordem num Egito tumultuado por sírios, líbios e palestinos. Com o apoio do clero de Amon, desposou Tauseret, viúva de Meneftá e rainha do Baixo e do Alto Egito. Nessa condição, destronou o usurpador Amenemés. Reinou durante período relativamente calmo, sendo sucedido por seu filho Siptah ou Meneftá-Siptah, o qual, entretanto, antes de assumir efetivamente o trono, por ser ainda criança, teve como regente sua madrasta, a rainha Tauseret, de origem síria.

SÉTIF (SETIFIS). Antiga cidade africana, pertencente à Mauritânia Cesariense, na atual Argélia.

SETÍMIO SEVERO. Imperador romano (146-211 d.C.), nascido em Leptis Magna, no norte da África. Aprendeu latim como língua estrangeira e, segundo Appiah e Gates, era um berbere.

SETNACT. Faraó fundador da XX dinastia egípcia. Pai de Ramsés III, expulsou o usurpador sírio Iarsa.

SHABA. *Ver* CATANGA.

SHABACA. *Ver* XABACA.

SHANAKHDAKHETE. *Ver* XANAQDAQUETE.
SHEBITQO. *Ver* XEBITCU.
SHILLUK. *Ver* XILUQ.
SHU. *Ver* XU.
SIASPICA. Rei de Cuxe em Meroe, em c. 487-468 a.C.
SIENA (SIEMNA). Cidade da Tebaida, posto militar importante no primeiro milênio a.C., na qual se encontravam ricas jazidas de granito, de grande importância estratégica. Seu território localizava-se às margens do Nilo, próximo à fronteira da Núbia, nos limites da atual cidade de Assuã, abaixo da primeira catarata. Seu nome egípcio era Heh; o nome Assuã foi dado pelos árabes.
SILCO (SELQUIS). Rei dos nobatas. Começou seu reinado por uma campanha de reunificação de seu povo, então dividido em pequenos reinos independentes. Em 548 d.C., apoderou-se de Talmis (Calabchê), capital dos blêmios, mandando gravar, por um escriba egípcio, inscrição na qual se intitulava "rei da Nobácia e de todos os etíopes". Convertido ao cristianismo, foi batizado segundo o rito monofisista. Seus sucessores foram Eirpanomê e Toquiltoéton.
SINAI, Península do. Região do Egito, em grande parte desértica, a leste do delta do Nilo e às margens do mar Vermelho, no rumo da antiga região do Retenu.
SIND. Região que compreendia os atuais territórios de Índia e Paquistão, tidos por algumas tradições como povoados originados por migrantes cuxitas ou etíopes, ancestrais dos atuais povos afro-indianos, emigrados da África, provavelmente através da Arábia e das costas do Irã e Beluquistão, segundo Larkin Nascimento. Ao tempo de Heródoto e consoante seu relato, havia duas grandes nações "etíopes", uma no Egito outra em Sind. Observe-se a existência, na Índia, de uma região denominada Cutch (nome que parece evocar "Cuxe") na região de Gujerat, na fronteira com o Paquistão. A separação dos povos de Sind de seus parentes cuxitas teria acontecido em tempos remotos, antes da chegada dos chamados "arianos" à Índia.

SIPORÁ. *Ver* ZÍPORA.

SIPTAH (MENEFTÁ-SIPTAH). Faraó egípcio da XIX dinastia. Sucessor de Seti II, é também mencionado como Ramsés-Siptah. Entronizado ainda criança, teve como regente a madrasta, Tauseret, que efetivamente o sucedeu após sua morte.

SIRTES. Zona vizinha à atual Líbia.

SISAQUE. Uma das formas usadas para o nome do faraó Xexonq.

SISTEMAS GRÁFICOS. *Ver* ESCRITA, Sistemas de.

SISTRO. Nome de dois antigos instrumentos musicais. O primeiro, difundido entre os egípcios, seria uma trombeta usada nos sacrifícios a Ísis. O segundo, de percussão, seria uma espécie de chocalho em forma de raquete, na qual três ou quatro varetas de ferro, soltas em uma das extremidades, produziam som quando agitadas. As sacerdotisas de Amon em Cuxe são mencionadas como as "Tocadoras de Sistro".

SMENDES. Faraó egípcio. Vizir do Baixo Egito; após a morte de Ramsés XI proclamou-se faraó e legitimou seu poder provavelmente por meio do casamento com a filha de seu antecessor, iniciando assim a XXI dinastia. Transferiu a capital de Pi-Ramsés para Tânis, na região ocidental do Delta.

SMENQCARÊ (SMENKHKARÉ). Faraó do Egito, sucessor de Aquenaton. Segundo algumas versões, era irmão de Aquenaton, a quem sucedeu. Segundo outras, sob esse nome esconder-se-ia uma das identidades da rainha Nefertite, a qual teria também assumido o nome de trono "Neferneferuaton".

SNEFRU. *Ver* SENEFURU.

SOBEQ. Deus-crocodilo, citado em textos sagrados como o espírito protetor dos egípcios. Sob esse nome, o deus Seth era invocado em Dendera.

SOBEQNEFRU (NEFERUSOBEQ). Rainha egípcia no final da XII dinastia. Filha de Amenemat III e esposa-irmã de Amenemat IV. Foi a primeira mulher a assumir o trono do Egito faraônico efetivamente como governante, com todos os poderes de Estado. Seu nome é também transliterado como Sebeqnefrurê.

SOFALA. Antiga cidade litorânea do Índico, no sudoeste da atual República de Moçambique.

SOFER e MASQUIR. Títulos correspondentes a funções cananeias de inspiração egípcia existentes na corte do rei Davi de Israel (c. 1000 a.C.). Um era o arauto real, o outro uma espécie de secretário de Estado, conforme H. Cazelles.

SOFONIAS. Profeta do Antigo Testamento. Deixou mensagens oraculares reunidas em um livro que leva seu nome, anunciando a destruição da "Etiópia", datado, segundo Cazelles, do reinado de Josias, rei de Judá, à época da XXV dinastia cuxita no Egito, a quem suas ameaças se dirigiam.

SOLIMAN TEHAGUI. Personagem da tradição etíope, da linhagem de Meneliq. Com prováveis 90 anos, teria morrido em 936 a.C., ano em que recebeu a notícia da derrota de Zera, vencido pelos hebreus. *Ver* SALOMÃO.

SOLON. Estadista ateniense, um dos sete sábios da Grécia. No Egito (c. 550 a.C.), estudou direito, ciências naturais, filosofia e teologia.

SOMÁLIA. País do noroeste da África, na península de mesmo nome, cujo território abrigou, na Antiguidade, o afamado país de Punt. Os romanos chamavam a região de "país dos aromas", por causa do incenso que dela era exportado. Segundo algumas fontes, o atual povo somali, aparentado aos galas da Etiópia e aos hauçás da Nigéria, constituiria um grupo híbrido originado de casamentos de dois patriarcas árabes com mulheres do grupo étnico Dir, cujos descendentes, no século X d.C., teriam migrado do golfo de Aden em direção ao norte do Quênia. Na Antiguidade, a deusa egípcia Hathor era invocada, no litoral somali, como "Senhora de Oponé", em referência a uma região local. *Ver* ETIÓPIA; SABÁ.

SONCHIS. Sábio e profeta egípcio, mestre de Pitágoras.

SONGAI (SONGHAI). Grupo étnico da África Ocidental. No início da Era Cristã, pescadores nômades de etnia *sorko* estabelecem-se na grande curva do rio Níger, onde se mesclam aos agricultores *soromba*, provavelmente originários da região do rio Volta e talvez relacionados, segundo N'Diaye, com os atuais corombos ou gurmantchês — nome este que parece evocar o dos garamantes, antigos nômades do deserto. Durante os séculos V e VI, espalhadas ao longo das margens do Níger, as comunidades que se formam vão integrando outras e organizando-se em clãs. É então que, segundo a tradição, o herói fundador Faran Macan Bote (tão grande que comia um hipopótamo inteiro e bebia os charcos do rio de uma só vez) unifica esses clãs, funda a dinastia *dya* e ergue ao redor dela o reino de Cuquia, semente do futuro império songai de Gao. Algumas tradições locais ligam a origem do povo Sonrai ao episódio bíblico do Êxodo. Os habitantes da região de Tiendadi dizem-se descendentes do "faraó", talvez Ramsés II.

SONINQUÊ. Grupo étnico do atual Senegal. Seus primeiros núcleos formaram-se, segundo López-Davalillo, entre 500 e 400 a.C. Senhores de um passado histórico importante, representariam, entretanto, um ramo da família mandê bastante miscigenado com mouros e peúles. Vivendo entre os rios Níger e o Senegal, seu antigo hábitat é a região do Macina. Entre os mandingas e os bambaras, são conhecidos sob o nome *marka*; em Djenê são chamados *nono*; e no Saara, nas regiões de Taoudeni e Ualata, são conhecidos como *azers*. Ver GANA; SENEGÂMBIA.

SONRAI. Uma das transliterações do nome Songai, usada, segundo alguns autores, indevidamente, por referir outro povo (cf. Baumann e Westermann, 1948, p. 590 – Índice). Ver SONGAI.

SUAÍLE, Costa. Faixa litorânea do continente africano no oceano Índico, com cerca de 3 mil km, entre o sul da Somália e o norte de Moçambique. Foi local de intensas trocas culturais entre a África e o Oriente desde o século II d.C. e principalmente entre os anos 500 e 800.

SUAÍLES. Denominação dada pelos mercadores árabes, antes do advento do Islã, aos habitantes do litoral africano no Índico, região da atual Tanzânia. Esses povos, vindos do oeste, da região do Baixo Congo, teriam chegado à costa entre 100 e 200 d.C.

SUDÃO. Nome (do árabe *sudan*, negros) durante muito tempo aplicado a toda a África ao norte do Equador e ao sul do Saara, do Senegal ao mar

Vermelho, ou seja, ao "cinturão verde semiárido" que corre entre o Saara e a região das florestas, conforme Ferkiss. O atual território da República do Sudão, limitado principalmente por Egito, Líbia, Chade e Etiópia, e cortado pelo rio Nilo, foi na Antiguidade importante núcleo civilizatório africano. **Sudão meroítico** – Expressão moderna usada para designar a Núbia ao tempo em que Meroe foi sede do governo e capital do mundo cuxita. **Sudão nilótico** – Denominação da região do Sudão ao longo do curso do Nilo que na Antiguidade representou o nascedouro de diversos influxos civilizadores, resultantes do encontro entre o Egito, a Núbia e a África profunda. Através do Sudão e pelas águas e margens do Nilo, o Egito faraônico difundiu-se até muito longe; a Núbia fornecia ao Egito guerreiros e trabalhadores, além de suas próprias riquezas e outras vindas da África profunda. *Ver* CUXE; EGITO; ETIÓPIA; MEROE; NAPATA; NILO.

SUMAORO CANTÊ. Rei dos sossos, conquistador de Kumbi Saleh, no antigo Gana, no início do século XIII d.C. Segundo Ki-Zerbo, grande guerreiro e mago poderoso, foi ferrenho adversário do Islã. É também mencionado como Sumanguru.

SUMER. Antigo país localizado no vale dos rios Tigre e Eufrates (Mesopotâmia), nascido por volta de 3000 a.C., a partir de provável colônia do país de Cuxe, com população oriunda do vale do Nilo. Os sumérios são costumeiramente referidos como um povo antiquíssimo, de cujas origens nada se sabe. Entretanto, Cheikh Anta Diop lhes atribui essa origem africana. *Ver* SEMITAS.

TAA. *Ver* TAO.

TABIRQUA. Rei de Cuxe em Meroe, em c. 200-185 a.C.

TACFARINATE. General númida, resistiu aos romanos à época de Tibério (14-37 d.C.). *Ver* NUMÍDIA.

TAFILETE. Antiga região do atual Marrocos, tida como lugar de origem da heroína Tin Hinan.

TAFNES. Cidade egípcia mencionada no Antigo Testamento, em Jeremias, 2:16: "Sim, os moradores de Mênfis e de Tafnes raparam a cabeça de Israel." O profeta Jeremias viveu entre 627 e 580 a.C., época dos faraós Psamético I e Necau II, tendo provavelmente falecido no Egito.

TAHARCA. Soberano de Cuxe e faraó do Egito. Foi o maior dos soberanos da XXV dinastia, e um dos maiores soberanos da Antiguidade egípcia, tanto que é o único rei cuxita citado nominalmente na Bíblia. Filho de Piye e sucessor de Xabataca, quando de sua coroação, sua mãe viajou cerca de 1.200 milhas (cerca de 3 mil km) da Núbia a Mênfis para participar das solenidades. Seu poder estendeu-se do Mediterrâneo até a sexta catarata, e possivelmente até mais para o sul. Governou de Tanis, no delta, mas desenvolveu extraordinariamente os recursos econômicos da Alta Núbia. Durante seu reinado, as maravilhas arquitetônicas que ergueu por todo o vale do Nilo, de Napata a Tebas, atestavam seu poder. Provavelmente foi sob suas ordens que a metalurgia do ferro foi introduzida em Napata e Meroe. Além disso, plantou vinhedos e intensificou consideravelmente a produção aurífera, o que lhe permitiu construir diversos templos, entre os quais o de Siena, erigido em louvor aos deuses do faraó "Osorta-Son III", provavelmente Osorcon, ao qual se dirigia – segundo Budge, citado por Anta Diop – como a um pai divino. Governando absoluto, sem qualquer outra influência, nem mesmo inimigos destruindo os narizes de suas estátuas, segundo um costume local, para que sua alma não tivesse paz na terra dos mortos, ou arrancando os uraeus que o caracterizavam como "Senhor das Duas Terras", conseguiram apagar sua marca (conforme Draper, 2008). Seu reinado termina sob os assírios, que tomam Mênfis em 671 e Tebas em 664. É também mencionado como Taharqua, Tiraca, Tirhaca, Tirhaka etc. *Ver* CUXE.

TALACAMANI. Soberano de Cuxe, reinante em Meroe, em c. 435-431 a.C.

TALES DE MILETO. Filósofo e cientista grego (624-547 a.C.). Viajou para o Egito ainda jovem, instruindo-se com sacerdotes do vale do Nilo, principalmente em ciências como filosofia, astronomia e geometria, e só retornando definitivamente à Grécia já idoso. Segundo Diógenes Laércio, historiador grego do século III d.C. (citado por Obenga, 2002), Tales, em vez dos mestres mesopotâmios e babilônios que lhe são às vezes atribuídos, só teve como instrutores regulares sábios sacerdotes egípcios. Ainda segundo Laércio, quando descobriu como inscrever um triângulo retângulo num círculo, Tales de Mileto teria sacrificado um boi a divindades egípcias, em sinal de agradecimento pela descoberta.

TÂMARA. Fruto da tamareira, de grande valor nutritivo e dietético, utilizado na produção de farinha, açúcar, vinho etc., daí sua grande importância na Antiguidade afro-asiática. A espécie desenvolvida na Núbia era das mais apreciadas.

TAMERLEDEAMANI. Rei de Cuxe em Meroe, aproximadamente entre 266 e 283 d.C.

TANA. Lago africano de 3.060 km². É uma das fontes do rio Nilo.

TANAUTAMUN **(NUATMEAWN).** O mesmo que Tanutamon.

TA-NETER. Nome, significando "o país do sagrado", pelo qual os antigos egípcios designavam a Etiópia.

TANGANICA. Lago africano, situado longitudinalmente na atual fronteira entre Tanzânia e República Democrática do Congo, banhando ainda o sul do Burundi e o norte da Zâmbia. Com cerca de 35 mil km² de superfície, é o segundo maior lago africano. A povoação inicial de seus arredores está provavelmente ligada às diversas vagas migratórias que, entre os anos 400 e 1000 d.C., vindas do leste do continente, alcançaram a região de Catanga ou Shaba, na República Democrática do Congo.

TANIIDAMANI. Rei de Cuxe em Meroe, em c. 120-100 a.C.

TANIS. Cidade do Baixo Egito, na região ocidental do delta do Nilo, elevada à condição de capital na XXI dinastia.

TANITA. Relativo a Tanis. Denominação da XXIII dinastia de faraós egípcios, que reinou aproximadamente entre 1085 e 750 a.C., em alusão a sua capital.

TANUTAMON. Soberano de Cuxe e faraó do Egito, entre 664 e 653 a.C., também mencionado como Tanetamani. Filho de Xabataca e sucessor de Taharca, foi o último faraó da XXV dinastia a efetivamente governar o Egito. Vencido pelos assírios, refugiou-se em Napata, onde morreu. Seus sucessores continuaram, em Napata, a intitular-se "reis do Alto e do Baixo Egito". É mencionado em listagem provavelmente extraída do *Kebra Nagast* como soberano da Etiópia, na dinastia iniciada por Meneleq ou Meneliq, entre 668 e 664 a.C. *Ver* TANAUTAMUN.

TANVETAMANI (TANWETAMANI). O mesmo que Tanutamon.

TANZÂNIA. País da África Oriental, na região dos Grandes Lagos. Segundo Phillipson, citado por Obenga (1985), a povoação da porção norte de seu território iniciou-se com a chegada, entre 200 e 100 a.C., de migrantes provenientes do Baixo Congo. *Ver* ENGARUKA.

TAQRUR (TEKRUR). Antigo reino dos tuculeres (*toucouleurs*) do atual Senegal. Por extensão, o nome designou o antigo Sudão, o "país dos negros" ou "Negrícia", ou seja, a vasta região africana que se estende do sul do Saara, desde a bacia do Nilo superior, até o oceano Atlântico, a oeste. Seu nome original era Teqruri. *Ver* TUCULER.

TAQUELOT. Nome de dois faraós egípcios da XXII dinastia, bubastita, e um da XXIII, tanita. **Taquelot I** reinou por volta de 909 a.C. e teve seu poder contestado por seu irmão Iuelot, sumo sacerdote em Tebas; **Taquelot II** reinou entre 860 e 835 a.C., abandonando Tebas provavelmente por conta de uma guerra civil; **Taquelot III** teria sido sucedido por Rudamon, em c. 757 a.C.

TAQUIEDAMANI (TECORIDEAMANI). Rei de Cuxe em Meroe, em c. 146-165 d.C.

TARACA. *Ver* TAHARCA.

TAO. Nome de dois faraós egípcios da XVII dinastia, tebana. O primeiro, chamado "Tao, o Velho", era casado com a rainha Tetixeri, que desempenhou importante papel na condução dos negócios do Estado. O segundo, Sequenenrê Tao II ou "Tao, o Bravo", dedicou-se à guerra de libertação contra os hicsos, sendo morto em combate.

TAREQUENIVAL (TAREQUENIDAD). Rei de Cuxe em Meroe, em c. 85-103 d.C.

TA-SETI (TA-STI). Nome que significa "o país do arco", pelo qual os antigos egípcios designavam a Núbia em referência à grande destreza dos nativos do país como arqueiros. O povo de Ta-Seti tinha os mesmos costumes funerários, a mesma cerâmica, os mesmos instrumentos musicais e artefatos dos egípcios.

TASSILI. Região do Saara central, na atual Argélia. Foi berço de diversas civilizações desde o período neolítico, conforme descobertas feitas a partir de 1933.

TAUSERET (TAUSRET). Rainha do Egito na XIV dinastia, Império Novo. Madrasta de Siptah, foi regente nos três primeiros anos do reinado desse faraó. Após a morte do enteado, assumiu efetivamente o trono, sendo, como Nefertari, Hatchepsut, Sobeqnefru e provavelmente Nefertite, uma dentre as raras mulheres a efetivamente governar o Egito faraônico. *Ver* SETI II.

TCHOKWE. *Ver* QUIOCO.

TEBAIDA. Uma das três divisões do Egito antigo, o mesmo que Alto Egito. Tebas era sua capital.

TEBAS. Localidade no Alto Egito, na margem leste do Nilo, a 700 km da atual cidade do Cairo, em terras correspondentes às atuais Luxor e Carnac, à margem direita do rio, e Qena, à margem esquerda. Abrigou o maior conjunto de templos do Egito: o conjunto do deus Montu, construído sob Amenófis III; o do grande templo de Amon; e o dedicado à deusa Mut. Lugar santificado por excelência, lá o cargo de sacerdotisa do deus Amon era privativo de mulheres originárias de Meroe, o que, segundo Anta Diop, reforça a ideia da existência de fortes laços, até mesmo biológicos, do Baixo Egito com os povos interioranos da Núbia e da Etiópia. No Médio Império, durante a XI dinastia, Tebas sucede Mênfis como capital. Durante o Segundo Período Intermediário, o Egito em conflito com os hicsos, a cidade é palco da criação de uma nova unidade política, de um novo Estado egípcio. A partir de Tebas, por volta de 1550 a. C., Amósis I expulsa os hicsos e funda o Império Novo, mantendo a cidade como sua capital. É então que ela se torna um dos maiores centros urbanos do mundo antigo. Tempos depois, em alusão à destruição de Tebas por Assurbanipal, em 664 a.C., segundo a Bíblia, o profeta hebreu Nahum lança a seguinte indagação: "Nínive, será que você é melhor do que Tebas, a capital do Egito? Ela também era protegida por um rio: o Nilo era como um muro que a defendia. Tebas dominava o Egito e a Etiópia; era a cidade mais poderosa do mundo, e o país da Líbia era seu aliado. Mesmo assim o povo de Tebas foi feito prisioneiro; eles foram levados para fora do seu país, as crianças foram esmagadas nas esquinas das ruas, e os inimigos tiraram a sorte para ver quem ficava com as pessoas mais importantes e depois as levaram embora presas com correntes" (Naum, 3:8.).

TECELAGEM. A arte de urdir fios ou fibras para confeccionar tecidos já era conhecida na Antiguidade africana. Talvez ainda na pré-história, primeiro usavam-se pelos de animais, como a lã do carneiro, depois, começou-se a utilizar fibras vegetais transformadas em fios, como foi o caso dos egípcios, que usavam linho, e dos povos bantos da África Meridional que, desde tempos bastante remotos, utilizavam a ráfia na confecção de tecidos. Segundo A. Costa e Silva (2008), em muitas regiões africanas, nos tempos pré-coloniais, o tear era peça indispensável nas casas de família, o que muitas descobertas arqueológicas em sítios do leste ao oeste africano confirmam. E, já em tempos mais próximos, não só nesses núcleos familiares, mas também em oficinas profissionais, como as de Kano, no norte da Nigéria, fabricavam-se tecidos de alta qualidade. Desde o século XIII, ainda segundo Silva, tecidos belos e duradouros eram exportados para a Europa, embora os teares africanos fossem estreitos, produzindo tiras de no máximo 25 cm de largura, como as do que no Brasil escravista se chamou "pano da costa". Usando vários tipos de teares, desenvolvidos ao longo dos tempos, homens e mulheres africanos dedicavam-se, à arte e ao ofício da tecelagem. Até os dias atuais, o gosto pelos tecidos vistosos é uma característica dos povos africanos; gosto esse que remonta, sem dúvida, a uma arte e um ofício desenvolvidos no próprio continente desde a Antiguidade.

TECORIDEAMANI. *Ver* TAQUIEDAMANI.

TEDA. Povo habitante do Saara, localizado a cerca de 800 km do Mediterrâneo. Tidos por alguns escritores como "brancos de pele negra", são, segundo Mauny, efetivamente negros e descendentes de populações negras do período neolítico. *Ver* GARAMANTES.

TEFNACTE (TEFNAKHT). Governante egípcio (c. 724-712 a.C.), profeta da deusa Neith e sacerdote de Ptah. Príncipe do nomo egípcio de Saís e senhor de todo o oeste ao tempo do faraó Piye. Alguns historiadores não o reconhecem como faraó, apenas como príncipe. Governou de Saís, intitulando-se "grande chefe dos Libu (*ver* LEBU) e grande príncipe do oeste", e fundou a XXIV dinastia. Conseguindo desvencilhar-se de Piye, no avanço deste até o Delta com apoio dos assírios, foi, entretanto, derrotado por ele logo depois, reconhecendo sua grandeza e rogando-lhe clemência, segundo Draper (2008). Embora vencido, retomou o poder quando Piye retornou a Napata. *Ver* PIYE; XEXONQ.

TEHENU. Nome pelo qual a Líbia é referida numa estela do faraó Menefta ou Merneptá. *Ver* TEMEHU.

TEKRUR. *Ver* TAQRUR.

TEQUE (BATEQUE). Povo da região central e meridional da atual República Popular do Congo. Integrando as populações que migraram dos Camarões para a bacia do rio Congo entre os anos 1000 e 200 a.C., seus ancestrais provavelmente criaram o primeiro núcleo de civilização na África Central. Trabalhando o ferro, o cobre, a ráfia e a cerâmica, estabeleceram, na confluência dos rios Ogoué e Mpasa, um ponto mercantil importante. No século XIII d.C., o império Bateque constituía uma poderosa força na região.

TEQUERIDEAMANI. Soberano de Cuxe em Meroe, em c. 246-266 d.C., à época do imperador romano Treboniano Gallo.

TEQRUR. *Ver* TAQRUR.

TEL-EL-AMARNA. *Ver* AMARNA.

TEMEHU. Nome pelo qual eram chamados os primitivos habitantes da Líbia, os quais se dividiam em dois grupos: Tehenu, ao norte, e Nehesi, ao sul. Segundo Winters, por volta de 2200 a.C., os primeiros, deslocados até o Alto Nilo, teriam começado a erguer Cuxe, a partir de Querma, na região de Dongola. Ainda consoante Winters, Diop lembra que o mais antigo substrato da população líbia era uma população negra do Saara meridional. *Ver* LEBU.

TENERÊ. Planície do Saara, a oeste do Hoggar.

TENUTAMON. *Ver* TANUTAMON.

TEOLOGIA MENFITA. Nome pelo qual se tornou conhecido o conjunto de textos quemétricos sobre a criação do universo, elaborado durante a XXV dinastia e, por isso, também referido pelos egiptólogos de língua inglesa como *The Shabaka Text*, ou seja, "o texto de Xabaca". *Ver* XABACA.

TEOS. Faraó egípcio (c. 365-360 a.C.) da XXX dinastia, em Sebenytes, Época Baixa.

TERÊNCIO. Nome pelo qual passou à história o poeta Publius Terentius Afer (c. 185-159 a.C.), nascido e falecido em Cartago. Autor consagrado, foi escravo de Terêncio Lucano, que o alforriou. Referido sempre como "de origem africana", circunstância presente inclusive em seu sobrenome ou epíteto, "*Afer*", sua verve humorística foi modelo para escritores clássicos franceses, como Molière.

TERITEDACATEY. Rei de Cuxe em Meroe, em c. 194-209 d.C.

TERITNIDE. *Ver* ARETNIDE.

TERTULIANO. Nome pelo qual era conhecido Quintus Septimius Florens Tertullianus (c. 155-222 d.C.), sacerdote e mestre católico nascido e falecido em Cartago. Pelas obras que legou à posteridade, é reconhecido como construtor de uma linguagem teológica inovadora.

TETI (OTHOES). Faraó egípcio da VI dinastia (c. 2320 a.C.). Em novembro de 2008 era noticiada a descoberta do túmulo da rainha Sechseset, mencionada então como sua mãe, porém referida como sua filha em Clayton (2004). Em notícia publicada em *O Globo* em 12.11.2008: "Pirâmide de 4,3 mil anos achada no Egito...", ressalta-se o fato de que a rainha era "uma grande colecionadora de fórmulas para alisar os cabelos", o que é um dado importante no estabelecimento das origens étnicas de alguns governantes egípcios. *Ver* EGÍPCIOS, Etnicidade dos.

TETIXERI. Rainha do Egito, mulher do faraó Taa ou Tao; avó e tutora do faraó Amósis.

THAÍS. Penitente egípcia do século IV d.C., canonizada pela Igreja Católica como Santa Taís. Segundo a tradição, depois de viver como cortesã, foi convertida por São Pafúncio, que a levou a um convento onde, em penitência, depois de dois anos a pão e água, veio a falecer. Seu martírio foi assunto do romance *Thaís*, de Anatole France, e da ópera de mesmo nome, composta por Massenet.

THOTH-HOTEP. Príncipe da Antiguidade egípcia. Viveu por volta de 1450 a.C., época da rainha Hatchepsut e do faraó Ramsés III, e era "nascido de pais núbios, a julgar por seu nome", segundo Save-Söderbergh. O segundo elemento desse nome, "hotep", está presente ainda em "Amen-hotep", também transliterado como "Amenófis", o que leva a supor a mesma origem núbia para os faraós assim chamados. Nesses, o elemento "Amen" seria uma forma para o nome do deus Amon, integrando o nome real, da mesma forma que o do deus Thoth. *Ver* MENTUHOTEP.

THUTMÉS. Ver TUTMÉS.

TIBESTI-HOGGARI. Região montanhosa e fértil do Saara, estende-se por cerca de 700 km no nordeste da atual República do Chade, próximo à fronteira com a Líbia. Seu território abriga os pontos culminantes do Saara, bem como diversos oásis.

TICHITT. Civilização florescida nas proximidades da atual Mauritânia, ao norte do rio Senegal, provavelmente entre 1400 e 1220 a.C.

TIFÃO. Nome atribuído por Heródoto ao irmão assassino do deus egípcio Osíris. É provavelmente helenização do nome Seth.

TIGRÉ. Região no norte da Etiópia, atualmente constitui uma província. Também denominação de um grupo étnico natural da região.

TIN HINAN. Heroína fundadora do povo Tubu, no Tibesti, descendente dos antigos trogloditas. Tida como ancestral dos tuaregues e, pelo lado materno, de todos os nobres das tribos saarianas. *Ver* TUAREGUES.

TINIS. Antiga cidade egípcia próxima a Abidos, a cerca de 550 km ao sul da atual cidade do Cairo. É tida como o berço dos faraós do período dinástico inicial, a chamada "época tinita".

TINITA, Época. Referente a Tinis, capital do Egito à época arcaica. A época tinita é o período da história egípcia compreendido mais ou menos entre os governos da I e da II dinastias.

TIRACA. O mesmo que Taharca: "Os assírios souberam que o exército dos egípcios, comandado pelo rei Tiraca, da Etiópia, vinha atacá-los. Quando o rei da Assíria soube disso, mandou uma carta para o rei Ezequias, de Judá" (Bíblia, Segundo Livro dos Reis, 19:9).

TÍTULOS FARAÔNICOS. *Ver* FARAÓS: Nomes e títulos.

TIY. Esposa do faraó Amenhotep III da XVIII dinastia. Embora não pertencesse a nenhuma linhagem real, teve grande influência na condução dos negócios de Estado e foi a primeira a usar o título de "Grande Esposa Real". Segundo Laffont, foi a mais letrada das rainhas do Egito.

TOQUILTOÉTON. Rei da Nobácia, após Silco.

TÓTEM. Cada um dos espíritos benéficos que, segundo antigas tradições, inclusive africanas, protegem determinados grupos, como famílias, clãs e tribos. *Ver* RELIGIÕES.

THOTH. Nome adotado pelos gregos para designar o deus Djeheuty, divindade cultuada principalmente no Alto Egito e na Núbia, criador e patrono da escrita, dotado de grandes poderes mágicos. *Ver* HERMES TRISMEGISTO.

TOUCOULEURS. *Ver* TUCULER.

TRANSAARIANO, Comércio. O comércio através do Saara baseava-se, na Antiguidade, principalmente em três espécies de mercadorias: ouro, sal e escravos. À época de Cartago e da colonização fenícia, um intenso fluxo comercial através do grande deserto, interligando várias partes do continente, favoreceu a introdução de vocábulos, bem como a difusão de ideias e objetos novos na cultura negro-africana. *Ver* ROTAS DE COMÉRCIO.

TRANSVAAL. Província setentrional da África do Sul. A povoação da área iniciou-se aproximadamente entre 300 e 400 d.C., quando migrantes bantos, vindos da região dos Grandes Lagos, passando pelas terras altas a oeste do lago Niassa, alcançaram as proximidades das nascentes do rio Limpopo para fixarem-se nos sítios de Mapunguve e Bambandianalo.

TRIBO. A primeira forma de organização social humana foi a família, assim compreendido o conjunto de indivíduos unidos por laços de consanguinidade e cultuando um ancestral comum, sacralizado como divindade doméstica. Esse culto exclusivo, segundo Coulanges, não permitia que duas famílias se misturassem ou confundissem. Mas ocorria também a união de duas ou mais famílias para celebrar outro culto comum. Assim foi que surgiu o que entre os romanos se chamou *curia* e entre os gregos *fratria*, cada uma com seu chefe e com sua divindade protetora, propiciada com sacrifícios, alimentos e bebidas. Essas unidades, por sua vez, crescendo naturalmente, deram lugar às tribos, cuja divindade principal era também seu herói fundador, que lhe dava o nome. Embora os estudos de Coulanges se restrinjam a Roma e Grécia, tudo nos leva a entender que essa evolução tenha ocorrido também, dentro das devidas proporções, nos principais polos de civilização da África. Sabe-se hoje que, já a partir do IV milênio a.C., povos africanos, inicialmente reunidos em pequenas comunidades mais ou menos autossuficientes, teriam começado a constituir suas primeiras unidades políticas.

TRIPOLITÂNIA. *Ver* LÍBIA.

TROGLODITAS. Antigo e lendário povo localizado, de acordo com escritos clássicos, na Etiópia. Seus indivíduos são descritos como moradores de cavernas que se alimentavam de serpentes, lagartos e outros répteis. Utilizavam uma linguagem verbal completamente diversa daquelas dos outros povos, que parecia "guinchos de morcegos", segundo Heródoto. Conforme Bainier, ao final do século XIX d.C., seus descendentes constituíam o grupo populacional dos ababdahs, no Egito, e dos bicharieh, na Etiópia. Como informa Ki-Zerbo, os tubus do Tibesti descendem também desses trogloditas. *Ver* NEHÉSIS.

TSAVI TERHAQ VARADA. Soberano etíope (c. 723-674 a.C.) da dinastia de Meneliq, consoante listagem provavelmente extraída do *Kebra Nagast*; cf. www.rastafarionline.com. *Ver* TAHARCA.

TUAREGUES. Uma das tribos berberes do Saara. Provavelmente descendente dos garamantes ou dos chamados "atlantes", nome genérico das populações que habitavam o entorno das montanhas Atlas, sendo talvez os primeiros habitantes do Saara. *Ver* TIN HINAN.

TUBU. Povo saariano da região do Tibesti-Hoggari. *Ver* TIN HINAN; TROGLODITAS.

TUCULER (TOUCOULEURS). Denominação de um grupo étnico oeste-africano localizado a partir do atual Mali. Conforme ensina Cheikh Anta Diop, os tuculeres são originários da bacia do Nilo, mais especificamente da Núbia. A partir da existência na Etiópia de um povo conhecido como Teqrouri, Diop admite que os tuculeres sejam parte desse povo; e que a região do Taqrur, em vez de dar seu nome a eles, teria recebido dos teqrouris a sua denominação. Segundo suas próprias tradições, os tuculeres se dizem oriundos da região do Nioro, no atual Sudão. Alguns autores, equivocadamente influenciados pela forma francesa *toucouleurs*, traduzem o nome, em português, para "tucolores". *Ver* TAQRUR.

TUNÍSIA. País africano do litoral do Mediterrâneo, outrora parte de Cartago. Na Antiguidade, fenícios, gregos e romanos viram o domínio da região como questão estratégica. Área de considerável riqueza agrícola e mercado de consumo promissor, o atual litoral tunisiano era local de escoamento de mercadorias e matérias-primas que vinham do interior do continente em direção ao Mediterrâneo. A população berbere, etnicamente próxima dos egípcios e semitas, a princípio admitiu a presença dos estrangeiros. Mas resistiu ao controle sobre extensões mais amplas, como no caso da presença romana em Cartago (Tunísia e Argélia) e da grega na Cirenaica e na Líbia.

TUTANCAMON (TUTANKHAMON). Faraó egípcio da XVIII dinastia, reinante no Império Novo, nascido Tutancaton, filho da rainha Tiy. Subiu ao trono com cerca de 10 anos de idade, quando da morte de Aquenaton, pai da princesa Anquesenpaton, mais tarde sua mulher. Sucedendo Semenqcarê, assumiu o poder na capital Aquetaton e, efetivamente no governo, depois de restabelecer o proscrito culto de Amon, levou a capital do reino novamente para Mênfis. Embora não tenha sido um governante dos mais importantes, a descoberta, em 1922, de seu túmulo e sua múmia, praticamente intacta, fez dele um dos soberanos egípcios mais presentes no imaginário popular a partir do século XX. Morreu, provavelmente assassinado, com cerca de 18 anos, sem deixar herdeiro ou sucessor.

TUTMÉS (THUTMÉS). Nome de quatro faraós da XVIII dinastia egípcia, no Império Novo. **Tutmés I** – Filho e sucessor de Amenófis I. Venceu os núbios de Querma, expandiu suas fronteiras até os pântanos de Quebeh e desafiou os assírios. Sob seu reinado, o Egito ascendeu à condição de grande potência. **Tutmés II** – Tornou-se faraó por casamento com a rainha Hatchepsut, filha de Tutmés I. Foi assassinado, segundo consta, pela própria rainha, e quem assumiu seu posto foi seu filho bastardo, com o nome de Tutmés III. **Tutmés III** – Príncipe núbio, era, segundo Obenga (1973), o filho bastardo que o segundo Tutmés levou para a corte faraônica. No poder, estendeu seus domínios até a Ásia, inaugurando a era do imperialismo egípcio. Com a ajuda da rainha Hatchepsut, tornou-se o mais brilhante dos faraós egípcios, reinando, depois da morte dela, ainda por mais 25 anos. Antes desse Tutmés, nenhum faraó fez a guerra de conquista de forma tão organizada e eficiente. Com ele, o Estado egípcio atingiu o maior momento de sua expansão territorial, subjugando povos e reinos, da Núbia até a Mesopotâmia. Com um grande exército, poderoso e bem preparado, graças a inovações bélicas aprendidas durante o domínio hicso, fez 17 incursões à região do Retenu, atacando Kadesh e cercando Megido. Até as vésperas de sua morte, todos os reinos das margens do Eufrates até a quarta catarata do Nilo, na Núbia, eram tributários do Egito, seu poder tendo chegado até a Europa mediterrânea. Segundo Anta Diop, era filho de mãe núbia, conforme já mencionado; e, para Ki-Zerbo, a reprodução de seu rosto mostra evidentes traços negro-africanos. **Tutmés IV** – Governou aproximadamente entre 1400 e 1390 a.C., sendo provavelmente o mesmo Tutmés mencionado por Brissaud como vice-rei da Núbia.

TUTMÓSIS. Uma das transliterações do nome Tutmés.

TXINGÚLI. *Ver* QUINGÚRI.

UADJI. Faraó egípcio da I dinastia (c. 2900-2700 a.C.), época arcaica ou tinita. Empreendeu expedições ao mar Vermelho, para explorar minas existentes na região.

UADJNÉS. Faraó da II dinastia egípcia (c. 2700-2650 a.C.), à época arcaica ou tinita.

UAGADUGU. Nome vernáculo do antigo Gana. Na atualidade, é a denominação da capital de Burkina-Fasso.

UALATA (OUALATA, WALATA). Sítio arqueológico na atual Mauritânia, onde, por volta de 1400 a.C. grupos sedentários se instalaram, até Tichitt, às margens o antigo lago de Aoucar, hoje desaparecido, desenvolvendo uma civilização de agricultores, pescadores e pastores. Com a dessecação e a insegurança crescentes na região, os habitantes retiraram-se para o planalto, onde construíram cidades fortificadas. *Ver* TICHITT.

UANGARÁ (OUANKARAH). Um dos antigos nomes da região entre o Senegal e o cabo Lopez, no atual Gabão.

UASET. Nome original egípcio da cidade de Tebas.

UAUAT. Nome de uma das províncias ou nomos em que o país de Cuxe era dividido. Tributária do Egito à época da VI dinastia, seu nome, por extensão, foi usado para designar a Baixa Núbia em antigos textos egípcios.

UBRI. *Ver* UEDRAOGO.

UEDRAOGO. Fundador do reino Mossi, também mencionado como Yamba Uedraogo. Filho, segundo a tradição, de uma princesa do povo Dagomba chamada Ienenga, com um caçador mandê, Riale; ainda na juventude, com um grupo de seguidores, migrou para o norte, onde fundou a aldeia de Tencodogo. Mais tarde, enviou três de seus filhos, à frente de um batalhão de cavaleiros, para a região do rio Volta, em missão de conquista de novas terras. No século XV, seus descendentes tinham fundado mais de vinte reinos e assimilado vários povos, constituindo o grupo étnico Gurmantchê. Nessa descendência, a mais importante dinastia foi a que deu origem ao Uagadugu, o antigo Gana, aproximadamente em 1495, fundado por seu neto, Ubri, o qual se autodenominou "mogho naaba", título que significa "rei do mundo", adotado pelos soberanos que o sucederam.

UENTAUT. Vice-rei da Núbia à época de Ramsés II.

UMA. *Ver* OUNA.

UNAS. Faraó da V dinastia egípcia (c. 2494-2345 a.C.), época menfita.

UNEG. Faraó egípcio da II dinastia, sucessor de Ninetjer. Seu poder parece ter-se restringido a Mênfis.

UOLOFE. Povo da Senegâmbia, fundador do reino Uolofe ou Jolof, aparentado ao povo Serere.

UPEMBA, Cultura de. Civilização surgida entre os lagos Niassa e Tanganica entre 600 e 500 a.C. *Ver* GRANDES LAGOS.

URAEUS. Denominação da espécie de coroa que adornava a cabeça dos faraós egípcios, simbolizando seu poder, na cor vermelha para o Baixo Egito e na cor branca para o Alto, com os respectivos símbolos. Quando o soberano dominava ambas as regiões, o uraeus consistia numa combinação das duas coroas.

URDEMANE. *Ver* ERDA AMEN AUSEIA.

UREWE. Conjunto de centros metalúrgicos localizados, entre 650 e 500 a.C., numa vasta extensão territorial compreendida entre os atuais Congo-Quinshasa e Tanzânia, passando por Burundi, Ruanda, Quênia e Uganda. Criado por povos bantos vindos do centro do continente, foi o mais antigo núcleo de produção siderúrgica em solo africano. *Ver* METALURGIA.

USERCAF. Faraó fundador da V dinastia egípcia, época menfita, sucessor de Shepsescaf. Construiu o primeiro templo solar, em Abusir, ao norte de Sacará.

USERCARÊ. Faraó da VI dinastia egípcia entre os séculos XXIV e XXII a.C.

USERMAATRE. Título comum a vários faraós egípcios, inclusive o núbio Piye, nos quais se identificam os elementos *maat* e *Re*, prováveis referências ao poder divino desses soberanos.

USERTSEN. Uma das transliterações para o nome Senusret.

VALE DOS REIS. Localidade egípcia na parte oeste de Tebas. Sediou a principal necrópole do Egito faraônico, abrigando os restos de quase todos os faraós reinantes do século XV ao XI a.C., segundo Hart.

VÂNDALOS. Grupo de povos germânicos localizados em parte da Escandinávia. Oriundos da região entre o rio Oder e o mar Báltico, em 429 d.C. cruzaram o estreito de Gibraltar e fundaram um reino na atual Tunísia, destruído pelo general bizantino Belisário em 534 d.C., cinco anos depois de terem tomado e saqueado Roma. *Ver* ÁFRICA ROMANA.

VHALEMBA. *Ver* LEMBAS.

VITÓRIA. Lago africano, com cerca de 68 mil km² de superfície, entre Quênia, Uganda e Tanzânia. *Ver* GRANDES LAGOS.

VIZIR. Primeiro-ministro. Título árabe utilizado pela historiografia tradicional para designar o auxiliar mais próximo e influente de cada um dos faraós do Egito.

VOLTA. Denominação de um rio na atual República de Gana, com cerca de 1.600 km de extensão. É formado pela união de três rios nascidos no território da atual Burkina-Fasso, e forma, também em solo ganense, o importante lago Volta.

WALATA. *Ver* UALATA.

XABACA (SHABAKA). Soberano de Cuxe e faraó do Egito também intitulado Nefercare. Sucessor de Piye, deu prosseguimento à tomada de Mênfis, levada a efeito por seu antecessor, utilizando uma força de ocupação mais permanente. No primeiro ano de seu reinado em Napata, avançou sobre Saís, sede do poder da XXIV dinastia, num combate em que tombou morto o faraó Bocoris. Liquidando com sua ação todos os outros príncipes, tornou-se senhor do delta e do vale do Nilo e estabeleceu-se em Mênfis, como fundador ou consolidador da XXV dinastia. Embora governantes locais mantivessem relativa independência, o Estado unificado do Egito e de Cuxe, sob seu comando, tornou-se uma grande potência, tendo como único rival da Assíria, cuja expansão teve início no século IX a.C. Segundo Cherubini, citado por Anta Diop, a autoridade de Xabaca foi reconhecida pelos egípcios, menos como a de um inimigo que impõe a lei pelas armas em meio à anarquia reinante, e mais como a de um regenerador das instituições tradicionais, partilhando as mesmas ideias e crenças, garantindo, com seu poder, a independência do Egito ante os invasores asiáticos. Em 705, após a morte do imperador assírio Sargão II, promoveu uma aliança com Ezequias, rei de Israel. Seu reinado, ainda segundo Cherubini, foi sempre lembrado como de tempos felizes e sua dinastia reconhecida entre as famílias nacionais ocupantes do trono egípcio. Numa visita de inspeção feita ao templo de Ptah, Xabaca constatou a destruição de importantes textos sagrados escritos em papiro; então, ordenou que os remanescentes fossem entalhados em granito. Séculos depois, entretanto, a "pedra de Xabaca", como ficou conhecido o que restou desse acervo, acabou por ser transformada em pedra de moinho, condição em que foi encontrada por arqueólogos, na forma de uma roda com um orifício no meio. Mas alguma coisa das inscrições contidas nela, que hoje se encontra no Museu Britânico, ainda pode ser lida e decifrada. Formulado por sacerdotes de Mênfis e anterior ao nascimento da filosofia grega, esse texto — celebrizado como *Shabaka Text*, i. e., o texto ou "inscrição" de Xabaca — enfeixa a mais antiga visão do mundo ao redor do Mediterrâneo e é unanimemente reconhecido como um dos mais preciosos tesouros do pensamento egípcio. Observe-se que o nome Xabaca parece encontrar correspondência no título *kabaka*, privativo do rei do Buganda. *Ver* CABACA; SOFONIAS; TEOLOGIA MENFITA.

XABATACA. Soberano de Cuxe em Napata, sucessor de Xabaca, também mencionado como Xebitcu. Enviou à Ásia um exército comandado por seu irmão Taharca, para dar combate a Senaqueribe. Integrando a XXV dinastia de faraós do Egito, teve, entretanto, uma atuação muito fraca e entregou o poder a Taharca, soberano enérgico e decidido. O nome Xabataca encontra correspondência no título *Ssaabataka*, que designava o chefe dos cabeças de linhagem no reino de Buganda. *Ver* XABACA.

XAMINUCA e NEHANDA. Casal real, irmãos, heróis fundadores do povo Xona, no território do atual Zimbábue. Segundo a tradição, por volta de 300 d.C., lideraram seu povo na migração até o território em que se fixaram, ensinando-lhes a metalurgia e a agricultura. Segundo D. W. Phillipson, citado por Obenga (1985), os ciclos migratórios bantos que atingiram a região, provenientes dos Grandes Lagos, ocorreram exatamente entre 300 e 400 d.C. *Ver* CASAMENTO REAL.

XANAQDAQUETE (SHANAKHDAKHETE). Rainha de Meroe, em c. 170-150 a.C. Não foi soberana por direito hereditário ou rainha-mãe, mas sim uma governante por direito próprio, totalmente independente. Eleita pelo colégio eleitoral de Meroe num momento em que, provavelmente, o direito de primogenitura não estava em vigor, impôs-se como soberana, fazendo triunfar a estrutura matriarcal que caracterizou a civilização meroítica.

XANGÔ. Herói mítico iorubano, tido como primeiro alafim (rei) de Oió. Sua existência real, em torno do século XI d.C., é afirmada por diversos historiadores. Segundo uma tradição copta, difundida por Morie, citada por Pedrals e Cheikh Anta Diop e constante, segundo eles, de um opúsculo traduzido do árabe e publicado em Paris em 1666, sob o título *L'Egypte de Mourtadi, fils du Graphiphe*, os tempos remotos conheceram um rei núbio-egípcio chamado Shango, Iacouta ou Quevioso – o que parece remeter a alguns dos nomes pelos quais é conhecida a divindade oeste-africana dos raios e trovões, Xangô, inclusive nas Américas e no Brasil. Ademais, segundo ambos, a expressão Obba-Kouso ("Obá-cossô", em terra brasileira), que é um dos epítetos de Xangô, seria, no segundo elemento, referência a Kush (Cuxe). Morie cita ainda outras divindades iorubanas, associando-as à civilização núbia. *Ver* IORUBÁS; OIÓ.

XARAXEN. Rei dos blêmios. Capitulou ante os romanos tendo que firmar um severo tratado de paz imposto por Marciano, rei de Bizâncio em 453 d.C.

XEBITCU (SHEBITQO). *Ver* XABATACA.

XEPENUPET. *Ver* DIVINAS ADORADORAS.

XEPSESCAF. Último faraó egípcio da IV dinastia, em Mênfis, filho e sucessor de Mencaure ou Miquerinos.

XEPSESCARÊ. Faraó egípcio, filho e sucessor de Neferircarê.

XERCARER. Rei de Cuxe em Meroe, em c. 20-30 d.C.

XESEP-ANQH-N-AMANI. *Ver* BARTARE.

XEVA (XOA). Antigo principado etíope independente, localizado na região montanhosa próxima à atual Adis Abeba. Segundo algumas hipóteses, teria sido o local, entre os anos 1000 e 400 a.C., onde se teriam verificado os primeiros contatos dos ancestrais dos atuais povos bantos com populações nilóticas. Já no século XVI d.C., foi governado por um ramo da dinastia imperial fundada por Abeto Yakob. *Ver* ETIÓPIA; NILÓTICOS.

XEXONQ. Nome de cinco governantes egípcios de origem líbia, integrantes da XXII dinastia, bubastita, durante o confuso Terceiro Período Intermediário. **Xexonq I** – Sua ascensão ao trono, iniciando sua dinastia e sucedendo Psusenes I, aliado dos hebreus, causou o enfraquecimento do poder de Salomão em Israel. Sob suas ordens, a capital egípcia passou de Tanis para Bubastis, mais afastada da fronteira. Em lugar de continuar a velha política de entendimento e casamentos reais, Xexonq acolheu um edomita, inimigo de Israel, promovendo seu casamento com uma cunhada. Acolheu também um rebelde israelita, Jeroboão (c. 930-910 a.C.), opositor de Salomão, o qual só voltou a Israel após a morte deste, para fundar a III dinastia local e governar à moda egípcia. Soberano audaz, em meio ao retraimento que o Egito experimentava no século X a.C., por volta de 920, Xexonq invadiu Israel. **Xexonq II** – Filho de Osorcon I, sucedeu-o no trono, depois de ter sido sumo sacerdote de Amon em Carnac e seu corregente, mas faleceu prematuramente. **Xexonq III** – Seu reinado foi marcado pelo surgimento de uma dinastia rival, a XXIII, encabeçada por Petubástis, em Tanis. **Xexonq V** – Governou paralelamente à instalação da XXV dinastia, a cuxita, provavelmente apenas como nomarca de Busíris, sendo, entretanto, desalojado por Tefnact, príncipe de Saís. Sobre o quarto Xexonq, ao tempo do faraó cuxita Piânqui, consta que foi entronizado mas não chegou a reinar.

XILUQ (SHILLUK). Grupo étnico do atual Sudão, localizado na margem esquerda do Nilo Branco. Segundo Granguillhome, constitui o único resíduo importante dos povos chamados "pré-nilóticos", pois seus ancestrais teriam migrado do oeste antes do ano 4000 a.C.

XOA. *Ver* XEVA.

XONAS. Povo da África Meridional. *Ver* ZIMBÁBUE.

XONOUPHIS. Filósofo egípcio. Tido como mestre de Platão em Mênfis. Também teria recebido como discípulos Eudóxio de Cnide, Símias, Elopion.

XU (SHU). Divindade primordial egípcia, juntamente com Tefnut. Representa o Sopro Vital, o ar que, penetrando pelas narinas, possibilita a vida. Segundo algumas tradições, Shu e Tefnut teriam vindo da Núbia para serem os protetores do Egito. *Ver* EXU.

YAM. *Ver* IAM.

ZAGHAUA. Grande reino mencionado como "pagão" pelos árabes no século X d.C. Estendia-se da Núbia ao Níger e compreendia o Cauar, o Canem, o Ouadaï e uma parte do Darfur (conforme Lebeuf e Detourbet).

ZAMA. Localidade da Numídia na qual os cartagineses foram derrotados por Cipião, o Africano, em 202 a.C.

ZAMBEZE. Rio do centro-oeste do continente africano com 2.570 km. Nasce no noroeste da Zâmbia e corre para o sul, por Angola, até desaguar, depois de um percurso de 2.600 km, no canal de Moçambique. Entre 500 e 400 a.C., a metalurgia do cobre chegou à região. Mais tarde, a extração de ouro motivou o florescimento de vários reinos como o de Mutapa ou Monomotapa, Urunguwe, Barue, Manica etc. *Ver* ZÂMBIA; ZIMBÁBUE.

ZÂMBIA. País da África Central, limítrofe com Angola, República Democrática do Congo, Tanzânia, Malaui, Moçambique, Zimbábue, Botsuana e Namíbia. Localizado bem no coração da África bantófona, a região foi cenário de intenso intercâmbio entre povos e de importantes eventos históricos. Entre c. 400 e 500 d.C., uma vaga migratória de povos bantos provenientes do leste alcança a área ocidental da região, próxima à atual fronteira de Angola. No século VII d.C., habitantes da região trocam cobre por contas de vidro e conchas marinhas vindas do exterior, até que cerca de três séculos mais tarde chegam, através do Zambeze, os primeiros mercadores árabes e indianos, trazendo roupas, armas e porcelanas chinesas, e levando marfim, ouro e cobre através do oceano Índico. *Ver* ZIMBÁBUE.

ZARZAS. Comandante de um corpo de africanos que em c. 240 a.C. deu combate a Amílcar Barca, a serviço dos romanos durante a primeira Guerra Púnica.

ZAUARE NEBRET ASPURTA. Soberano etíope (c. 602-561 a.C.) da dinastia de Meneliq, segundo listagem provavelmente extraída do *Kebra Nagast*; cf. www.rastafarionline.com. *Ver* ASPELTA.

ZE. Título de alguns soberanos etíopes de Axum, como Ze Elauda, Ze Cauissia etc., e provavelmente Zera. Parece ser título dinástico comparável ao "De" dos reis de Abomé ou Allada, no antigo Benin, nos séculos XVI-XVII. Por exemplo: De Troion, De Misé. Esse "dé", no idioma fongbé, está ligado à ideia de imortalidade.

ZEQUÉN. Faraó do Egito no período pré-dinástico tardio, anterior a Narmer (segundo Baines e Málek).

ZENAGAS. Povo berbere expulso do Magreb, numa época imprecisa, por seus aparentados zenetes. Seu nome é corruptela de Senhadja. *Ver* SENEGÂMBIA.

ZERA. Um dos nomes ou título de Qadamawi Sera I ou Tomai, governante etíope (c. 949-923 a.C.) da linhagem de Meneliq. Leia-se, no Antigo Testamento, no livro *Crônicas*: "Um etíope chamado Zera marchou contra Judá com um exército de 1 milhão de homens e 300 carros de guerra e avançou até a cidade de Maressa. Asa [rei de Judah em 911-870 a.C.; o rei de Israel, seu inimigo, era Baasa] saiu para lutar contra ele; e os dois exércitos se prepararam para a batalha no vale de Zefata, perto de Maressa (...) Quando Asa e seus soldados atacaram, Deus derrotou os etíopes e eles fugiram, sendo perseguidos por Asa e pelo seu exército até Gerar. Todos os etíopes foram mortos; não ficou nem um só com vida, pois foram derrotados pelo Deus eterno e pelo seu exército" (2 Cr, 14, 9-13). *Ver* DINASTIAS ETÍOPES.

ZIMBÁBUE, Grande. Sítio histórico no extremo sul do planalto do Zimbábue, entre os rios Zambeze e Limpopo. Construções monumentais, com extensos muros de mais de 10 m de altura, dão conta da existência, no local, de uma próspera cidade que abrigou, no seu auge, uma população calculada entre 10 mil e 17 mil pessoas. No início do século XX, o egiptólogo Randall-Mac Iver estabeleceu a datação aproximada das ruínas (o sítio fora abandonado no século XVII, tendo seus habitantes rumado para o litoral de Moçambique) e descartou a hipótese da origem árabe das construções, como fora suposto, comprovando serem elas absolutamente africanas em sua concepção e execução. Embora o sítio onde se situam essas ruínas tenha sido habitado desde o século III d.C., as edificações de pedra só começaram a ser levantadas depois do século XI. Elas são tentativamente associadas à ocupação dos xonas. Entretanto, os mais finos padrões de arte arquitetural ali encontrados datam, segundo o *Dictionary of World History*, do período da dominação do clã Rozwi, em c. 1440. O arqueólogo belga Roger Verly, citado por Obenga (1973), viu, nas edificações do Grande Zimbábue, analogias com as sepulturas egípcias do Antigo Império, da época menfita. Segundo Obenga, modernas pesquisas arqueológicas, utilizando o método do Carbono 14, datam Zimbábue do século IX e não do XV, como antes se imaginava. **O Reino** – O surgimento do reino de Zimbábue marca um momento importante na história do povo Xona. Em tempos remotos, tribos da Idade do Ferro percorriam desorganizadamente as terras altas da região. Depois, a exploração das minas, ativada pelo comércio, obrigou as populações a se fixarem ao redor das jazidas e construir aldeias. Formaram-se chefaturas, as mais poderosas crescendo por meio da submissão de outras. Essa a gênese do Zimbábue, Estado fundado pelo povo Caranga, já na Era Cristã, no século VI, segundo uns, ou no século XIII, segundo outros, e que desapareceu no início do século XVI. Oriundos da região do lago Tanganica, os ancestrais dos xonas de hoje deslocaram-se em migrações sucessivas, na direção sul, chegando às regiões mais meridionais e ao sudeste do atual Zimbábue. Fixando-se na terra, acabaram por subdividir-se em grupos clânicos, como os até hoje denominados carangas (xonas do sul), zezurus, rózuis (lozis ou barotses), manicas, tauaras etc. No monte Mântua, o povo Caranga, mais especificamente o clã dos rózuis, que constituía a classe dominante, ergueu, em honra dos espíritos dos antepassados, um santuário e outras edificações às quais deram o nome de *Dzimba Dzemaue*, "as casas de pedra". Segundo algumas fontes, os antigos xonas eram guerreiros belicosos e grandes comerciantes. Seus chefes usavam capas de peles de animais selvagens, cujas caudas arrastavam pelo chão, como sinal de dignidade e autoridade. Suas espadas, levadas do lado esquerdo da cintura, eram ornamentadas com muito ouro; armavam-se também de flechas e lanças pontiagudas. A partir do século XI, os xonas comercializam intensamente com o litoral do Índico. Cerca de dois séculos depois, sua relativa paz é perturbada pela chegada à região de outros povos, como os nguni. Então, o líder Muntoba Xuru Xamutapa empreende campanha militar e domina toda a região entre o Zambeze e o Limpopo, exceto a costa. Passa a ser conhecido como Muene Mutapa e é sucedido por seu filho Matope, que governa ao lado da irmã Niambita, possivelmente também sua mulher. Em 1480 verifica-se a dissidência de outro clã, o Xangamir. Mas o líder Cacuio Comuniaca retoma o poder para o clã Rózui até que chegam os primeiros portugueses. *Ver* MAPUNGUBWE.

ZÍPORA (SIPORÁ). Mulher de Moisés, filha do midianita Jetro. É mencionada em Chavot como "a bela morena Siporá". *Ver* MIDIANITAS.

ZOSCALES. Rei ou, mais provavelmente, governante tributário do reino de Axum no século I d.C.

ZOSER. *Ver* DJOSER.

ZULUS. Povo banto da África Austral. Os zulus pertencem, como os xhosa, ao grupo linguístico Nguni e constituem um dos povos bantos mais meridionais. Os ancestrais dos atuais zulus, no cenário das longas migrações dos povos bantos, parecem ter atingido seu atual território no segundo século da Era Cristã. Lá se estabeleceram em comunidades de aldeias, cultivando grãos como o sorgo e pastoreando gado, que se tornou para eles um importante símbolo de bem-estar e de prosperidade. Como outros grupos ngunis, bem antes de forjarem uma identidade coletiva e uma estrutura política centralizada, os zulus desenvolveram uma língua distinta. Assim, os falantes do idioma zulu só emergiram para a história, como nação, muito mais tarde. Antes disso, só um clã nguni se identificava como "Zulu", aliás, nome de um dos fundadores do clã, ligado à ideia de coisa celeste, excelsitude: "*izulu eliphezulu*, o céu acima", nome sagrado do rei dos zulus segundo C. M. Doke et al., no *English-Zulu: Zulu-English Dictionary*. Segundo Asante, as concepções dos zulus sobre o Universo se revestem do mesmo holismo e da mesma harmonia encontrados na concepção quemética do Maat. *Ver* NGUNI.

BIBLIOGRAFIA/

ADAMS, William Y. "Vicissitudes de uma história: do reino de Cush ao Islã". *Correio da Unesco*, Rio de Janeiro, ano 8, n° 4-5, abr-maio 1980.
ADÉKÒYÀ, Olúmúyiwá Anthony. *Yorubá: tradição oral e história*. São Paulo: Terceira Margem, 1999.
African Encyclopedia. Londres: Oxford University Press, 1974.
Almanaque Abril. 29ª ed. São Paulo: Abril, 2003.
ALCORÃO SAGRADO. Tradução de Samir El Hayek. Rio de Janeiro: Otto Pierre Editores, 1980.
ALVES, Albino Pe. *Dicionário etimológico bundo-português*. 2 vols. Lisboa: Tip. Silvas, 1951.
ANDRIANOV, Boris *et al*. "Regiões histórico-etnográficas". In *O desenvolvimento etnocultural dos países africanos*. Moscou: Academia de Ciências da URSS, 1984 (série África: investigações dos cientistas soviéticos, n° 6).
APPIAH, Kwame Anthony e GATES JR., Henry Louis. *African: the Encyclopedia of the African and African American Experience*. Nova York: Basic Civitas Book, 1999.
ASANTE, Molefi Kete. *The Egyptian Philosophers: Ancient African Voices from Imhotep to Akhenaten*. Chicago: African American Images, 2000.
ASANTE, Molefi Kete e ABARRY, Abu S. (orgs.). *African Intellectual Heritage: a Book of Sources*. Filadélfia: Temple University Press, 1996.
BACHA, Lourdes. *Escritos do Antigo Egito*. Rio de Janeiro: Artium, 1997.
BAINES, John e MÁLEK, Jaromír. *O mundo egípcio: deuses, templos e faraós* (coleção Grandes Impérios e Civilizações, vol. I). Madri: Edições Del Prado, 1996.
BAINIER, P. F. *La geographie*. Paris: Librairie Classique d'Eugène Belin, 1878.
BAUMANN, H. e WESTERMANN, D. *Les peuples et les civilizations de l'Afrique: les langues et l'education*. Paris: Payot, 1948.
BELINGA, S. M. Eno. "Civilisation du fer et tradition orale Ban". *Muntu*, n° 4-5, 1986, Libreville, 1986, p. 12-46.
BERNAL, Martin. *Black Athena: the Afro-asiatic Roots of Classical Civilization*. New Brunswick, New Jersey: Rutgers University Press, vol. I, 1987; vol. II, 1991.
A Bíblia Sagrada. Tradução na linguagem de hoje. São Paulo: Sociedade Bíblica do Brasil, 1988.
Bíblia Sagrada. Petrópolis: Vozes, 1986.
BOAHEN, Albert Adu. *Topics in West African History*. Londres: Longmans, Green and Co. Ltd., 1968.

BOULNOIS, Jean e HAMA, Boubou. *L'empire de Gao. Histoire, coutumes et magie des sonrai.* Paris: Librairie d'Amérique et d'Orient, 1954.

BOYER, O. S. *Pequena enciclopédia bíblica.* 8ª ed. São Paulo: Vida, 1981.

BRANCAGLION JÚNIOR, Antonio. *Egito Antigo.* São Paulo: Abril, 2004 (Coleção Para Saber Mais).

BRISSAUD, Jean-Marc. *A civilização núbia até a conquista árabe.* Rio de Janeiro: Otto Pierre Editores, 1978.

CAZELLES, Henri. História política de Israel: desde as origens até Alexandre Magno, 2ª ed. São Paulo: Paulus, 1986.

CHAVOT, Pierre. *Moisés.* Rio de Janeiro: Rocco, 2004.

CLARKE, John Henrik. "Le Nigeria Ancien et le Soudan Occidental". *Présence Africaine*, n° 32-33, jun-set 1960, p. 187-193.

CLAYTON, Peter A. *Crônicas dos faraós: reis e dinastias do antigo Egito.* Lisboa: Verbo, 2004.

COLE, Sonia. *The Prehistory of East Africa.* Middlesex: Penguin Books, 1954.

COQUERY-VIDROVITCH, Catherine. *A descoberta de África.* Lisboa: Edições 70, 1981.

Correio da Unesco. Rio de Janeiro, ano 7, n° 10, 1979.

_____. Rio de Janeiro, ano 8, n° 4-5, abr-maio 1980.

COULANGES, Fustel de. *A cidade antiga.* São Paulo: Martin Claret, 2001.

DANIELS, Patricia S. e HYSLOP, Stephen G. *Atlas da história do mundo.* São Paulo: National Geographic do Brasil/Editora Abril, 2004.

DAUMAS, François. *Los dioses de Egipto.* Buenos Aires: Ediciones Lidium, 1986.

DAVIDSON, Basil. *À descoberta do passado de África.* Lisboa: Sá da Costa Editores, 1981.

DAWSON, Adele G. *O poder das ervas.* São Paulo: Best Seller/Círculo do Livro, 1991.

DELTA LAROUSSE. *Grande Enciclopédia*, 14 vols. Rio de Janeiro: Delta, 1970.

Dicionário Houaiss da Língua Portuguesa. Rio de Janeiro: Objetiva, 2001.

Enciclopédia do Mundo Contemporâneo. São Paulo: Publifolha; Rio de Janeiro: Terceiro Milênio, 2000.

DEL PRIORE, Mary e VENÂNCIO, Renato Pinto. *Ancestrais: uma introdução à história da África Atlântica.* Rio de Janeiro: Elsevier, 2004.

DESCHAMPS, Hubert. *L'Afrique noire precoloniale.* 3ª ed. Paris: PUF, 1976.

Dictionary of World History. Londres: Thomas Nelson & Sons, 1973.

Dictionnaire des Civilisations Africaines. Paris: Fernand Hazan Éditeur, 1968.

DIOP, Cheikh Anta. *Nations nègres et culture: de l'antiquité nègre egyptienne aux problèmes culturels de l'Afrique Noire d'aujourd'hui.* 2 vols. Paris: Presence Africaine, 1979.

Divindades egípcias. São Paulo: Abril, 2005, Coleção Divindades, n° 4.

DRAPER, Robert. "Faraós negros". *National Geographic Brasil,* ano 8, n° 95, fev 2008, p. 30-55.

Enciclopédia Brasileira Globo. Porto Alegre/Rio de Janeiro: Globo, 1984.

FAGAN, Brian. *África Austral.* Lisboa: Verbo, 1970.

FERKISS, Victor C. *África, um continente à procura de seu destino*. Rio de Janeiro: GRD, 1967.
FRELIMO. *História de Moçambique*. Maputo, 1978.
FROBENIUS, Leo. *Mythologie de l'Atlantide*. Paris: Payot, 1949.
FUNARI, Pedro Paulo. "O que significa Antiguidade?". *Aventuras na História*, n° 3, São Paulo, Abril, Coleção Grandes Guerras, jan 2005.
Grandes heróis bíblicos. São Paulo: Abril, s/d, vol. III.
GRANGUILLHOME, Jesús Contreras. *Introducción al estudio de África*. México: Universidad Autónoma de México, 1979.
GROMIKO, A. A. (org.). *As religiões da África: tradicionais e sincréticas*. Moscou: Edições Progresso, 1987.
Guia do Terceiro Mundo 89/90. Rio de Janeiro: Terceiro Mundo, 1988.
HART, George. *Mitos egípcios*. São Paulo: Moraes, 1992.
HERÓDOTO. *História*. Rio de Janeiro: Ediouro, s/d.
IMBERT, Jean. *Le Cameroun*. 2ª ed. Paris: PUF, 1976.
JOUANNEAU, Daniel. *Le Zimbabwe*. Paris: PUF, 1983.
KABENGELE, Munanga. "Os Basanga de Shaba. Um grupo étnico do Zaire". Ensaio de antropologia social. São Paulo: FFLCH, 1986.
KENYATTA, Jomo. *Facing Mount Kenya*. Londres: Heinemann, 1985.
KI-ZERBO, Joseph. *História da África Negra*, vol. I. Portugal: Publicações Europa-América, s/d.
LAFFONT, Robert. *Les memoires de l'Afrique: des origines a nos jours*. Paris: Robert Laffont, 1972.
LEBEUF, Jean-Paul e DETOURBET, A. Masson. *La civilisation du Tchad*. Paris: Payot, 1950.
LECLANT, Jean. "Kush, o reino que durou mil anos". Rio de Janeiro, Correio da Unesco, ano 7, n° 10-11, 1979.
LEMA, Gwete. "Maîtrise des mileux, technologie". In OBENGA, Théophile e SOUINDOULA, S. (orgs.). *Racines Bantu*. Libreville: Ciciba, 1991.
LOPES, Nei. *Bantos, malês e identidade negra*. Belo Horizonte: Autêntica, 2006.
_____. *Enciclopédia brasileira da diáspora africana*. São Paulo: Selo Negro, 2004.
_____. *Novo dicionário banto do Brasil*. Rio de Janeiro: Pallas, 2003.
LÓPEZ-DAVALILLO Larrea, Júlio. *Atlas histórico mundial: desde el paleolítico hasta el siglo XX*. Madri: Editorial Síntesis, 2003.
LUKE, Don E. "Preserving the euro supremacist myth". In ASANTE, Molefi K. e MAZAMA, Ama (orgs.). *Egypt vs. Greece*. Chicago: African-American Images, 2002.
MAGALÃES JÚNIOR, R. *Dicionário brasileiro de provérbios, locuções e ditos curiosos*. Rio de Janeiro: Editora Documentário, 1974.

MAQUET, Jacques. *Les civilisations noires.* Paris: Marabout Université, 1962.

MARTIN, Denis e MARTIN, Marie-Christine. *Le Kenya.* Paris: PUF, 1983.

MAUNY, R. "L'Afrique Tropicale de la période pharaonique à l'arrivée des árabes". *Présence Africaine,* n° 52, Paris, 4° trimestre 1964, p. 68-93.

MAZRUI, Ali A. *The Africans: a Triple Heritage.* Londres: BBC Publications, 1986.

MCDOWELL, Andrea. *Village Life in Ancient Egypt.* Londres: Oxford University Press, 1999.

MERLO, C. e VIDAUD, P. *Unité des langues négro-africaines.* Paris: Maisouneuve et Larose, 1967.

MICHULIN, A.V. *História da Antiguidade.* Rio de Janeiro: Editorial Vitória, 1963.

MOORE, Carlos. *A África que incomoda.* Belo Horizonte: Nandyala, 2008.

MPLA. *História de Angola.* Porto: Edições Afrontamento, s/d, Coleção Libertação dos Povos das Colônias, vol. 8.

MURRAY, Jocelyn. *África: o despertar de um continente,* vol. I. Madri: Ed. Del Prado, 1997.

NASCIMENTO, Elisa Larkin. "Introdução às antigas civilizações africanas: As civilizações africanas no mundo antigo". In NASCIMENTO, Elisa Larkin (org.). *Sankofa, resgate da cultura afro-brasileira,* vol. I. Rio de Janeiro: Seafro/Governo do Estado do Rio de Janeiro, 1994, p. 39-49, 51-76.

_____ (org.). *Sankofa: matrizes africanas da cultura brasileira.* 3 vols. Rio de Janeiro: EdUERJ, 1996.

N'DIAYE, Bokar. *Les castes au Mali.* Bamako: Éditions Populaires, 1970.

OBENGA, Théophile. *L'Afrique dans l'Antiquité: Egypte pharonique: Afrique Noire.* Paris: Présence Africaine, 1973.

_____. *La cuenca congolesa, hombres y estructuras: contribución a la historia tradicional de África Central.* La Habana: Editorial de Ciencias Sociales, 1988.

_____. *Les Bantu: langues, peuples, civilisations.* Paris: Présence Africaine, 1985.

_____. "Histoire du monde bantu". In OBENGA, T. e SOUINDOULA, S. (orgs.). *Racines bantus/Bantu Roots.* Libreville: Ciciba, 1991.

_____. "Thales de Miletus and Egypt." In ASANTE, Molefi K. e MAZAMA, Ama (orgs.). *Egypt vs. Greece.* Chicago: African American Images, 2002.

OLDEROGGE, Dimitri A. "Originalidade do homem africano". *Correio da Unesco,* Rio de Janeiro, ano 7, n° 10-11, 1979.

PACHKOV, G. A. (org.). *A África vista pelos amigos: coletânea de ensaios.* Moscou: Edições Progresso, 1984.

PANKHURST, Richard. *Let's visit Ethiopia.* Londres: Burke Publishing Co., 1984.

PARREIRA, Adriano. *Dicionário glossográfico e toponímico da documentação sobre Angola: século XV-XVII.* Lisboa: Editorial Estampa, 1990.

PEDRALS, D. P. de. *Manuel scientifique de l'Afrique Noire.* Paris: Payot, 1949.

RAFFENEL, Anne. *Nouveau voyage au pays des nègres; suivi d'études sur la colonie du Sénegal*. Tomo I. Paris: Imprimerie et Librairie Centrales des Chemins de Fer, 1856.

ROBINSON, Charles Henry. *Dictionary of the Hausa Language*. 2 vols. Cambridge University Press, 1925.

SARAIVA, F. R. dos Santos. *Dicionário latino-português*. 11ª edição. Belo Horizonte/Rio de Janeiro: Livraria Garnier, 2000.

SAVE-SÖDERBERGH, Torgny. "A Núbia redescoberta: da pré-história aos tempos faraônicos". *Correio da Unesco*, Rio de Janeiro, ano 8, n° 4-5, abr-maio 1980.

SEGUROLA, B. e RASSINOUX, J. *Dictionnaire fon-français*. Madri: Ediciones Selva y Savana/Societé des Missions Africaines, 2000.

SILVA, Alberto da Costa e. *A África explicada aos meus filhos*. Rio de Janeiro: Agir, 2008.

_____. *A enxada e a lança: a África antes dos portugueses*. Rio de Janeiro: Nova Fronteira, 1996.

STÖRIG, Hans Joachim. *A aventura das línguas: uma viagem através dos idiomas do mundo*. São Paulo: Melhoramentos, 1990.

TAFLA, Bairu. "La notion de pouvoir dans l'Afrique traditionelle: le cas de l'Ethiopie". In *Le concept de pouvoir dans l'Afrique*. Paris: Unesco, 1981.

TAYLOR, F.W. *Fulani-English Dictionary*. Nova York: Hypocrene Books, 1995.

TOMPKINS, Peter. *Secrets of the Great Pyramid*. Nova York: Harper & Row, 1971.

TYACK, Maurice. *South Africa, Land of Challenge*. Genebra: Imprimeries Populaires, 1970.

VERCOUTTER, Jean. "As fortalezas núbias submersas". *Correio da Unesco*, Rio de Janeiro, ano 8, n° 4-5, abr-maio 1980.

WEULERSSE, J. *L'Afrique Noire*. Paris: A. Fayard, 1934.

WILLOCK, Colin. *O grande vale da África*. Rio de Janeiro: Cidade Cultural, 1988.

WINTERS, Clyde A. "Ancient Afrocentric history and the genetic model". In ASANTE, Molefi K. e MAZAMA, Ama (orgs.). *Egypt vs. Greece*. Chicago: African American Images, 2002.

YEBOAH, Ian E. A. "Historical background of sub-Saharan Africa: opportunities and constraints". In ARYEETEY, Samuel (org.). *Geography of Sub-Saharan Africa*. New Jersey: Prentice Hall, 1997.

***

INTERNET

- http://en.wikipedia.org/wiki/kabaka_of_Buganda, acessado em: 21/3/2005.
- http://users.vnet/alight/aksum/mka2.html#c4, acessado em: 5/11/2004.

- http://warj.med.br/img/text/med, acessado em: 21/8/2005.
- http://www.ankhline.com/meroe.htm, acessado em: 9/5/2005.
- http://www.dignubia.org/maps/booshelf/rulers, acessado em: 21/10/2004.
- http://www.dignubia.org/maps/timeline, acessado em: 1/12/2004.
- http://www.escolavesper.com.br/egito/piramides.htm, acessado em: 21/1/2005.
- http://www.nubianet.org/exhibits/aspelta, acessado em: 5/1/2005.
- http://www.rastafarionline.com/files/LineageofEthiopianMonarchs, acessado em: 22/2/2005.
- http://www.sacred-texts.com/afr/we/we10.htm, acessado em: 19/3/2005.
- ILLES, Judith. Ancient Egyptian Eye Makeup. http://www.touregypt.net. magazine, acessado em: 20/4/2005.
- Les racines africaines de la civilisation pharaonique. http://www.africamaat. com, acessado em: 12/06/2004.
- MUNRO-HAY, Stuart. Aksum: an African Civilization of Late Antiquity. http://www.dskmariam.org/artsandlitreature/litreature/pdf/aksum.pdf, acessado em: 2/12/2004.
- SABITII, Christopher B. The Need to Preserve Cultural Institutions; the Case of Bunyoro-Kitara. http://www.federo.com/pages/Case_for_Bunyoro-Kitara.htm, acessado em: 5/11/2004.
- www.geocities.com/mariamnephilemon/names/lybia, acessado em: 11/11/2004.

MAPAS/

1. A dispersão do *Homo sapiens* [África, berço da humanidade]
2. A África e o Mundo Antigo [1200-100 a.C.]
3. O Vale do Nilo [Egito e Núbia]
4. O Vale do Nilo [de Mênfis a Elefantina]
5. Kerma, núcleo inicial da civilização núbia [constituído em c. 2600 a.C.]
6. O contexto afro-asiático [ligação Punt-Etiópia]
7. Região dos Grandes Lagos
8. A dispersão dos povos bantos [c. 1000 a.C.-1100 d.C.]
9. Bacia do Congo e região do Adamaua [localização atual]
10. Vale do Níger e região do lago Chade [localização atual]
11. Angola [Luanda – Cabinda – Benguela]
12. Moçambique – Bacia do Zambeze [atual]
13. Rotas de comércio [Saara – Mediterrâneo – Chade – Níger – Nilo]
14. Século XII: Estados do ocidente e oriente africanos
15. África: mapa político atual
16. África: mapa físico

MAPA 1

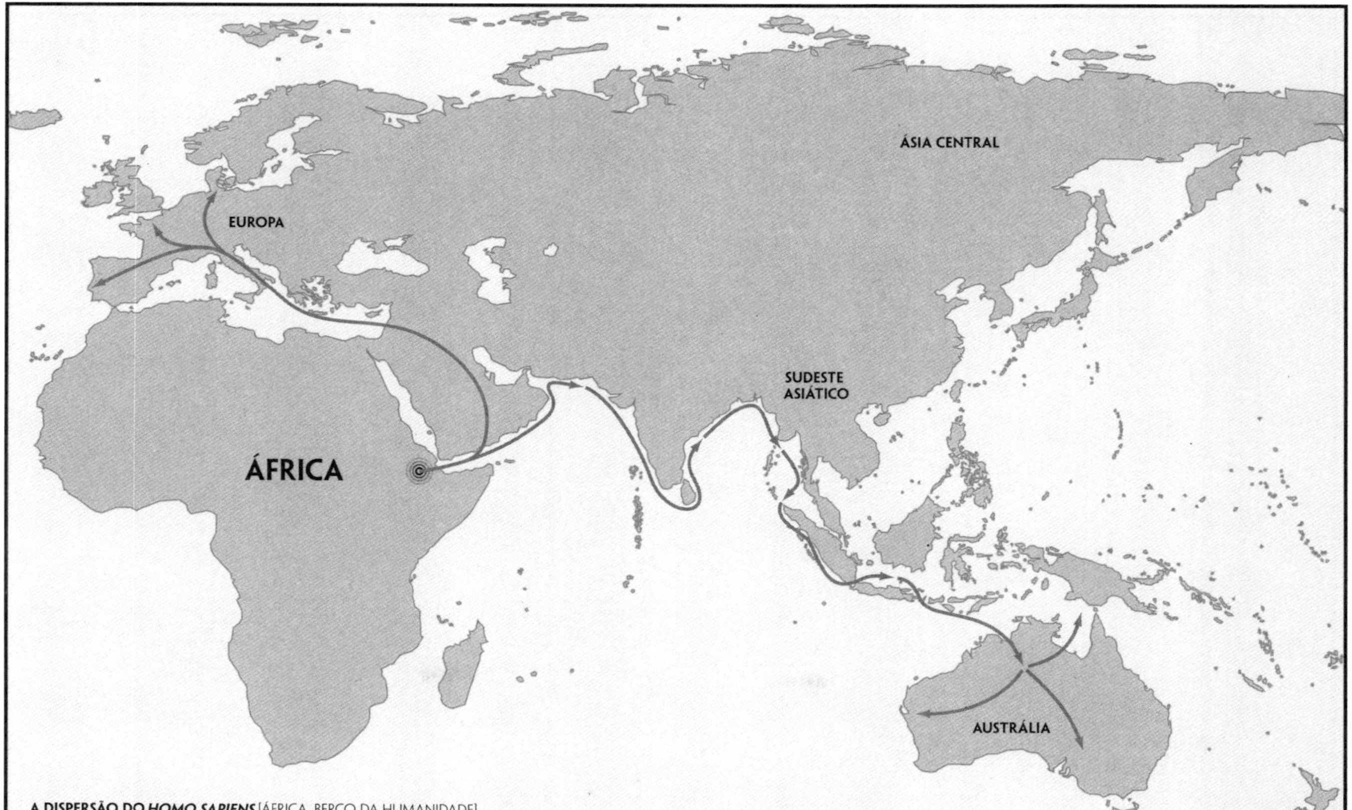

A DISPERSÃO DO *HOMO SAPIENS* [ÁFRICA, BERÇO DA HUMANIDADE]

ÁSIA CENTRAL

SUDESTE ASIÁTICO

AUSTRÁLIA

EUROPA

ÁFRICA

REF.: REVISTA *ÉPOCA*, 25.12.2006, P. 58-59.

MAPA 2

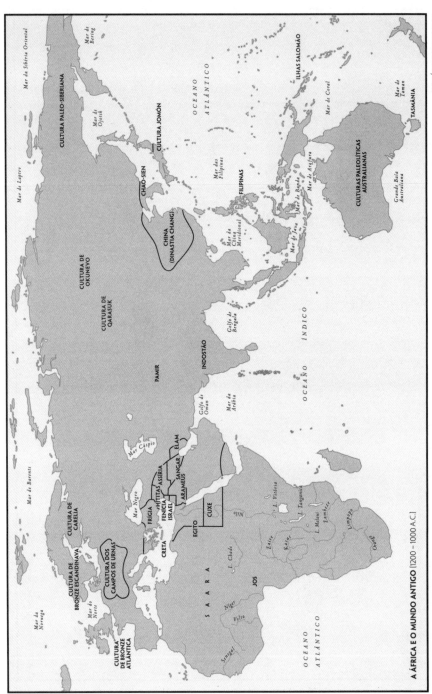

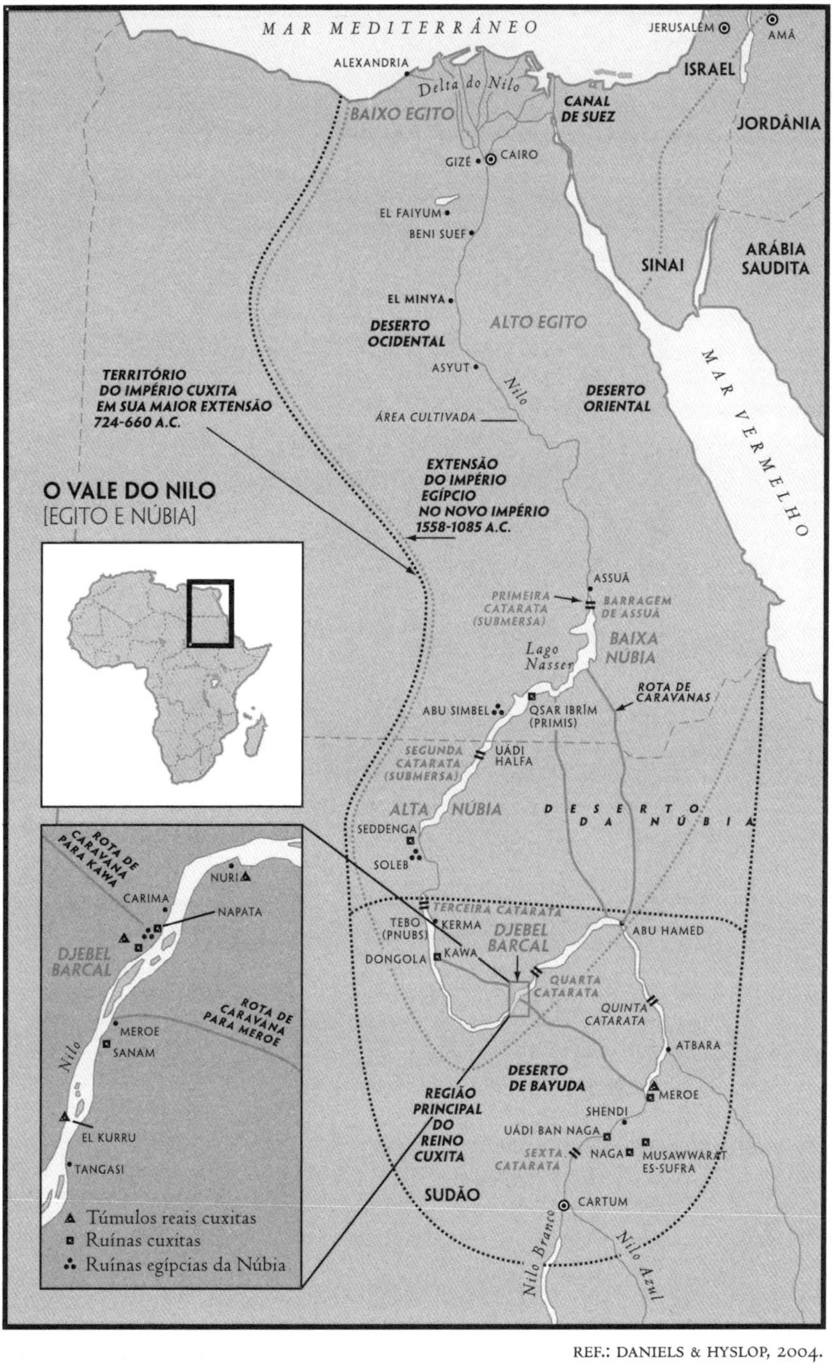

MAPA 3

O VALE DO NILO
[EGITO E NÚBIA]

TERRITÓRIO DO IMPÉRIO CUXITA EM SUA MAIOR EXTENSÃO 724-660 A.C.

EXTENSÃO DO IMPÉRIO EGÍPCIO NO NOVO IMPÉRIO 1558-1085 A.C.

MAR MEDITERRÂNEO
ALEXANDRIA
Delta do Nilo
BAIXO EGITO
CANAL DE SUEZ
JERUSALÉM
AMÃ
ISRAEL
JORDÂNIA
GIZÉ • CAIRO
EL FAIYUM
BENI SUEF
SINAI
ARÁBIA SAUDITA
EL MINYA
DESERTO OCIDENTAL
ALTO EGITO
ASYUT
ÁREA CULTIVADA
Nilo
DESERTO ORIENTAL
MAR VERMELHO
ASSUÃ
PRIMEIRA CATARATA (SUBMERSA)
BARRAGEM DE ASSUÃ
Lago Nasser
BAIXA NÚBIA
ABU SIMBEL
QSAR IBRIM (PRIMIS)
ROTA DE CARAVANAS
SEGUNDA CATARATA (SUBMERSA)
UÁDI HALFA
ALTA NÚBIA
SEDDENGA
SOLEB
DESERTO DA NÚBIA
TERCEIRA CATARATA
TEBO (PNUBS)
KERMA
DJEBEL BARCAL
ABU HAMED
DONGOLA
KAWA
QUARTA CATARATA
QUINTA CATARATA
ATBARA
DESERTO DE BAYUDA
MEROE
REGIÃO PRINCIPAL DO REINO CUXITA
SHENDI
UÁDI BAN NAGA
SEXTA CATARATA
NAGA
MUSAWWARAT ES-SUFRA
SUDÃO
CARTUM
Nilo Branco
Nilo Azul

ROTA DE CARAVANA PARA KAWA
NURI
CARIMA
NAPATA
DJEBEL BARCAL
ROTA DE CARAVANA PARA MEROE
MEROE
SANAM
Nilo
EL KURRU
TANGASI

▲ Túmulos reais cuxitas
▫ Ruínas cuxitas
⁂ Ruínas egípcias da Núbia

REF.: DANIELS & HYSLOP, 2004.

MAPA 4

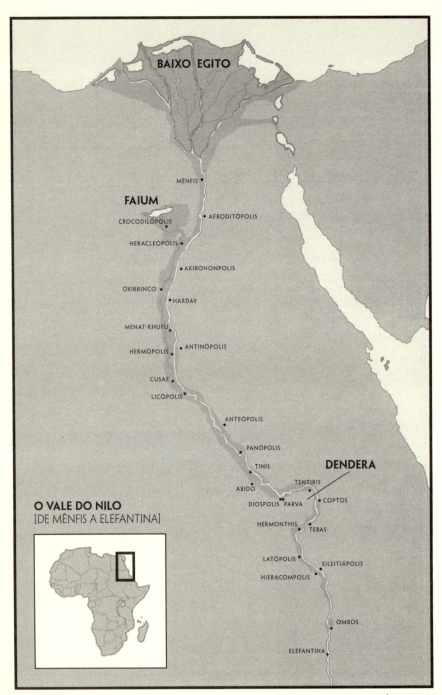

REF.: BAINES & MÁLEK, 1996.

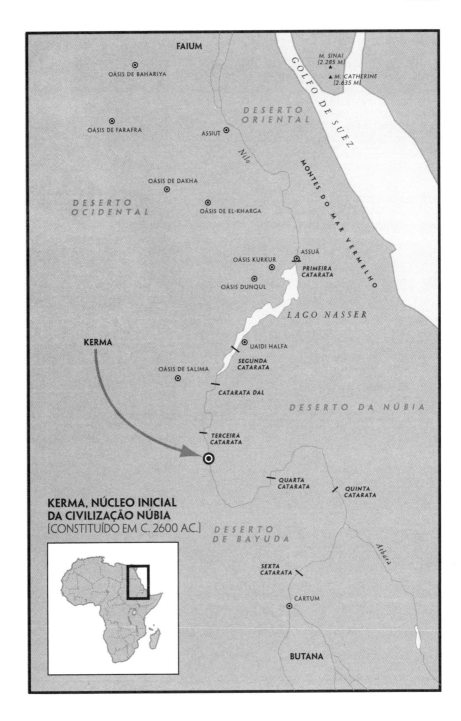

MAPA 6

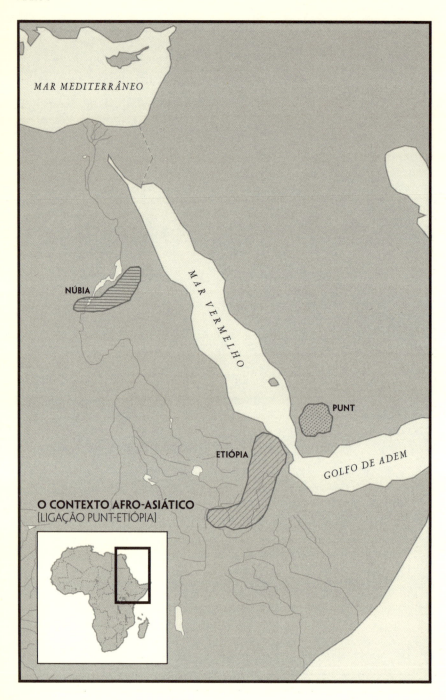

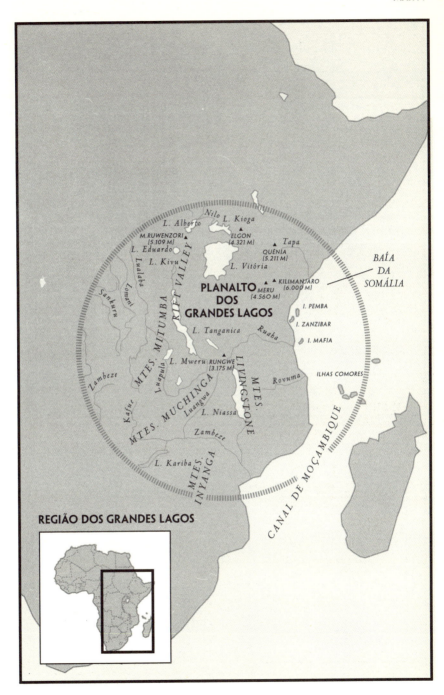

MAPA 8

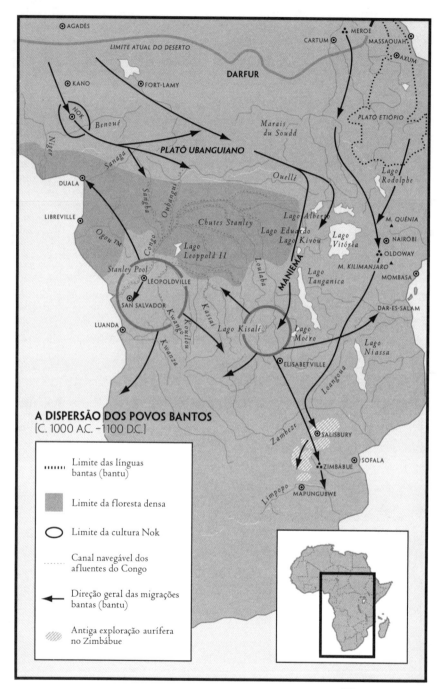

REF.: LAFFONT, 1972.

MAPA 9

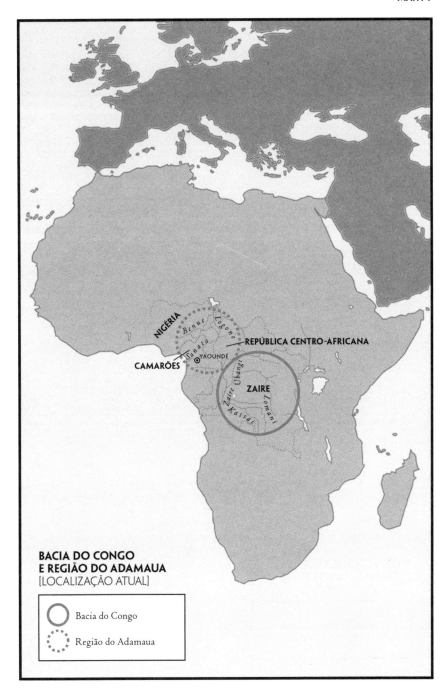

**BACIA DO CONGO
E REGIÃO DO ADAMAUA**
[LOCALIZAÇÃO ATUAL]

○ Bacia do Congo

◌ Região do Adamaua

MAPA 10

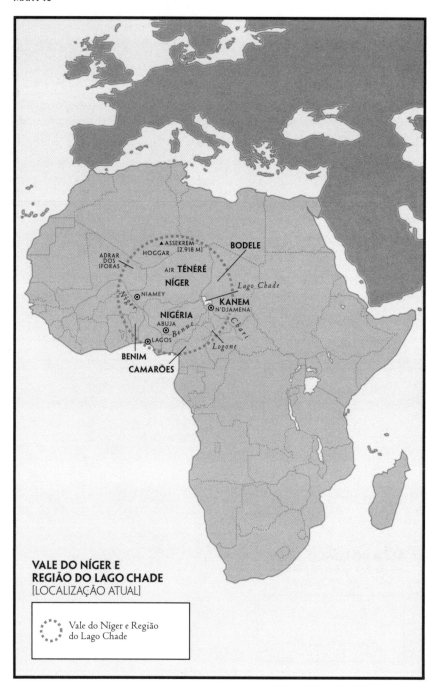

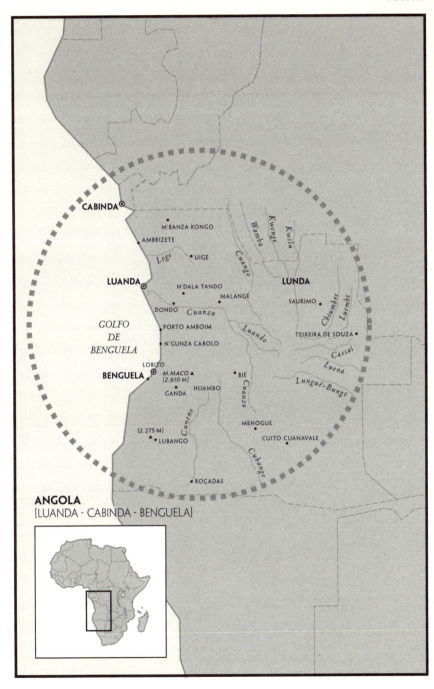

MAPA 12

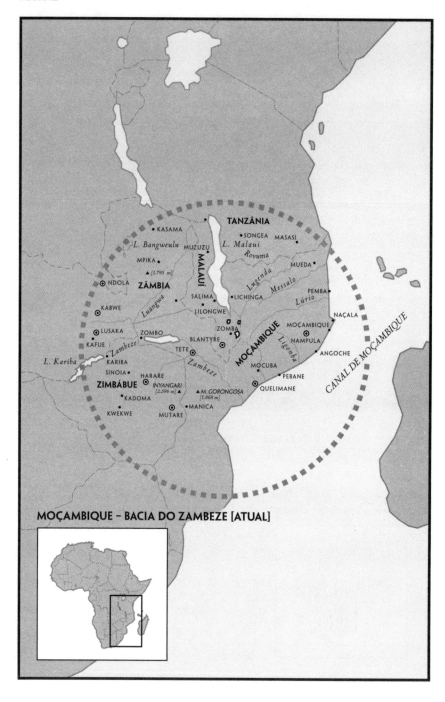

MOÇAMBIQUE – BACIA DO ZAMBEZE [ATUAL]

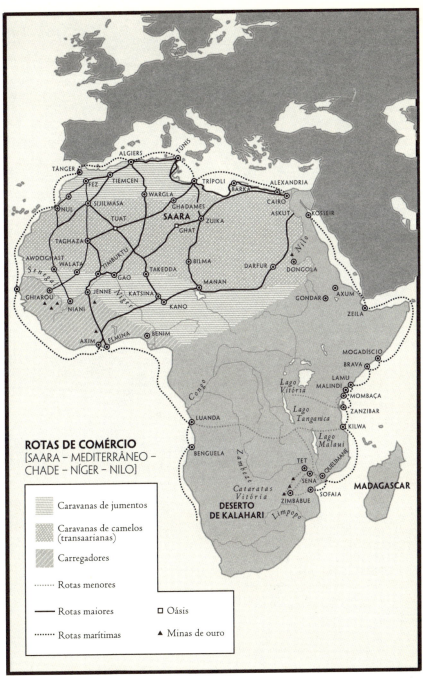

MAPA 14

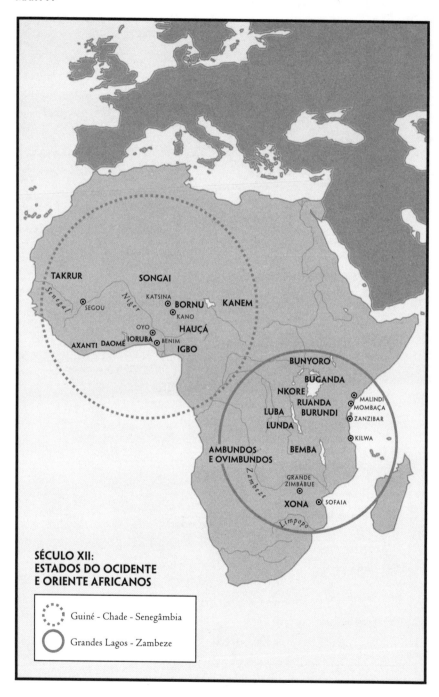

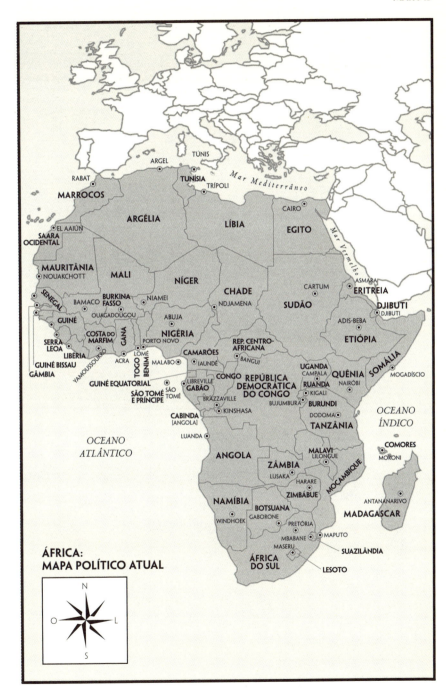

MAPA 16

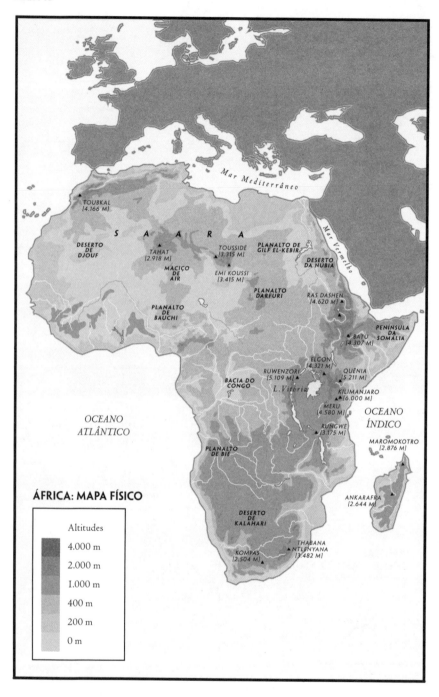